La femme est un loup pour la femme

Pat Heim
Susan Murphy
avec Susan K. Golant

La femme est un loup pour la femme

Comprendre et résoudre les conflits entre femmes au travail

Traduit de l'anglais (État-Unis)
par Catherine Derivery et Abel Gerschenfeld

PAYOT

Titre original :
In the Company of Women
(New York, Tarcher/Putnam)

À nos meilleures amies,
qui nous ont montré combien
les relations entre femmes pouvaient
être merveilleuses.

INTRODUCTION

> Personne ne peut faire plus de mal à une femme qu'une autre femme. Mais personne ne peut non plus lui faire plus de bien.
>
> Elizabeth HOLLAND

Si l'on demande à un homme quelle est la personne dont il se sent le plus proche, il répond souvent : « Mon épouse. » En revanche, lorsqu'on pose la même question à une femme, elle mentionne en général une autre femme. Cela ne veut pas dire que les femmes n'aiment pas leur mari, ni que les hommes tiennent davantage à leur épouse que l'inverse. Cette asymétrie découle des liens émotionnels profonds qui unissent les femmes entre elles et de l'importance que ces liens revêtent à leurs yeux. Même si elle rencontre l'homme de sa vie, une femme ne modifie pas l'intensité de ses liens amicaux.

Comparez maintenant cette intimité entre femmes avec la réponse à une question que nous posons lors de nos séminaires en entreprise : « Lorsqu'une femme est promue, qui la critique en premier ? » C'est toujours clair et net : « D'autres femmes. » Peu importe que le groupe soit composé d'hommes, de femmes, ou qu'il soit mixte, peu importe qu'il s'agisse d'ingénieurs, d'infirmières, de comptables, d'informaticiens, de chimistes, de VRP, d'assistantes ou de cadres supérieurs : en vingt ans, nous n'avons presque jamais obtenu d'autre réponse que celle-là. Quand les aspirations professionnelles sont en jeu, la femme est un loup pour la femme. Ironie de l'histoire : si une femme a de la peine, elle ira chercher du réconfort auprès d'une amie, alors que c'est souvent une autre femme qui l'a mise dans cet état.

Nous avons pris conscience de cette dynamique dévastatrice au début des années 1980. À l'époque, nous travaillions pour une grande entreprise au sein de laquelle, comme c'est souvent le cas, les femmes avaient peu de pouvoir et n'occupaient presque aucun poste important. De celles qui travaillaient à la direction, on aurait pu penser qu'elles étaient solidaires de leurs consœurs. Or faisaient-elles le moindre effort en ce sens ? Leurs jeunes collègues profitaient-elles de leurs conseils et de leur expérience ? Se félicitaient-elles lorsque l'une d'entre elles réussissait ? Serraient-elles les coudes dans ce milieu dominé par les hommes ? S'entraidaient-elles pour progresser dans la hiérarchie ? Parfois, oui ; mais en règle générale, non – hélas. Dans cette entreprise, la plupart des femmes faisaient même exactement le contraire : elles passaient leur temps à se mettre des bâtons dans les roues.

Par exemple, trois jours à peine après leur embauche, on s'empressa de faire savoir à trois jeunes recrues que Christine, la femme exerçant les plus hautes responsabilités dans l'entreprise, était la compagne du patron (et donc, murmurait-on, « une personne pas sérieuse »). En outre, leur annonça-t-on, elle avait débuté comme secrétaire (et ne pouvait donc être « ni très compétente ni très cultivée »). C'était presque toujours d'autres femmes qui faisaient ces révélations aux nouvelles. Au lieu d'être fières de la réussite de Christine ou de se dire : « C'est une bonne chose qu'une femme exerce de hautes responsabilités », elles préféraient la dénigrer. Par contre, personne ne leur a jamais dit que Christine était diplômée d'une grande école et que si elle avait bien travaillé en tant que secrétaire, c'était un boulot d'été à la fin de ses études. Des détails sans importance, sans doute...

Le débinage de Christine par ses collègues et bien d'autres incidents tout aussi déplaisants nous ont fait comprendre qu'il s'agissait d'un problème auquel les femmes étaient confrontées quotidiennement sur leur lieu de travail. On aurait dit que les femmes évitaient systématiquement d'aider d'autres femmes et faisaient même de leur mieux pour saper leur autorité et leur crédibilité. Nous étions sidérées. Outre qu'un tel comportement ne pouvait que nuire à la cause des femmes, cette guerre larvée, ces persiflages rendaient l'atmosphère irrespirable. Nous avons alors ressenti le besoin de comprendre pourquoi les femmes se comportaient de la sorte. Nous voulions leur permettre de se débarrasser de ces comportements destructeurs. C'est ainsi qu'a débuté une véritable odyssée, dont l'aboutissement est le livre que vous tenez entre les mains.

En 1982, alors que Pat Heim était responsable des questions de management au siège de la société dont nous venons de parler, Karen, l'une des vice-présidentes, lui demanda de l'aide : « Pouvez-vous organiser un séminaire de communication avec mon staff ? Je rencontre des difficultés dans le service. Mon patron dit que mes adjoints ne savent pas communiquer. Selon lui, ils sont tellement susceptibles qu'à la moindre critique ils s'adressent toujours directement à lui, pour dire du mal de leurs collègues. »

Pat eut une intuition : « Je parie que ce problème ne concerne que les femmes de votre département.

– Comment avez-vous deviné ?, répondit Karen avec étonnement.

– Je suis justement en train de me documenter sur les différences de comportement entre les hommes et les femmes au bureau, et les problèmes que vous citez sont typiquement féminins. »

Un séminaire fut donc organisé pour les collaboratrices de Karen. Énorme succès. Bientôt l'information fit le tour de l'entreprise et l'on réclama partout d'autres séminaires. Lorsque Pat quitta la compagnie pour monter un cabinet de conseil spécialisé dans ces questions, elle poursuivit ce travail, interviewant des femmes à travers le pays et animant des séminaires pour aider celles qui étaient la cible d'autres femmes.

Susan Murphy, quant à elle, en tant que spécialiste de la santé et consultante en leadership, a découvert qu'après chaque atelier des hommes et des femmes s'approchaient discrètement d'elle et lui glissaient : « Tout ce que vous avez dit est très intéressant, mais mon principal problème, ce sont mes collaboratrices. » Les hommes ne savaient pas comment gérer les conflits entre leurs subordonnées. Quand survenaient des « crêpages de chignon », comme il les appelaient, ils détournaient le regard en espérant que les femmes s'en occuperaient toutes seules, ce qui n'était pas souvent le cas. Et, comme Christine, nombre de femmes responsables se sentaient agressées par leurs subordonnées. Tous et toutes réclamaient de l'aide.

Les années ont passé. À nous deux, nous rencontrions environ 50 000 personnes par an dans plus de 100 entreprises et organismes publics différents. Partout, nous étions confrontées à la même situation : au bureau, les relations entre femmes sont plus conflictuelles que les rapports entre hommes ou entre hommes et femmes. Celles-ci se sabotent et se minent mutuellement ; elles se snobent et font courir des rumeurs sur le compte des unes et des autres.

Après avoir longtemps travaillé toutes les deux dans la même entreprise et avoir analysé la question de l'hostilité entre femmes, nous avons finalement décidé d'unir nos forces et de consacrer davantage de temps à ce problème pour mieux le définir, comprendre pourquoi il existe et lui trouver des solutions. Nous avons rassemblé nos données et, en 1997, avons créé un site web sur lequel nous avons fait figurer un questionnaire permettant d'évaluer les difficultés rencontrées lorsqu'on travaille avec des personnes du même sexe ou du sexe opposé, ainsi que les préférences des gens pour l'une ou l'autre situation. Les questions posées étaient notamment les suivantes : préféreriez-vous travailler pour un homme ou pour une femme ? Quelle est la situation la plus difficile que vous ayez connue avec une autre femme ? Qui (ou quoi) était la cause du problème ? Qu'avez-vous fait ? Comment les choses ont-elles fini ?

Le nombre de personnes ayant répondu à ce questionnaire nous a stupéfiées. Parmi elles, on trouvait des hommes et des femmes de toutes sortes d'entreprises. Beaucoup racontaient des histoires chargées d'émotion et laissaient souvent leur numéro de téléphone pour que nous puissions les rappeler afin de recueillir des détails sordides supplémentaires. Nous avons poursuivi ce travail par des entretiens individuels et des séances collectives. Ces gens souffraient, et nous n'avions pas encore de remède à leur proposer. Leurs réponses montraient en tout cas que nous avions raison quant à l'importance et l'étendue du problème.

Les relations entre femmes oscillent entre deux extrêmes : ou bien elles sont merveilleuses, ou bien elles sont vraiment épouvantables. Il y a peu de place pour la relation cordiale. Les hommes, quant à eux, semblent au contraire occuper cet entre-deux : en général leurs amitiés ne sont pas si intenses ni leurs animosités si profondes. Tout n'est pas noir, cependant, au royaume des femmes, les relations positives étant bien plus fréquentes que les relations négatives. Autrement dit, les femmes qui vous veulent du mal sont une toute petite minorité. Mais deux ou trois individus n'en suffisent pas moins à tout gâcher. Ce phénomène, les hommes l'appellent « crêpage de chignon ».

Qu'est-ce qu'un crêpage de chignon ?

Les hommes utilisent ce terme pour décrire un comportement féminin qu'ils trouvent irrationnel et déplacé. Mais chaque fois que nous évoquons ce problème ou que nous employons l'expression dans une pièce remplie de femmes, toutes approuvent de la tête. Elles-mêmes n'utilisent pas ce terme, car pour elles ces conflits sont très réels et loin d'être déplacés.

Cette expression évoque l'image de femmes s'entre-déchirant, toutes griffes dehors – ce qui, nous devons le reconnaître, se produit très rarement. Mais nous l'emploierons ici, car les femmes savent qu'un « crêpage de chignon » signifie une « interaction négative avec une collègue ». Il ne s'agit pas pour nous de rabaisser par cette expression traditionnellement machiste des échanges violents et souvent amers, mais d'éviter toute langue de bois. Nous avions simplement besoin d'un terme aisément reconnaissable pour décrire ce phénomène.

Qu'est-ce donc qu'un crêpage de chignon ? Cela ressemble beaucoup à un combat de chats. En général, la querelle concerne une question de territoire. Les chats essayent de s'intimider sans se battre physiquement. Il est rare qu'un chat en colère en vienne à attaquer son adversaire. Il préfère arquer le dos et, le poil hérissé, cracher, une sorte de râle sortant du plus profond de sa gorge. Les adversaires se fixent, sans baisser les yeux. Finalement, le vaincu s'éclipse... pour revenir à la charge un autre jour. Lorsque des chiens se battent, ils se sautent directement à la gorge et finissent la plupart du temps blessés et ensanglantés. Les chats, par contre, ne s'attaquent pas violemment.

Pourquoi comparer les crêpages de chignon à des combats de chats ? Peut-être parce que les femmes ne font pas usage de la violence physique quand elles se sentent agressées. Elles ont plutôt recours à ce que les psychologues appellent une agression indirecte, laquelle, pour des raisons biologiques et sociologiques que nous expliquerons aux chapitres III et IV, fait partie de leur arsenal depuis des millénaires. L'agression indirecte est une agression voilée : nous fomentons une attaque en espérant que personne ne s'en rendra compte, de manière à nous protéger, en évitant les représailles et la réprobation des autres [1]. Si nous sommes en conflit avec une autre femme, nous ne hérissons pas le poil ni ne découvrons les dents, mais nous utilisons des stratégies détournées pour atteindre celle dont nous avons le sentiment qu'elle nous a fait du mal.

Le commérage. Cette stratégie remplit diverses fonctions, dont certaines, comme nous le verrons au chapitre V, peuvent être positives. Mais elle peut aussi viser à détruire l'autre. « Mes subordonnées évitent la confrontation directe, explique une femme cadre. Elle parlent de moi dans mon dos et je ne peux pas arriver à leur faire dire ce qu'elles veulent vraiment ou ce qu'elles voudraient que je change. Je n'en entends parler que par la bande. »

Répandre des rumeurs et divulguer des secrets. C'est un excellent moyen de faire du tort à une femme sans qu'elle sache d'où cela vient. Une jeune femme médecin témoigne : « Après mon internat, j'ai travaillé avec une femme qui avait douze ans de plus que moi. Je la croyais mon amie. Pourtant, elle a commencé à répandre des rumeurs sur mon compte et à révéler des informations certes vraies, mais qui n'auraient pas dû être rendues publiques. Ma crédibilité en a souffert – et notre amitié aussi d'ailleurs, puisque j'ai découvert qui avait répandu ces rumeurs vicieuses. »

Faire des commentaires insultants ou des insinuations en public. Une femme est recrutée par un cabinet d'avocats pour assister une collaboratrice qui travaille là depuis dix ans. Au départ, leur relation de travail est bonne, puis les choses se gâtent : « Tout a commencé quand elle a découvert que j'avais le même salaire qu'elle alors que j'étais débutante. Pendant un an et demi, elle m'a torturée en me dénigrant auprès de ses amis quand elle leur parlait au téléphone (comme si je ne pouvais pas l'entendre, assise à un mètre d'elle !). »

Le sabotage. À l'aube de l'ère industrielle, si quelqu'un voulait stopper la production d'une usine, il lui suffisait de lancer son sabot dans les rouages d'une machine. Aujourd'hui, bien sûr, il existe de nombreuses autres façons de pratiquer le sabotage. Écoutons cette femme qui est la seule femme chef de projet dans une grande société de BTP : « La réceptionniste ne me transmet aucun de mes messages téléphoniques, à part ceux de mon fils de neuf ans. Elle me reproche de me comporter de manière "trop masculine". Mon chef ne veut pas s'en mêler, sous prétexte que nous devons régler ça "entre filles" ! C'est un vrai problème. Je ne sais même pas quand mes clients m'appellent ! » Comment cette femme peut-elle faire son travail si l'autre ne fait pas non plus le sien ?

Snober quelqu'un délibérément et lui retirer son amitié. « Je ne suis plus ton amie. » C'est souvent ce que les enfants se disent quand l'un ne fait pas ce que l'autre veut. Eh bien, certaines habitudes ont la peau dure, comme le raconte cette femme snobée par une ancienne amie de bureau : « Elle s'arrange pour ne pas m'adresser la parole et répond par des grognements quand je lui pose des questions directes. Quand je parle, elle fait comme si elle n'entendait pas. Elle me regarde d'un air furieux et fulmine comme si nous venions de nous disputer, alors que nous n'avons pas échangé un seul mot. »

Toutes ces stratégies peuvent pourrir une ambiance de travail. Surtout si, comme c'est souvent le cas, d'autres femmes se trouvent prises dans la mêlée.

AVEZ-VOUS ÉTÉ L'OBJET D'UN CONFLIT DESTRUCTEUR ?

Posez-vous les questions suivantes :

1. Ai-je jamais eu le sentiment qu'une collègue cherchait à me nuire ?
2. Ai-je jamais eu le sentiment d'être snobée injustement par une collègue ?
3. Ai-je jamais entendu dire qu'une collègue se plaignait de quelque chose que j'avais dit ou fait ?
4. M'est-il jamais arrivé de faire l'essentiel du travail sur un projet pour voir une collègue s'en attribuer le mérite ?
5. Ai-je jamais partagé un secret en toute confiance avec une collègue pour découvrir ensuite qu'elle avait été indiscrète ?
6. A-t-on jamais dit des choses fausses à mon sujet, ai-je été la victime de bruits malveillants ?
7. M'a-t-on jamais répondu : « Mais il n'y a rien ! » lorsque j'ai demandé à une collègue faisant preuve de froideur à mon égard ce qui la dérangeait ?
8. Une femme a-t-elle jamais essayé de saper mon pouvoir en se faisant valoir à mes dépens ?
9. Une collègue est-elle jamais allée se plaindre de moi à mon chef de service sans m'en parler d'abord ?
10. Une collègue a-t-elle jamais « oublié » de me parler d'un rendez-vous, d'un coup de fil ou d'un message très important me concernant ?

Si vous avez répondu positivement à l'une de ces questions au moins, alors vous avez sans doute été la cible de la colère d'une autre femme. Quelle que soit votre connaissance des problèmes spécifiques qui se posent lorsqu'on travaille avec d'autres femmes, vous en saviez suffisamment pour éprouver le besoin de lire ce livre. Peut-être avez-vous été la cible de rumeurs malveillantes ou de coups de poignard dans le dos, ou peut-être avez-vous remarqué qu'une de vos subordonnées refusait systématiquement de vous obéir et ne respectait jamais les délais ?

Peut-être vous êtes-vous aperçue que vous ne supportez pas votre chef de service, qui passe son temps à vous rabaisser et à vous faire sentir que vous êtes une moins que rien ? Peut-être subissez-vous cela en silence, vous disant que vous êtes la seule à connaître cette souffrance, ou que si vous vous plaignez les autres vous catalogueront comme étant « difficile » ?

Vous n'êtes pas seule dans ce cas

Une étude récente de l'Association américaine de management portant sur un échantillon de 1 000 femmes a montré que, à un moment ou l'autre de leur carrière, 95 % d'entre elles avaient eu le sentiment que des collègues femmes avaient cherché à leur nuire[2]. Et une autre étude a montré qu'aux États-Unis le sabotage entre femmes a augmenté de 50 % au cours des dix dernières années[3]. Les femmes ne parlent peut-être pas des conflits qui les opposent, mais ce problème se généralise. Quels que soient les positions, les professions et les niveaux. Au moment où Hillary Clinton s'apprêtait à se présenter aux élections sénatoriales, une ribambelle d'articles dans la presse ont annoncé que son électorat féminin s'effritait. Le *New York Times*, par exemple, expliquait que « [les conseillers de Mme Clinton] disent qu'ils doivent également combattre des facteurs psychologiques qui, en règle générale, n'interviennent pas dans les campagnes politiques – plus particulièrement l'attitude des femmes envers non seulement le mariage et l'ambition de Mme Clinton, mais aussi le pouvoir qu'elle a obtenu aux côtés de l'homme le plus puissant de la planète ».

Un autre exemple ? Prenez Barbara Streisand. Cette artiste s'est vu décerner toutes les récompenses de l'industrie du spectacle, elle a vendu 80 millions de disques, gagné des millions et des millions de dollars, est devenue à elle seule une véritable entreprise. Et pourtant, elle se plaint. De quoi ? Eh bien, de la manière dont les autres femmes la traitent : « Ce que j'ai fait – m'aventurer dans un monde d'hommes – était dur. Mais le plus dur, c'est de se faire surtout attaquer par des femmes. C'est curieux, non ? J'ai découvert que les femmes sont les personnes les plus agressives et corrosives au monde. Les pires choses qu'on ait écrites sur moi l'ont été par des femmes... Quand elles ont décidé de vous descendre, elles n'y vont pas avec le dos de la cuiller. »

Sachez que vous n'êtes ni une personnalité difficile ni quelqu'un de bizarre. Comme nous le verrons, d'importantes raisons biologiques et sociologiques font que les relations entre femmes au bureau représentent un problème très spécifique. Certains pourront s'en offusquer : « Comment osez-vous affirmer que les femmes se conduisent différemment que les hommes au travail ? Après tout, le monde du bureau n'est-il pas un terrain équitable puisque des différences biologiques comme la force physique n'entrent pas en ligne de compte ? » Lorsque l'on considère notre combat pour l'égalité, il n'est pas étonnant que de nombreuses femmes ne souhaitent pas nous suivre sur une voie qui suppose l'existence de différences entre hommes et femmes dans le travail. La société post-féministe préfère penser que nous sommes tous identiques – mais nous ne le sommes pas. En raison de notre héritage biologique et de notre apprentissage social, les hommes et les femmes grandissent vraiment dans des cultures différentes. Qu'on le veuille ou non, les hommes et les femmes sont différents les uns des autres.

Toutefois, nous ne sommes pas simplement différentes par ce que nous sommes et en raison de la manière dont nous avons été élevées ; nous pouvons aussi donner le sentiment d'être « problématiques ». Bien sûr, les hommes et les femmes se ressemblent à bien des égards, mais ce sont les différences subtiles entre les sexes qui font que nous sommes jugées – et que nous jugeons les autres.

La question des conflits entre femmes n'ayant jusqu'à présent jamais été abordée, vous pourriez avoir l'impression qu'il s'agit de problèmes personnels et non pas d'une dynamique culturelle. Mais lorsque nous évoquons le sujet dans des groupes de discussion féminins, les femmes rient (et grincent des dents) parce qu'elles s'y reconnaissent, et elles sont toujours prêtes à discuter de la question. Par contre, dès qu'il y a des hommes dans l'assistance, la gêne est presque palpable. Les femmes présentes semblent choquées que nous osions aborder ce sujet tabou en présence d'hommes. En tout cas, elles ne sont pas disposées à aborder la question et à donner leur point de vue. C'est comme si leur silence crispé nous disait : « Les crêpages de chignon font du tort à notre image. Nous ne souhaitons pas reconnaître que nous sommes capables de nous conduire de la sorte. Ne le dites pas aux hommes. Ce serait leur fournir des munitions supplémentaires pour nous faire passer pour difficiles. »

Bien que le problème concerne tout le monde, on en parle

rarement. Comme s'il s'agissait d'un sale petit secret que les femmes gardent pour elles. Lorsque quelqu'un ose aborder la question, c'est comme si on touchait un nerf à vif. Le jour où un magazine spécialisé dans le transport aérien a publié un article sur le fait que le personnel navigant féminin traite souvent moins bien les femmes que les hommes, la rédaction a reçu une avalanche de lettres. Le jour où une femme a écrit à la rubrique « Demandez à Annie » du magazine *Forbes* pour évoquer la manière dont les femmes échangent des insultes et que « Annie » lui a répondu douter que ces choses-là existent, le journal a reçu 266 lettres, dont plus de 200 disaient que « Annie » se fourrait le doigt dans l'œil. La douleur et la colère que des femmes éprouvent à cause d'autres femmes sont refoulées, mais grattez un peu et elles feront violemment surface.

Un des objectifs de ce livre est de vous permettre de valider la réalité que vous vivez. Quand vous le reposerez, nous espérons que vous serez convaincue que si vous avez des conflits avec vos collègues femmes, ce n'est pas parce que vous êtes quelqu'un de « difficile ». Nous avons rencontré des milliers de femmes dont la vie et la carrière ont pâti de cela. C'est en partie le coût engendré par le fait de garder le secret sur cette question et de s'accrocher à l'illusion que les femmes sont « gentilles » et solidaires les unes des autres.

Les conflits de femmes ont un coût

Cessons de nous raconter des histoires. Les imbroglios entre femmes au travail peuvent nuire à leur carrière, mais aussi à leurs employeurs. Ils créent un environnement de travail désagréable, stressant et peu productif, épuisant notre énergie mentale et nous obligeant à consacrer notre attention à la résolution de conflits de personnes. Ils peuvent interférer avec notre niveau global de satisfaction professionnelle et, lorsque nous nous débattons mentalement et émotionnellement avec ces problèmes, avoir une influence néfaste sur la qualité de notre vie quotidienne, voire sur notre santé. Enfin, ils peuvent avoir un impact sur la condition féminine en général, puisque les femmes, dans ce cas, semblent confirmer par leur comportement des stéréotypes négatifs.

Des dirigeants d'entreprise nous ont dit qu'ils craignaient de nommer des femmes à des postes à responsabilités, parce qu'elles finissent toujours par « se conduire comme des garces ». Une femme médecin nous a confié que son pire cauchemar était la secrétaire de son service qui n'acceptait pas l'idée qu'elle était chirurgienne, avait un planning et n'était pas là pour recevoir des ordres. « J'ai plusieurs fois tenté de négocier avec elle et j'ai utilisé tous les outils de gestion de conflits à ma disposition, mais elle était si nuisible que j'ai fini par prendre un avocat et démissionner de mon poste. »

De toute évidence, nos conflits ont un coût, et celui-ci n'est pas négligeable. Pour s'éviter ce type d'ennui, certaines femmes préfèrent dissimuler leurs talents. « Ce qui m'a le plus créé de problèmes dans le travail avec d'autres femmes, explique l'une d'elles, c'est mon envie de réussir et mon intelligence. J'ai découvert que les autres femmes me trouvaient menaçante. J'ai fait de mon mieux pour masquer mes capacités et j'ai même exagéré les difficultés que je rencontrais. » Comme son patron analysait dans le même temps ses performances et son comportement, il aurait pu se forger une mauvaise opinion d'elle d'un point de vue professionnel, alors qu'elle craignait d'offusquer ses consœurs. De même, une jeune cadre qui s'efforçait de faire « profil bas » au bureau nous a dit : « Je n'aime pas qu'on pense à moi comme "le patron". » On imagine mal un homme faire ce genre de remarque ! Mais on conçoit parfaitement que les supérieurs de cette femme pourraient déduire de son comportement qu'elle n'est pas apte à occuper un poste à responsabilités.

Les conflits entre femmes peuvent être source de stress et d'intense souffrance émotionnelle, surtout lorsque d'autres femmes se trouvent enrôlées dans la dispute. C'est d'ailleurs l'une des techniques les plus courantes. Une femme cadre travaillant à l'étranger pour sa compagnie avait connu un conflit brutal avec la collègue dont elle partageait le logement. « Elle a été licenciée pour la bonne raison qu'elle a provoqué un conflit. J'avais, pour ma part, été promue. Après son licenciement brutal (dont je n'avais pas eu connaissance au préalable), les autres femmes de notre groupe se sont mises en tête que j'étais responsable de son départ. Elles ont alors décidé de saccager notre appartement et de faire circuler des rumeurs mensongères. Ce fut une expérience horrible. J'ai dû continuer de travailler avec ces femmes. Je ne leur ai plus jamais adressé la parole, et elles non plus. »

Des conflits de ce type peuvent nuire à notre sentiment de satisfaction, à notre bien-être et, au bout du compte, à notre santé. Ils peuvent nous aigrir et même nous ôter l'envie de travailler avec ou pour d'autres femmes. C'est ce que nous ont déclaré plusieurs de celles que nous avons interrogées. « Avant sa promotion, dit l'une d'elles, Françoise était une brave personne qui s'intéressait aux autres. Après, elle est devenue le porte-flingue du patron. Les autres étaient là pour être utilisées et maltraitées. » Une autre femme reconnaît ouvertement que, pour elle, « il n'y a hélas rien de plaisant dans le fait de travailler avec d'autres femmes. Je les trouve mesquines, tyranniques, caractérielles (la plupart du temps à propos de questions qui exigent une approche logique), vindicatives et rancunières. Ce sont les reines du "micro-management". Moi aussi, mais je m'occupe de micro-manager mes propres affaires ! J'ai passé une bonne partie de ma vie à travailler avec des femmes (et, de temps en temps, pour des femmes, erreur que je ne suis pas prête de répéter) et, à de rares exceptions près, j'ai toujours été déçue ».

Si ces conflits ont un coût émotionnel, ils en ont aussi un autre qui se chiffre, lui, en espèces sonnantes et trébuchantes. Avec l'augmentation de la productivité, chacun doit faire plus de choses en un temps réduit. Il est donc essentiel de communiquer efficacement du premier coup et d'entretenir de bons rapports de travail. Les relations difficiles avec vos collègues femmes sont un obstacle à la communication (la qualité de l'écoute diminue lorsqu'on est stressé) et au partage de l'information, d'où, parfois, une baisse de la productivité, des résultats médiocres et un turn-over accéléré du personnel. En revanche, une étude récente a montré que le fait d'avoir une « meilleure amie » au bureau coïncide avec un sentiment de satisfaction professionnelle plus élevé, une meilleure productivité et une plus grande stabilité du personnel[4]. Comment les choses pouvaient-elles bien se passer pour notre cadre expatriée de tout à l'heure, alors qu'elle n'adressait même plus la parole à ses collègues ?

Considérez à présent les paroles de cette employée de

mairie : « La situation la plus pénible que j'aie jamais connue, c'est la fois où je me suis retrouvée sous les ordres d'une femme que ma simple présence insupportait. Je ne sais pas bien ce que j'avais fait pour l'offenser, si tant est que j'aie fait quelque chose, mais je n'ai jamais réussi à repartir du bon pied avec elle, ni même à atteindre une sorte de "point mort" dans nos rapports. Des années plus tard, une de mes amies m'a raconté que cette femme s'était sentie menacée par moi dès le début parce que son propre petit ami lui avait demandé qui j'étais, mais je me demande si c'est vrai. Elle soufflait le chaud et le froid, un jour elle faisait copine-copine et le lendemain elle m'insultait. Je ne savais plus sur quel pied danser. » Le sentiment d'avoir sans arrêt à marcher sur des œufs ne devait pas vraiment favoriser sa concentration...

La directrice d'un laboratoire d'analyses médicales évoque en ces termes une technicienne qui aime avoir la main sur tout : « Elle a besoin de se sentir indispensable et ignore toutes mes recommandations sur la manière dont je souhaite que le travail soit effectué. J'ai dû engager un chef de service qui est son supérieur direct. Nous définissons des critères précis pour évaluer sa performance et cela évite tout malentendu sur ce que chacun fait ou ne fait pas. Et cela marche. Mais j'évite de traîner dans les parages quand elle est là. » On imagine l'invraisemblable gâchis de temps et d'énergie qu'a dû entraîner ce conflit.

Ces problèmes ont un coût trop élevé pour qu'on fasse comme s'ils n'existaient pas. Il est indispensable que nous comprenions et mettions un terme aux pratiques de sabotage entre femmes avant que la situation ne devienne catastrophique – d'autant que, aux États-Unis, 53 % de la force de travail est aujourd'hui féminine et qu'on n'a jamais confié autant de postes à responsabilités à des femmes. Les entreprises faisant appel à des consultantes ou à des sociétés de services dirigées par des femmes ont aussi besoin de comprendre les causes de ces conflits, dans la mesure où le nombre de sociétés appartenant à des femmes a doublé au cours des douze dernières années. En 1999, aux États-Unis, 9,1 millions de sociétés (soit 33 % du total) appartenaient à des femmes et employaient 27 millions de travailleurs pour un chiffre d'affaires total de mille milliards et demi de dollars.

Dans les années 1970, les femmes avaient *grosso modo* le choix entre être enseignantes, infirmières ou secrétaires. Mais aujourd'hui elles occupent de plus en plus des postes de direction dans les entreprises et les problèmes des rapports de travail entre femmes sont chaque jour plus importants. Nous détenons plus de pouvoir politique et financier que nous n'en avons jamais eu au cours de l'histoire. Selon Carol Gallagher, les femmes obtiennent aujourd'hui plus de 35 % des Masters en management (contre 3,6 % en 1976), et plus de 42 % des diplômes de droit (contre 5,4 % en 1970). Elles occupent aussi 48,9 % des positions de management dans le secteur libéral, soit deux foix plus qu'il y a vingt ans [5]. Ces chiffres montrent qu'un changement spectaculaire s'est opéré. Raison de plus pour faire tout notre possible pour que cessent des conflits personnels dont l'incidence est négative sur la productivité et la viabilité financière des entreprises.

En sachant améliorer vos relations avec vos collègues femmes, vous réduirez du même coup les risques de sabotage et la souffrance qui l'accompagne. Les entreprises en ont elles aussi besoin. Mettre des femmes en concurrence pour réaliser certains objectifs commerciaux, c'est quasiment être assuré de déclencher des crêpages de chignon qui nuiront au comportement de l'équipe, donc à sa performance. En revanche, comprendre la manière dont les femmes nouent des relations améliorera les résultats de l'équipe. En analysant la dynamique du crêpage de chignon, on peut modifier le système de gratification pour mieux mettre en valeur les capacités des salariées.

Comment ce livre peut vous aider

Après avoir assisté à un conflit virulent, vous vous êtes peut-être demandé : « Que devrais-je faire si j'étais moi-même la cible d'une attaque ? Comment gère-t-on les femmes à problèmes ? Quelle est la meilleure tactique si je fais partie d'une équipe où chacun cherche à saboter le travail de l'autre ? Que faire si j'en veux à ma supérieure ou à mes collègues ? Ou encore à une amie qui vient d'être promue ? »

Ce livre doit vous permettre d'affronter et de résoudre ces

problèmes. Il vous guidera dans le maquis des conflits entre femmes. Dans la première partie, nous étudierons la véritable nature du crêpage de chignon et les raisons pour lesquelles les femmes y succombent. Nous considérerons dans le premier chapitre les trois éléments essentiels dont les femmes ont besoin pour se sentir satisfaites dans leur travail : des relations, du pouvoir et de l'estime de soi. Au chapitre II, nous décrirons la « règle du partage strictement équilibré du pouvoir », que nous appelons, pour simplifier, la Règle. Elle permet d'expliquer le fonctionnement des rapports entre femmes et la raison pour laquelle ils peuvent virer à l'aigre. Les chapitres III et IV seront consacrés aux causes biologiques et sociologiques de l'agression indirecte. Nous montrerons également que cette stratégie séculaire n'est pas aujourd'hui la plus efficace. Au chapitre V, nous parlerons des « garces » et ferons le lien entre les différentes raisons pour lesquelles les femmes adoptent ce type de comportement.

La deuxième partie, riche en exemples et en solutions concrètes, s'intéressera davantage à la stratégie. Une fois comprise la cause du problème, il faut le résoudre. Nous vous montrerons comment éviter les conflits destructeurs et/ou les transformer en un effort collectif utile. Nous vous donnerons des conseils pour faire face aux problèmes qui surgissent inévitablement lorsque des femmes reçoivent de l'avancement, sur la manière de résoudre les disputes entre femmes et sur celle de diriger d'autres femmes, le tout avec pour objectif de consolider les alliances féminines.

Il existe des livres sur les conflits entre hommes ou entre hommes et femmes dans le travail. Mais celui-ci est le premier à étudier le comportement des femmes entre elles, les problèmes spécifiques à ce type de relation. Vous pourrez appliquer tout de suite les solutions proposées. Le fait de comprendre les mécanismes de ce type de conflit devrait dissiper votre confusion, votre douleur et votre colère si d'aventure vous êtes la cible d'une autre femme. Vous deviendrez capable d'analyser ce qui ne fonctionne pas dans la relation et trouver la meilleure stratégie pour avancer. Grâce à notre modèle, vous serez même capable de désamorcer ces conflits avant qu'ils ne se produisent.

PREMIÈRE PARTIE

Conflits de femmes

CHAPITRE PREMIER

Relations, pouvoir et estime de soi

Le bonheur des femmes tient à trois éléments essentiels : les relations, le pouvoir et l'estime de soi. Il existe entre eux un rapport complexe : la force ou la faiblesse de chacun peut influer sur la force ou la faiblesse des deux autres. Dans ce chapitre, nous analyserons ce que ces éléments représentent pour nous et nous verrons comment leur équilibre, à la fois en nous et comparé à celui des autres femmes, influe sur les probabilités que nous nous trouvions impliquées dans un conflit destructeur.

Les relations, ce sont vos liens avec autrui : vos amis, votre famille, vos collègues. Elles jouent un rôle essentiel dans votre bien-être, vous aident véritablement à définir qui vous êtes. La variable du pouvoir renvoie à la force extérieure que vous pouvez exercer sur le monde. Il peut prendre diverses formes : votre fonction ou votre titre, votre rapport avec votre patron, votre pouvoir de séduction, votre revenu, le statut de votre mari ou compagnon, votre façon de vous habiller, votre sens de l'humour, votre personnalité, etc. Ce sont des facteurs tangibles, réels ou perçus, que vous et d'autres pouvez observer. L'estime de soi, quant à elle, est un pouvoir interne. Elle représente le sentiment que vous avez de votre force intérieure et de votre valeur. En règle générale, la force ou la faiblesse de cet élément est bien plus cachée aux regards extérieurs.

Les relations

Il est devenu presque axiomatique de dire que les femmes vivent dans un réseau de relations. Nous avons développé une grande aptitude pour ces liens, dont nous avons besoin pour préserver un sentiment de bien-être personnel. Jean Baker Miller, professeur de psychiatrie à la Faculté de Médecine de l'Université de Boston, explique que les femmes « se développent dans le cadre de relations émotionnelles, et non pas de manière séparée de celles-ci. [Être] “plus reliée à une autre personne” signifie que l'on se sent mise en valeur, non pas menacée. Ce n'est pas vécu comme la perte d'une part de soi ; au contraire, cela permet d'aller vers davantage de plaisir et d'efficacité [1] ».

Les relations sont si essentielles aux femmes qu'elles jouent également un rôle central dans le monde professionnel. Au bureau, nous avons tendance à penser et à travailler dans une optique non pas hiérarchique, mais relationnelle (nous reviendrons sur ce point aux chapitres III, IV et V). Les femmes définissent souvent la réussite professionnelle par leur capacité à créer un rapport avec les autres et à développer des relations dans le cadre professionnel ! « Alors que je travaillais dans sa boîte, ma patronne est devenue ma meilleure amie. Deux ans plus tard, elle l'est toujours. » Pour Carol Gallagher, une psychologue spécialisée dans les organisations, la capacité à maintenir des relations positives fait partie des quatre critères essentiels qui jouent un rôle dans la carrière des 200 femmes cadres supérieurs qu'elle a étudiées. « Savoir développer des relations est indispensable pour atteindre le niveau suivant », écrit-elle. L'une des femmes interrogées explique : « Sur une échelle de un à dix, j'accorde dix points aux relations. Je ne pense pas que l'on puisse progresser sans elles [2]. »

La préservation des relations au travail est beaucoup plus importante pour les femmes que pour les hommes. C'est ce que montre Susan Murphy dans une étude portant sur vingt et une valeurs professionnelles (prise de risque, sécurité financière, altruisme, etc.) chez trois générations d'hommes et de femmes [3]. Quelle que soit la tranche d'âge envisagée, la valeur accordée aux interactions sociales dans le cadre professionnel est ce qui différencie le plus les deux sexes : elles arrivent en quatrième position chez les femmes (ce qui est loin d'être le cas chez les hommes) qui considèrent que les relations interpersonnelles et amicales donnent un sens à leur vie. Les femmes tirent autant bénéfice de leur propre expérience que de l'observation d'autrui et des relations sociales. Des dizaines d'autres études vont dans le même sens.

Parce qu'elles se concentrent sur le relationnel, les femmes sont plus susceptibles de juger et d'estimer les gens sur la base de leurs qualités innées que sur celle de leur position dans la hiérarchie de l'entreprise. Les femmes cadres supérieurs adopteront plus volontiers un style de direction coopératif, partageront l'information et impliqueront les autres dans le processus de décision. Nous avons besoin de nos collègues pour que notre travail soit satisfaisant et agréable, mais aussi pour que nous-mêmes soyons plus productives. Nous avons donc plus tendance à nous intéresser aux questions émotionnelles sur le lieu de travail, et à y faire face. Nous faisons souvent des efforts concertés pour nous entendre avec nos collègues femmes. Nous partageons nos sentiments et utilisons l'empathie sincère pour aider à soulager des sentiments heurtés ou à modérer une situation difficile.

Les femmes qui ont réussi en termes d'acquis concrets mais pas dans ce que l'on appelle la réussite affiliative, expriment souvent un sentiment de vide, de solitude et d'isolement. Susan Murphy travaille comme consultante pour les femmes dirigeantes d'une très grosse entreprise financière. Elle s'est rendu compte avec surprise que nombre d'entre elles n'ont pas besoin de conseils tactiques du genre : « Si Fred fait ceci et que je réponds comme cela, que se passera-t-il selon vous ? », mais bien plutôt d'empathie. Pendant les consultations, elles se laissent aller à exprimer la douleur qu'elles ressentent, souvent du fait d'autres femmes de la compagnie. Deux femmes avaient démissionné dans le service de Cynthia et elle pensait que leur geste était dû à la manière dont elle les avait traitées. Pendant près d'une heure, elle a exprimé son malaise, jusqu'au moment où Susan lui a dit : « Pourquoi ne leur demandez-vous pas la raison de leur départ ? » Cynthia leur téléphona : on lui assura qu'elle n'était pas la cause de cette double démission. Peut-être ne lui avait-on pas dit la vérité, mais une chose est sûre : elle se sentait beaucoup mieux à présent, car elle pensait avoir préservé sa relation avec ses deux ex-collègues.

Parce que les relations sont si importantes pour les femmes, quand elles se détériorent, la douleur n'en est que plus intense. Nous y reviendrons en détail dans le prochain chapitre.

Le pouvoir

Le pouvoir, c'est la capacité à obtenir d'une personne qu'elle fasse quelque chose. D'où son extrême importance : sans lui, il vous serait impossible d'atteindre vos objectifs personnels et professionnels. En 1959, John French et Bertram Raven, deux psychologues de l'Université de Californie, à Los Angeles, ont identifié six types de pouvoir utilisés au bureau ou ailleurs par les hommes et les femmes[4] :

Le *pouvoir de récompense* est la capacité de donner quelque chose à quelqu'un. On peut récompenser une personne par une promotion, des cadeaux ou des compliments. Vous possédez quelque chose qu'elle désire.

Le *pouvoir coercitif* est la capacité de punir quelqu'un, de rétrograder cette personne ou de nuire par tout autre moyen à son avancement. Les commentaires négatifs peuvent entrer dans cette catégorie.

Le *pouvoir légitime* vous est conféré par l'organisation. On vous donne le titre de directeur, ou de chef de service, ou de chef d'équipe.

Le *pouvoir d'expertise* dérive de vos capacités ou compétences spécifiques. Vous êtes par exemple l'unique personne au bureau qui sache comment réparer les ordinateurs ou... gérer votre patron.

Le *pouvoir de référent* repose sur votre affection personnelle ou votre identification avec une autre personne ou un autre groupe. On vous obéit pour la simple raison qu'on vous apprécie et vous fait confiance. Vous avez ce pouvoir de référent sur un ami qui veut vous faire plaisir.

Le *pouvoir associatif* dérive plus des gens que vous connaissez et avec lesquels vous vous associez que de votre savoir (pouvoir d'expertise). Ici, vous obtenez du pouvoir en mentionnant vos connaissances.

Le pouvoir existe toujours par rapport à quelqu'un ou quelque chose, jamais dans le vide. Il est à double tranchant, surtout pour les femmes au travail, car il est plus normal que les hommes exercent un pouvoir dans ce cadre. Quand ceux-ci prennent en main une situation, on les perçoit comme déterminés et confiants. Leur but, c'est gagner. En situation de crise, ces attributs peuvent être positifs, et même donner confiance. On respecte un homme puissant, surtout s'il peut structurer et orienter l'action d'un groupe dans une période confuse. Mais lorsque les femmes essayent de paraître puissantes, elles sont dans une position plus précaire. Hélas, le pouvoir et l'amitié ne font pas bon ménage chez les femmes : agir comme si vous aviez le pouvoir peut faire du tort à la relation que vous entretenez avec d'autres femmes. L'amitié implique le don et le partage, alors que le pouvoir peut avoir comme conséquence de priver une autre ou d'imposer une direction à son activité. Pour les femmes, ce ne sont pas là des actions amicales. Elles peuvent être perçues comme franchement hostiles. Par conséquent, si vous exercez votre pouvoir sur d'autres femmes comme le font les hommes, vous risquez vite de provoquer un crêpage de chignon.

Mélanger amitié et pouvoir, c'est dangereux

Les hommes éprouvent plutôt de la « sympathie » pour leurs collègues que de l'amitié. Ils ont tendance à se méfier dès qu'il s'agit de dévoiler des informations intimes sur eux-mêmes, car ils jouent leur propre survie dans le monde hiérarchique du travail. En outre, ils ont plus tendance à se concentrer sur leurs objectifs professionnels et leur survie politique dans l'entreprise que les femmes, lesquelles s'intéressent le plus souvent davantage à préserver l'intégrité de leurs rapports avec les autres.

Le pouvoir de référent (celui de l'amitié, de l'affection réciproque et de la confiance) peut être plus important pour les femmes que pour les hommes. C'est aussi lui qui peut poser le plus de problèmes. Les femmes s'attendent beaucoup plus que les hommes à partager leur pouvoir avec celles dont elles sont les plus proches. Considérez le scénario suivant. Votre amie et ex-collègue reçoit une promotion. Soudain, on lui confère plus de pouvoir légitime qu'à vous. Irritée par ce déséquilibre, vous serez peut-être tentée de réserver votre affection (pouvoir de référent), d'où la possibilité d'un conflit destructeur.

Mais l'inverse peut aussi se produire. Vous aimez sincèrement l'une de vos subalternes et lui laissez une grande liberté dans la manière dont elle gère son temps. Cette employée peut avoir un important pouvoir de référent sur vous. En fait, bien que vous craignez de troubler cette amitié, un jour vous remarquez que son travail baisse en qualité. Utilisant votre pouvoir légitime, vous lui faites part de ses performances inacceptables. Vous commencez à utiliser un pouvoir coercitif au moment de son bilan annuel. (Elle sait que vos critiques auront des conséquences négatives.) Pour contrebalancer ce jeu de pouvoir, elle vous retire son pouvoir de référent. Elle déjeune avec d'autres, balance son travail sur votre bureau au lieu de vous le tendre, et répond sèchement lorsque vous lui demandez des nouvelles de sa famille.

Certaines femmes hésitent à utiliser la contrainte parce qu'elles redoutent le tort que cela peut causer à leur relation avec une subordonnée. Conclusion : bien qu'il soit séduisant, vous ne pouvez pas laisser le pouvoir de référent influer sur votre comportement de direction.

La théorie du jeton, unique voie des femmes vers le pouvoir

Il vaut mieux aborder le pouvoir de manière spécifiquement féminine. Par exemple, vous pouvez utiliser ce que Patricia Palleschi, vice-présidente de la compagnie Walt Disney, appelle la théorie du jeton. Celle-ci repose sur un sentiment d'équité : nous sommes toutes dotées d'un certain nombre de jetons de pouvoir (attributs positifs ou actions) que nous échangeons constamment avec d'autres. Nous possédons, donnons et obtenons ces jetons de pouvoir de trois manières différentes :

Par interactions. Nous disons : « Bonjour, comment vas-tu ? » chaque fois que nous rencontrons une collègue. Nous manifestons un intérêt sincère pour sa famille, ses vacances, ses nouveaux projets au travail.

Comme un droit de naissance. Certaines personnes naissent avec un grand nombre de jetons – les Rockefeller, par exemple. Elles peuvent aussi être belles, talentueuses, très intelligentes, très athlétiques, autant de qualités inhérentes.

Par acquisition active. Les gens recherchent activement des jetons. Ils obtiennent des diplômes, ou se battent pour de l'avancement. Certains font un beau mariage pour améliorer leur stock, ou fréquentent des chirurgiens esthétiques qui peuvent accroître artificiellement leur capital jetons en resserrant leurs abdominaux ou en redressant leurs paupières tombantes ou leur double menton.

Vous n'en étiez peut-être pas consciente, mais toutes les personnes avec qui vous interagissez tiennent un compte de votre capital jetons. À longueur de journée, vous gagnez ou perdez des jetons avec vos subordonnées, vos pairs ou vos supérieures. Elles savent à chaque instant où vous en êtes par rapport à elles, tandis que, pour votre part, vous savez où elles en sont par rapport à vous.

Une des principales règles de la théorie du jeton est que nous recherchons tous l'égalité. Si quelqu'un essaye de nous prendre nos jetons, nous trouverons un moyen d'égaliser le score. Par exemple, si en arrivant au travail vous saluez gentiment votre collègue et que celle-ci vous répond froidement, vous aurez tendance la fois suivante à la saluer moins chaleureusement. Il se peut même que vous cessiez tout simplement de lui dire bonjour. Inversement, si cette collègue est agréable et généreuse avec ses jetons, vous aurez probablement envie de lui rendre la pareille.

Patricia, une professeure d'université, a appris cette leçon. Son assistante, Sarah, travaillait toute la journée dans un box aveugle et Patricia savait qu'elle accordait beaucoup d'importance aux jetons relationnels (« Bonjour, comment ça va ? », « Qu'êtes-vous en train de faire ? », « Quoi de neuf ? »). Un jour, Patricia travaillait avec sa supérieure, Kim, dans le bureau de celle-ci. Sarah entre et remet à Patricia des feuilles dactylographiées, puis ressort. Troublée, Kim demande à Patricia : « Quand lui avez-vous donné ces feuilles à taper ?

– Ce matin.

– Et elle vous apporte toujours le travail quand elle a fini ?

– Bien sûr, répond Patricia, surprise par ces questions.

– Parce que, voyez-vous, je lui ai donné des choses à taper il y a trois jours, et j'attends encore qu'elle ait fini. Elle ne m'apporte jamais le travail, il faut que je le lui réclame. »

Kim ne payait pas à Sarah ses jetons d'interaction et celle-ci avait trouvé ce moyen pour équilibrer la situation.

Les échanges qui ont lieu au moment des fêtes illustrent bien la théorie du jeton. En général, quand on reçoit une carte de vœux, on a le sentiment qu'il faut y répondre. Les cadeaux doivent être de valeur comparable. Si tel n'est pas le cas, le donneur et le récipiendaire se sentent gênés. (Certaines personnes ont même des cadeaux additionnels toujours à portée de main, au cas où.) Les hommes n'accordent généralement pas la même valeur que les femmes aux échanges de « jetons » sous forme de cartes de vœux. Par exemple, ils auront moins tendance à envoyer une carte d'anniversaire, mais échangeront volontiers des billets pour des matchs de foot, qui ont pour eux plus de valeur.

Quand nous expliquons la théorie des jetons, on nous dit parfois : « Mais n'est-ce pas de la manipulation ? » Et nous répondons : « Si, c'en est. » Mais considérez ceci : nous avons tous commencé à manipuler les gens au même moment, celui où nous avons compris qu'il existait un lien entre le fait de hurler et celui d'obtenir de la nourriture ; depuis, nous avons continué de manipuler les autres chaque jour de notre vie. La différence, c'est que nous le faisons de plus en plus consciemment et avec de plus en plus d'élégance ou de tact. Chacun doit gérer ses rapports avec autrui. Utiliser des jetons est un des moyens d'y parvenir.

Égaliser le score

Les femmes cadres pensent que, parce qu'elles exercent des responsabilités, leurs subordonnées doivent leur obéir. Mais tôt ou tard, d'une manière ou d'une autre, celles-ci chercheront à égaliser le score. Julie avait été embauchée pour gérer un groupe de personnes devant se rendre dans des villes peu sûres. Les employées qui acceptaient ces missions avaient droit, une fois arrivées à destination, à un appel téléphonique aux frais de l'entreprise pour rassurer leurs proches.

Très vite, Julie découvre que ces appels sont limités à un dollar. Elle parcourt tous les dossiers et constate que plusieurs de ses subordonnées ont dépensé plus. Au lieu de laisser filer et d'imposer à l'avenir le respect de cette limite, elle fait chaque bureau en demandant le remboursement du surcoût : 3,10 dollars à l'une, 7,45 dollars à l'autre, 11,52 dollars à une troisième, etc.

Jusqu'alors, ce groupe n'avait pas connu de tensions particulières. La décharge qui le parcourut et la réaction qui s'ensuivit furent surprenantes. Mystérieusement, les employées commencèrent à se présenter au mauvais moment, au mauvais endroit, avec le mauvais matériel. Cela n'arrêtait pas et Julie passait son temps à éteindre les incendies, ce qui s'avéra bien plus coûteux que la centaine de dollars qu'elle avait recueillis auprès de ses subordonnées trop loquaces. Elle pensait qu'il y avait un problème dans la procédure de planification, mais ne se rendait pas compte que le problème résidait dans le déficit en jetons que sa mesquinerie avait créé. C'était donc plutôt ce problème-là qu'elle devait résoudre.

Les femmes ont une excellente mémoire. Et elles sont rancunières. Avec elles, le jeu ne s'achève jamais : s'ils ne sont pas corrigés, les déficits en jetons peuvent durer toute la vie.

Les manifestations de pouvoir

Les manifestations ostentatoires telles que fourrures, gros diamants, maison luxueuse, voiture puissante, etc., sont dans notre société des symboles de pouvoir qui peuvent offusquer les autres femmes et les inciter à rétablir le score. Elles doivent donc être gérées avec précaution.

Ces symboles de rang social impliquent bien davantage qu'une richesse matérielle. Supposons que vous ayez été promue pour diriger celles qui étaient jusque-là vos collègues. Pendant les premières semaines, vous devriez essayer, par exemple, de faire vos propres photocopies et récupérer vos propres fax au lieu d'ordonner à l'une de vos nouvelles subordonnées de le faire à votre place. Plus tard, vous pourrez formuler votre demande de la manière suivante : « Pourrais-tu me rendre un service, s'il te plaît, et... » Vous aurez peut-être moins de difficultés avec les nouvelles employées, dont les attentes à l'égard de votre relation seront sans doute différentes. Mais comme nous le verrons au chapitre VII, une certaine gestion du pouvoir symbolique peut être utile lorsque vos pairs deviennent vos subordonnées.

FAITES VOTRE PROPRE DIAGNOSTIC : LES SYMBOLES DE POUVOIR

Vérifiez parmi les symboles de pouvoir suivants lesquels s'appliquent à vous. Sachez qu'ils peuvent faire obstacle à de bons rapports avec d'autres femmes. Il est important que vous ayez conscience de leur impact négatif si vous voulez éviter les crêpages de chignon.

- ❑ Titre officiel
- ❑ Rôle de confidente
- ❑ Diplôme
- ❑ Allure physique frappante
- ❑ Grand bureau
- ❑ Jeunesse
- ❑ Attentions du patron
- ❑ Liberté financière
- ❑ Employées qui vous rendent compte
- ❑ Vacances extravagantes
- ❑ Promotions
- ❑ Partenaire séduisant
- ❑ Talent ou capacité particuliers
- ❑ Vêtements, bijoux de luxe
- ❑ Voiture de luxe

Si vous rencontrez un problème avec une autre femme, faites très attention à la manière dont vous exhibez ces symboles de pouvoir, car ils augmentent son animosité. Elle aura tendance à les interpréter comme le signe que vous valez mieux qu'elle, ce qui compromettra encore plus l'équilibre de pouvoir. Même si vos rapports avec vos collègues femmes sont bons, ces symboles, qui n'ont en soi rien de condamnable, peuvent créer un problème s'ils sont ostentatoires.

Le langage du corps (une posture droite, un port altier, l'utilisation expressive de son espace personnel), un air sûr de soi et un ton de voix condescendants peuvent également être interprétés comme des manifestations de pouvoir. Dans un atelier que Pat Heim animait à Chicago, lorsque la question des styles de leadership a été évoquée, un homme a posé une question au sujet de Mike Ditka. Pat a dû confesser qu'elle ne savait pas de qui il s'agissait, ce qui lui semblait être un aveu totalement insignifiant. Plus tard, lors de la pause déjeuner, une des participantes a cherché à l'enfoncer : « Je n'arrive pas à croire que vous ne sachiez pas qui est Mike Ditka », lança Diana sur un ton méprisant. Pat lui expliqua qu'elle n'était pas du Midwest et qu'elle ne lisait pas la rubrique sportive dans le journal. Diana lui répondit froidement : « S'il s'agissait de l'équipe de Los Angeles ou de San Diego, moi je connaîtrais le nom de leur entraîneur.

– Mais je ne m'intéresse pas vraiment au football, protesta Pat.

– Moi non plus, mais je m'informe sur tous les sujets », fut la réponse hautaine de cette femme.

Pat eut envie de réagir en passant au mode « manifestation totale de pouvoir » : questionner cette femme imbue d'elle-même sur les subtilités du projet de séquençage du génome humain – en espérant qu'elle n'était pas spécialiste de cela aussi – pour rétablir le score. Mais elle se retint et essaya de comprendre à quoi ressemblait pour elle le monde de Diana. Elle décida que si celle-ci s'était conduite de la sorte, elle devait sans doute agir de même au bureau.

Animant un groupe de travail, Pat avait une somme de pouvoir légitime et d'expertise qui aurait pu paraître menaçante à Diana. Si elle avait réagi au jeu de pouvoir de celle-ci, cela se serait retourné contre elle. Pat ne se sentait pas diminuée parce qu'elle ne savait pas qui était Mike Ditka. Mais la manifestation de pouvoir arrogante de Diana aurait pu facilement déclencher un conflit ravageur avec quelqu'un de moins conscient ou précautionneux, et cela aurait pu la faire paraître sous un jour peu séduisant à ses collègues rassemblés pour l'atelier.

VOUS ET LE POUVOIR

Ce questionnaire vous permettra d'évaluer la relation problématique que vous avez avec une de vos collègues. Ayez cette personne-là en tête et songez au pouvoir dont vous faites montre à son égard. Demandez-vous si ce pouvoir est positif ou négatif.

	PAS DU TOUT VRAI 1	2	3	4	TOUT À FAIT VRAI 5
1. J'ai ou je pourrais obtenir des ressources qui pourraient lui être utiles.	❑	❑	❑	❑	❑
2. J'ai ou je pourrais obtenir des ressources qu'elle aimerait posséder, mais je les garde pour moi.	❑	❑	❑	❑	❑
3. J'ai partagé avec elle des ressources qu'elle désirait avoir.	❑	❑	❑	❑	❑
4. Je suis dans une position où je peux être à l'origine d'effets négatifs pour elle.	❑	❑	❑	❑	❑
5. Je lui ai fait subir des effets négatifs qu'elle estime injustes.	❑	❑	❑	❑	❑
6. Je l'ai empêchée de subir des effets négatifs injustifiés.	❑	❑	❑	❑	❑

	PAS DU TOUT VRAI 1	2	3	4	TOUT À FAIT VRAI 5
7. J'ai un pouvoir légitime (position) sur elle.	❑	❑	❑	❑	❑
8. J'ai un pouvoir légitime (position), mais elle estime que c'est elle qui devrait l'avoir.	❑	❑	❑	❑	❑
9. J'ai un pouvoir légitime et la manière dont je l'utilise ne lui pose pas de problème.	❑	❑	❑	❑	❑
10. J'ai une expertise dont elle pense qu'elle pourrait avoir de la valeur pour elle.	❑	❑	❑	❑	❑
11. Parfois, je garde pour moi l'expertise dont elle pense qu'elle pourrait lui être utile.	❑	❑	❑	❑	❑
12. J'ai partagé avec elle l'expertise dont elle pense qu'elle peut lui être utile.	❑	❑	❑	❑	❑
13. Je pourrais développer avec elle une relation de confiance qu'elle apprécierait.	❑	❑	❑	❑	❑
14. Elle ne me fait pas confiance et n'accorde pas de valeur à notre relation.	❑	❑	❑	❑	❑
15. Elle me fait confiance et accorde de la valeur à notre relation.	❑	❑	❑	❑	❑
16. Certains de mes contacts pourraient lui être utiles.	❑	❑	❑	❑	❑
17. Je n'utilise pas ces contacts pour l'aider.	❑	❑	❑	❑	❑
18. J'ai utilisé mes contacts pour l'aider.	❑	❑	❑	❑	❑

Calculez votre score. Pour chaque question, transférez le chiffre que vous lui avez attribué dans la colonne correspondante ci-dessous. Par exemple, si vous avez répondu « tout à fait vrai » à l'affirmation nº 1, placez ci-dessous un 5 dans la case située à côté de « question nº 1 ».

QUESTIONS	QUESTIONS	QUESTIONS
1.	3.	2. ......
4.	6.	5. ......
7.	9.	8. ......
10.	12.	11. ......
13.	15.	14. ......
16.	18.	17. ......
Total	Total	Total ......
du pouvoir potentiel	du pouvoir positif	du pouvoir négatif

Pouvoir potentiel. Si votre score total dans cette colonne est compris entre 20 et 30, tout est réuni pour que vous ayez un impact positif (ou négatif) sur votre relation avec la femme que vous aviez en tête en faisant cet exercice. Considérez les six types de pouvoir énumérés page 28 et demandez-vous lequel vous pouvez employer le plus efficacement avec cette femme. Si votre score total est inférieur à 20 et que l'un au moins des résultats de la colonne est égal à 4 ou à 5, vous devez chercher sélectivement comment utiliser votre pouvoir pour améliorer la relation. Si votre score total est inférieur à 20 et que tous les résultats de la colonne sont compris entre 1 et 3, il sera malheureusement beaucoup plus difficile pour vous d'avoir un impact positif sur la relation tant que cette femme ne décidera pas d'elle-même de changer d'attitude et de devenir plus positive.

Pouvoir positif. Si votre score total dans cette colonne est compris entre 20 et 30, votre relation avec cette femme est vraisemblablement très bonne. Il est probable que vous avez fait pas mal d'efforts pour avoir un impact positif sur elle, par exemple en citant son nom à vos supérieures ou en recommandant qu'on lui accorde une augmentation. Si votre relation n'est pas terrible, demandez-vous : « Est-elle consciente de ce que je fais pour elle ? Sait-elle que je cite son nom délibérément pour que ses capacités soient reconnues ? » Cela ne signifie pas que vous devez hisser le drapeau chaque fois que vous l'aidez, mais il se peut qu'elle ne fasse pas le lien entre vos différentes actions. Si votre score total dans cette colonne est inférieur à 20 et si vous avez un score important dans la colonne précédente (pouvoir potentiel), alors il est temps de vous mettre à fabriquer des jetons. Que pourriez-vous faire d'agréable pour cette femme ?

Pouvoir négatif. Si votre score total dans cette colonne est compris entre 20 et 30 et que vous avez des problèmes avec cette femme, ceux-ci sont peut-être dus à la manière dont vous utilisez votre pouvoir. Peut-être utilisez-vous un peu trop votre position hiérarchique ou n'êtes-vous pas assez sensible à ses problèmes personnels (par exemple, avec son enfant, si elle en a un) ? Pour corriger la situation, demandez-vous comment vous pouvez utiliser votre pouvoir de manière plus positive. Pouvez-vous lui assigner des taches différemment ? Et pourquoi ne pas lui demander plus souvent des nouvelles de sa famille ? Si votre score total est compris entre 12 et 10, vous n'utilisez pas correctement votre pouvoir pour qu'il ait un impact positif sur cette relation. Si votre score total est inférieur à 11, vous êtes dans les limites raisonnables d'une utilisation négative du pouvoir, mais il existe peut-être pour vous des possibilités de le réduire. Concentrez-vous sur ce que vous pouvez faire pour augmenter votre pouvoir positif sur cette femme.

Le quotient d'amitié est un autre facteur dans cette colonne. Si la personne à laquelle vous pensiez en abordant ce questionnaire est une amie, et si vous avez obtenu ici un score élevé, votre problème peut s'aggraver. Si votre score total est supérieur à 20, ajoutez lui 5 points si cette personne est votre meilleure amie, 3 points si c'est une bonne amie, 1 point si c'est une connaissance ou une collègue. Puis recalculez votre score total.

L'estime de soi

L'estime de soi, c'est la manière dont vous vous considérez : votre propre valeur et le pouvoir que vous vous autorisez. « Un des éléments essentiels qui distinguent les humains des autres animaux, explique le psychologue Matthew McKay, c'est la conscience de soi, la capacité à avoir une identité et à lui accorder une valeur. Autrement dit, vous êtes capable de définir qui vous êtes, puis de décider si vous aimez cette identité ou non[5]. »

Quand vous évaluez votre niveau d'estime de soi, vous

considérez des qualités intrinsèques : estimez-vous que vous êtes quelqu'un d'utile ? Avez-vous confiance en vous ? Êtes-vous satisfaite de vous-même ? Êtes-vous heureuse ou malheureuse de ce que vous avez accompli jusqu'à présent ? Quelle est la qualité de vos rapports avec autrui ? Acceptez-vous facilement de prendre vos responsabilités ? Assumez-vous vos actes ? Le niveau de votre estime de soi est fonction de vos réponses aux questions suivantes :

Votre valeur. Avez-vous l'impression d'avoir de bonnes qualités ? Vous acceptez-vous, vous-même et vos émotions ?

Vos réalisations. Avez-vous le sentiment d'atteindre vos objectifs, de voir vos efforts reconnus, de travailler sans cesse au développement de vos capacités ?

Vos relations. Savez-vous vous rapprocher des autres. Savez-vous établir et partager un sentiment de confiance ?

Vos capacités. Avez-vous confiance en votre productivité au travail et en votre capacité à agir de manière maîtrisée, à prendre des décisions et à modeler votre propre destin ?

Votre sens des responsabilités. Estimez-vous que vous êtes responsable de vos propres échecs ? Participez-vous activement à la résolution des conflits dans lesquels vous êtes impliqués ?

Comment les autres vous perçoivent. Vos amis, vos collègues, votre famille vous traitent-ils avec respect ? Apprécient-ils vos talents, vos capacités, votre spécificité ?

De même que le profil de pouvoir, la personnalité ne se définit pas dans l'abstrait. Ici, l'important est votre interaction avec un faisceau d'indices qui vous renvoient la manière dont le monde extérieur vous perçoit. Il est difficile d'avoir une image de soi positive si l'entourage au grand complet envoie, même à tort, le message contraire. Parfois, on peut avoir tort par esprit de vengeance. On sait qu'on est cruel en évaluant l'autre négativement, mais on a l'impression que c'est justifié. Certains se donnent un mal fou pour vous mettre mal à l'aise. Or, une fois que vous avez senti ce regard négatif porté sur vous, le niveau de votre estime de soi risque de chuter. Nous essayons tous d'avoir une opinion positive sur nous-mêmes et, quand celle-ci est ébranlée, notre tendance naturelle consiste à la redresser. Chez les femmes, néanmoins, l'estime de soi n'entre pas dans l'équation de la même manière que chez les hommes. Elles ont davantage tendance à « ne rien se pardonner », à « se flageller », attitude qui abaisse le niveau d'estime de soi. Elles ont aussi plus tendance que les hommes à avoir un monologue intérieur négatif (« Je suis vraiment idiote. Comment ai-je pu dire une chose pareille ? ») et à étaler leurs défaillances (« Tu ne vas pas croire combien j'ai déconné aujourd'hui ! »).

Ces comportements autodestructeurs forment sans doute un exutoire temporaire à notre sentiment de frustration, mais ils aboutissent immanquablement à une baisse de l'estime de soi. Comme le dit Carole Gilligan, « les femmes ne se définissent pas simplement dans le contexte des relations humaines, elles jugent aussi leur propre capacité à être attentives à autrui [6] ». Puisque les femmes accordent une grande valeur aux relations intimes avec leurs collègues, elles ont souvent tendance, lorsqu'elles vivent des situations de discorde, à s'autodénigrer. La raison en est que leurs conversations touchent à d'autres niveaux de leur vie que le simple domaine du travail : la famille, le cycle menstruel, les restaurants, les voyages... Une relation de travail qui se brise les affectera donc davantage.

Une femme décrit combien sa vie est devenue compliquée quand elle s'est trouvée prise dans un conflit destructeur avec sa supérieure : « Elle nous a donné, à mon associée et à moi-même, notre première opportunité et est devenue notre mentor. Mais quand nous avons décidé que le moment était venu de voler de nos propres ailes, elle l'a pris comme un affront personnel. Elle avait le sentiment que nous l'avions trahie et ne parvenait pas à comprendre comment nous avions pu lui faire cela. Nous avons fini par consulter ensemble un thérapeute pour résoudre ce problème, mais nos rapports n'ont plus jamais été les mêmes. » Il est très vraisemblable que l'estime de soi de cette supérieure a été atteinte lorsque ces deux personnes ont décidé de s'émanciper. Elle a peut-être eu le sentiment qu'elles l'abandonnaient.

Le dilemme de la femme

Non seulement les femmes abaissent leur estime de soi par un monologue intérieur négatif, mais elles ne l'augmentent pas non plus quand elles connaissent le succès. En général, elles attribuent leurs réalisations à des facteurs extérieurs, comme l'effort (« Je me suis vraiment mise en quatre »), la facilité (« N'importe qui aurait pu le faire »), ou la chance (« Ça m'est tombé dessus. J'étais au bon endroit, au bon moment »). Leur succès, pensent-elles, n'est pas de leur fait, contrairement à leurs échecs. Elles ne croient pas en leurs capacités : « Jamais je n'aurai la volonté de perdre du poids » ; « Si seulement j'étais plus intelligente, je pourrais le faire » ; « J'ai la mémoire d'une puce. » Ce n'est pas une affaire de culture, puisqu'une étude récente portant sur plus de 13 000 enfants dans douze pays, dont l'Australie, la Jamaïque, l'Allemagne, la Thaïlande et Israël, a montré que les filles s'accusent systématiquement lorsque les choses tournent mal [7].

Cette manière improductive de définir à la fois nous-mêmes et nos réalisations peut facilement devenir une prophétie autoréalisatrice, l'estime de soi dérivant, en partie, de notre appréhension de la manière dont le monde extérieur nous perçoit. « J'ai vraiment eu de la chance sur ce coup-là, dira une femme. Je ne savais même pas ce que je faisais. Les astres m'étaient favorables et il s'est avéré que toutes les données étaient à portée de main. » Si, au fil du temps, cette femme continue d'attribuer sa réussite à des facteurs externes, les gens finiront par croire qu'elle n'est responsable de rien et lui retourneront cette image d'elle-même. Cette boucle de rétroaction inscrira avec encore plus de force dans son psychisme la croyance : « Ce n'est pas moi, ce sont d'autres facteurs. »

Les hommes manifestent la tendance inverse. Ils attribueront leurs réussites à leurs propres capacités (« J'ai réussi parce que je suis bon et que vous vous êtes adressé à moi ») et leurs échecs à des facteurs extérieurs (« Je n'ai pas pu faire ce que vous m'avez demandé parce que vous ne m'avez pas laissé assez de temps »). Leur entourage risque plus de penser que ce sont leurs capacités innées qui expliquent qu'ils soient si efficaces. Et lorsqu'ils échouent, ce n'est pas de leur faute. Ils ne peuvent pas tout faire ! Comme pour les femmes, cet effet de rétroaction renforce à la fois les croyances des hommes à leur propre sujet et leur estime de soi.

Depuis qu'ils sont petits, les mâles organisent leur vie en termes hiérarchiques (songez aux sports collectifs, par exemple). Chacun est au-dessus ou en dessous de quelqu'un d'autre. Pour cette raison, les hommes passent leur temps à essayer d'éviter de se trouver en bas de l'échelle. Un des moyens pour eux d'y parvenir est de se comporter comme s'ils étaient puissants même s'ils n'ont pas le sentiment de l'être. Si la réaction de l'entourage va dans le même sens, cela devient une prophétie autoréalisatrice qui renforce leur estime de soi positive.

Les femmes, à l'inverse, ne grandissent pas dans un système hiérarchique. Il s'agit pour elle, dès leur jeunesse, d'être « gentilles » et de partager équitablement le pouvoir. Comme nous le verrons au chapitre IV, il n'y a pas de chef quand on joue à la poupée, personne n'est « responsable ». Les filles forment un groupe coopératif et exploitent collectivement les idées des unes et des autres : « D'accord, je serai la maman ! » ; « Et moi je vais faire des gâteaux de sable. » À la différence des garçons, il n'y a ni gagnants ni perdants dans les jeux imaginatifs des petites filles. Bien sûr, les modes de socialisation évoluent et de plus en plus de jeunes filles s'adonnent aujourd'hui à des sports d'équipe, mais en règle générale les femmes ont tendance à aplanir les hiérarchies entre elles. Cela rend les rapports plus égalitaires, mais peut donner l'impression, vu de l'extérieur, qu'elles se diminuent : « Tu as fait un super boulot dans ton rapport », dit l'une ; et l'autre de répondre : « Je n'y suis pas pour grand-chose, toutes les infos étaient là, je n'ai eu qu'à les organiser. » Apparemment, elle dénigre son propre travail ; en fait, ces deux femmes renforcent ici réciproquement leur estime de soi.

Partager ses soucis renforce l'estime de soi

Dans la même veine, en partageant des soucis, des défaillances et des aspects problématiques de leur vie, les femmes établissent une relation. « Je suis nulle en maths » ; « Je ne comprends rien aux nouveaux logiciels » ; « Mes enfants me rendent folle » ; « Mon mari travaille tout le temps, je me sens seule » ; « J'ai tellement grossi... » L'experte en communication Deborah Tannen estime que cette manière de partager les problèmes personnels est utile aux femmes pour maintenir leurs relations [8].

Ce type d'interaction leur permet de diminuer le pouvoir externe : en parlant de vos problèmes, vous vous livrez délibérément et conférez ainsi du pouvoir à votre interlocutrice. Ce peut être utile si celle-ci fait preuve d'empathie et partage votre douleur, mais cela peut dérailler si l'empathie ou l'aide ne sont pas au rendez-vous. Si votre interlocutrice se moque de vous ou dénigre votre expérience en vous prenant de haut (« Vous trouvez ça dur, mais si vous saviez ce qui m'est arrivé à moi »), vous risquez de vous sentir vulnérable, vidée, en colère, pour la raison que ce genre de réaction est antinomique avec la culture des femmes. Votre estime de soi peut également diminuer si la femme à qui vous faites part de vos problèmes ne vous rend pas la pareille, refusant de partager avec vous certains de ses propres soucis. Si elle le fait, en démontrant alors que vous comprenez sa douleur et que vous souhaitez l'aider et la réconforter, vous vous livrez et pouvez alimenter et cultiver son estime de soi.

MESUREZ VOTRE ESTIME DE SOI

Il ne s'agit pas ici d'une évaluation globale de votre personnalité, mais d'un instantané. L'estime de soi variant selon les circonstances et les situations, l'objectif de ce questionnaire est de vous montrer comment vous vous sentez *en ce moment*.

Inscrivez une croix dans la case qui correspond le mieux, en ce moment, à la véracité de chacune des affirmations suivantes :

	PAS DU TOUT VRAI 1	2	3	4	TOUT À FAIT VRAI 5
1. Je pense que je possède un certain nombre de qualités positives.	❏	❏	❏	❏	❏
2. Lorsque je me fixe un but, je l'atteins.	❏	❏	❏	❏	❏
3. J'ai l'impression que je peux rarement faire confiance aux autres.	❏	❏	❏	❏	❏
4. Je suis très productive.	❏	❏	❏	❏	❏
5. J'ai du mal à dire : « Je suis désolée. »	❏	❏	❏	❏	❏
6. Mes nouvelles connaissances réagissent favorablement à mon égard.	❏	❏	❏	❏	❏
7. J'ai confiance en moi dans toute une gamme de situations.	❏	❏	❏	❏	❏
8. Je n'ai pas l'impression que je réussis bien.	❏	❏	❏	❏	❏
9. Je suis disponible pour les autres, même si elles sont différentes de moi.	❏	❏	❏	❏	❏
10. Je suis capable de faire aussi bien que la plupart des gens.	❏	❏	❏	❏	❏
11. J'assume mes responsabilités.	❏	❏	❏	❏	❏
12. Les autres essayent de profiter de moi.	❏	❏	❏	❏	❏
13. J'aimerais me respecter davantage.	❏	❏	❏	❏	❏
14. Ce que je fais est rarement reconnu.	❏	❏	❏	❏	❏
15. Je suis sociable et on m'apprécie.	❏	❏	❏	❏	❏
16. Je suis maître de mon destin.	❏	❏	❏	❏	❏

	PAS DU TOUT VRAI 1	2	3	4	TOUT À FAIT VRAI 5
17. Quand j'échoue, en général c'est de ma faute.	❑	❑	❑	❑	❑
18. Mes collègues me respectent.	❑	❑	❑	❑	❑
19. J'ai le sentiment que les autres valent mieux que moi.	❑	❑	❑	❑	❑
20. Je continue de développer mes capacités.	❑	❑	❑	❑	❑
21. Je suis proche des autres et j'aime partager.	❑	❑	❑	❑	❑
22. Je sais me contrôler.	❑	❑	❑	❑	❑
23. Je pense ne jamais avoir eu de chance.	❑	❑	❑	❑	❑
24. Au bureau, mes collègues n'ont pas confiance en mes capacités.	❑	❑	❑	❑	❑
25. Je m'accepte comme je suis et j'accepte ce que je ressens.	❑	❑	❑	❑	❑
26. Quand je décide de faire quelque chose, je sais que je peux le faire.	❑	❑	❑	❑	❑
27. Quand on me fait un compliment, je me méfie.	❑	❑	❑	❑	❑
28. J'ai du mal à prendre des décisions difficiles.	❑	❑	❑	❑	❑
29. Quand je commets une erreur, je le reconnais difficilement.	❑	❑	❑	❑	❑
30. Mes collègues me considèrent comme un membre de valeur dans l'équipe.	❑	❑	❑	❑	❑
31. Je pense être une personne utile.	❑	❑	❑	❑	❑

	PAS DU TOUT VRAI 1	2	3	4	TOUT À FAIT VRAI 5
32. J'aimerais pouvoir mieux atteindre mes objectifs.	❑	❑	❑	❑	❑
33. J'ai tendance à me sentir attaquée quand des collègues me donnent leur avis sur ce que je fais.	❑	❑	❑	❑	❑
34. J'ai parfois le sentiment d'être inutile.	❑	❑	❑	❑	❑
35. Je participe activement à la résolution de mes propres conflits.	❑	❑	❑	❑	❑
36. Les autres disent du mal de moi dans mon dos.	❑	❑	❑	❑	❑
37. Mon monologue intérieur est souvent négatif.	❑	❑	❑	❑	❑
38. J'ai de bonnes raisons d'être fière de moi.	❑	❑	❑	❑	❑
39. Je sais écouter, je suis une bonne amie.	❑	❑	❑	❑	❑
40. Lorsque je connais un revers, j'ai du mal à me remettre sur les rails.	❑	❑	❑	❑	❑
41. Je sais bien faire face aux défis de l'existence.	❑	❑	❑	❑	❑
42. Les autres savent apprécier mes talents, mes capacités et ma spécificité.	❑	❑	❑	❑	❑

ÉVALUATION

L'estime de soi se décompose en six catégories : les valeurs, les réalisations, la relation à autrui, les capacités, la responsabilité et la manière dont on est perçu par autrui. Pour évaluer votre niveau d'estime de soi dans chacune de ces catégories, reportez votre score pour chaque affirmation dans la case correspondant ci-dessous au numéro de l'affirmation.

Votre valeur. Cette catégorie mesure le niveau de respect et de confiance en vous, c'est-à-dire la manière dont vous percevez vos qualités spécifiques et votre utilité, et celle dont vous parlez de vous-même (positivement ou négativement). Notez dans les colonnes A et B les valeurs que vous avez accordées aux questions dont les numéros figurent ci-dessous. Puis faites le total pour chaque colonne. Pour obtenir votre score final, soustrayez le total de la colonne B de celui de la colonne A.

COLONNE A	COLONNE B
1.	13. ......
7.	19. ......
25.	37. ......
41.	31. ......
Total de la colonne A :	Total de la colonne B : ......

Total général (colonne A moins colonne B) : ......

Vos réalisations. Vous allez maintenant évaluer ce que vous ressentez à propos des objectifs que vous avez atteints au cours de votre vie, c'est-à-dire votre niveau de succès, et voir jusqu'à quel point vous pensez que vous pouvez progresser. Procédez comme précédemment.

COLONNE A	COLONNE B
2.	8. ......
20.	14. ......
26.	32. ......
38.	
Total de la colonne A :	Total de la colonne B : ......

Total général (colonne A moins colonne B) : ......

Vos relations à autrui. Quelle image avez-vous de votre propre sociabilité ? Êtes-vous capable de faire confiance aux autres et de vous ouvrir à eux, de participer véritablement à la communication et de développer des amitiés profondes ?

COLONNE A	COLONNE B
9.	3. ......
15.	27. ......
21.	33. ......
39.	

Total de la colonne A : ...... Total de la colonne B : ......

Total général (colonne A moins colonne B) : ......

Vos capacités. Comment percevez-vous votre capacité à être productive, à prendre en main votre destin et à rebondir après un revers ?

COLONNE A	COLONNE B
4.	28. ......
10.	34. ......
46.	22. ......

Total de la colonne A : ...... Total de la colonne B : ......

Votre sens des responsabilités. Vous allez ici vous pencher sur la perception que vous avez de votre propre attitude face aux défis de l'existence, du contrôle que vous pensez exercer sur la situation, ainsi que de votre capacité à accepter les responsabilités et à reconnaître vos erreurs et vous en excuser.

COLONNE A	COLONNE B
11.	5. ......
17.	23. ......
29.	41. ......

Total de la colonne A : ...... Total de la colonne B : ......

Total général (colonne A moins colonne B) : ......

Comment les autres vous perçoivent. Cette dernière catégorie mesure votre valeur intrinsèque, vos talents et vos capacités.

COLONNE A	COLONNE B
6.	12. ......
24.	30. ......
36.	42. ......
Total de la colonne A :	Total de la colonne B · .....

Total général (colonne A moins colonne B) : ......

COMMENT INTERPRÉTER VOS RÉSULTATS

Prenez pour chacune des six catégories précédentes le nombre figurant en total général. Notez le résultat le plus faible et le résultat le plus élevé. (Le plus bas possible est – 11 et le plus haut possible est + 17.)

Êtes-vous surprise de constater que vous avez obtenu un meilleur résultat pour les relations que pour la responsabilité ? Toute catégorie dont le score est inférieur à + 4 indique que vous devez vous concentrer sur celle-ci pour développer votre estime de soi. Par exemple, si votre score dans la catégorie « valeur » est faible, vous pourriez essayer de devenir plus positive dans votre manière de vous parler à vous-même. Si votre score « réalisations » est bas, efforcez-vous de célébrer tous les objectifs que vous avez atteints jusqu'à présent. Puis notez vos objectifs actuels et mettez au point un plan pour les atteindre.

CALCULEZ LE RÉSULTAT GLOBAL DE VOTRE ESTIME DE SOI

Additionnez les résultats obtenus dans la case « total général » de chacune des six catégories (« valeur », « réalisations », etc.). Vous obtiendrez ainsi le score global de votre estime de soi. Ce chiffre ne peut pas être inférieur à – 66 et supérieur à + 102.

INTERPRÉTEZ LE RÉSULTAT GLOBAL DE VOTRE ESTIME DE SOI

Résultat supérieur à + 60. Votre estime de soi est élevée. Vous avez déjà dû accomplir un important travail personnel pour atteindre ce niveau. Félicitations !

Résultat compris entre + 40 et + 59. C'est un excellent score, qui montre que votre estime de soi est solide dans la plupart des domaines. Vous avez de toute évidence travaillé à développer vos talents, votre spécificité et les relations avec votre entourage. Pour augmenter encore votre niveau d'estime de soi, concentrez-vous sur les catégories où votre score montre que des améliorations sont possibles.

Résultat compris entre + 20 et + 39. Votre estime de soi est assez élevée si on la compare à celle de nombreuses autres femmes, mais dans certains domaines vous ne vous accordez pas encore autant de crédit que vous le méritez. Concentrez-vous sur l'amélioration dans les catégories ou votre score est inférieur à + 4, et votre estime de soi atteindra des niveaux encore plus sains.

Résultat compris entre + 1 et + 19. Votre estime de soi a besoin d'un coup de pouce. Vous avez tendance à vous sous-estimer, aussi bien dans le regard que vous portez sur vous-même que dans celui que vous pensez que les autres portent sur vous. Vous avez du mal à accroître votre sensation de pouvoir et devriez essayer d'augmenter celle-ci (tout au long de ce livre, nous vous montrerons comment vous y prendre) afin d'améliorer vos relations avec les autres femmes.

Résultat inférieur à 0. Votre score est très bas dans la majorité des catégories. Cela signifie que vous n'avez pas une très bonne opinion de vous-même ni de vos talents spécifiques. Votre faible estime de soi peut avoir un impact négatif sur votre vision du monde et cela peut interférer avec votre capacité à avoir des relations saines et authentiques avec vous-même comme avec les autres.

ÉVALUEZ L'ESTIME DE SOI DE VOS COLLÈGUES

Voici un moyen pratique et rapide d'évaluer l'estime de soi d'une collègue qui vous cause des tracas. Cette information vous sera utile pour la lecture du chapitre II. Pensez à quelqu'un en particulier et répondez par oui ou par non aux questions suivantes :

Votre collègue vous semble-t-elle...

Avoir du respect pour elle-même ?
Parler d'elle-même de manière positive ?
Atteindre les objectifs qu'elle se fixe ?
Accepter les reproches au lieu d'accuser la malchance ?
Accepter les reproches au lieu d'accuser quelqu'un d'autre ?
Laisser les autres lui faire des compliments ?
Savoir écouter et être une bonne amie ?
Savoir rire d'elle-même ?
S'aimer elle-même ?
Être réceptive lorsqu'on lui donne du feedback ?

Savoir rebondir après un échec ?
Avoir confiance en ses capacités ?
Savoir dire : « Je suis désolée » ?
Savoir reconnaître ses erreurs ?
Se sentir estimée par les autres ?

Plus vous avez répondu positivement à de questions, plus votre perception de l'estime de soi de cette collègue est positive. Si vous avez répondu plus souvent par la négative, vous avez probablement affaire à une femme qui a une mauvaise opinion d'elle-même. Comparez ce résultat général à votre propre score d'estime de soi. Si ce dernier était bas mais que vous percevez votre collègue comme ayant une bonne opinion d'elle-même, attention aux étincelles !

La danse du pouvoir et de l'estime de soi

Jusqu'ici, nous avons traité les questions de pouvoir et d'estime de soi comme si elles étaient distinctes. En fait, elles sont liées. Le fait d'avoir une haute opinion de soi-même ne peut pas augmenter immédiatement votre sens du pouvoir, mais des études ont montré qu'il finit par y avoir une corrélation positive entre une haute estime de soi et le succès (qui peut conduire à l'obtention de pouvoir). À l'inverse, une faible estime de soi peut avoir un impact sur la perception que vous avez de votre pouvoir externe. Si vous commencez à croire que vous ne valez rien, vous risquez d'émettre inconsciemment des signaux (baisser les yeux, rentrer la tête dans les épaules) qui peuvent faire penser que tel est bien le cas. Il est alors probable que vos collègues vous traitent comme si vous n'aviez aucun pouvoir.

Érica, l'une des clientes de Pat Heim, avait confiance en elle-même. Un jour, elle fut subitement et brutalement licenciée du poste important qu'elle occupait. Ayant le sentiment d'avoir été injustement virée, à un certain moment, alors qu'elle passait des entretiens en vue d'un nouveau travail, elle eut la sensation très claire que son estime de soi s'érodait. À ses propres yeux, elle était devenue « une personne licenciée », de la marchandise avariée. Son langage corporel télégraphiait son état d'esprit, sa voix était hésitante, sa démarche mal assurée, et elle semblait occuper moins de place dans la pièce. Parce que tous ces indices non verbaux semblaient conspirer pour la faire paraître plus « petite » dans le monde, Pat a conseillé à Erica de faire semblant d'avoir de l'assurance lors de ses entretiens, de se doter d'une aura extérieure de pouvoir et de faire « comme si » elle en avait, alors qu'elle ne se sentait pas bien vaillante à ce moment.

La danse du pouvoir et de l'estime de soi fonctionne-t-elle dans l'autre sens ? Si vous augmentez votre pouvoir extérieur par une promotion, une récompense ou quelque autre amélioration matérielle, cela suffit-il à accroître votre estime de soi ? En toute logique, cela devrait être le cas, mais c'est une question délicate qui peut dépendre, pour commencer, de votre degré de confiance en vous.

Certaines femmes parviennent à se laisser nourrir par des « avantages » qui augmentent leur pouvoir extérieur. En conséquence, leur estime de soi s'accroît. Ce fut le cas pour Carrie, nouvelle salariée d'une société *high-tech*. C'était une des plus jeunes vendeuses de l'entreprise. Elle était énergique, positive, tournée vers son objectif et optimiste. Elle reçut la récompense annuelle de la compagnie accordée aux trois meilleurs vendeurs de tout le pays. Cet honneur renforça les capacités de Carrie, qui exhibait fièrement cette recompense dans son bureau. Il ne fait aucun doute que cela a donné un coup de pouce supplémentaire à son estime de soi, qui était déjà élevée, et que cela l'a aidée encore plus à réussir.

Mais pour d'autres femmes, hélas, tout le pouvoir perçu du monde ne suffit pas à regonfler leur assurance, parce qu'elles se considèrent comme totalement dépourvues de valeur. Considérez la vie brève et tragique de Lady Di. Elle avait un grand pouvoir extérieur, mais souffrait d'une si mauvaise estime de soi qu'elle semblait constamment insatisfaite. Madonna, qui donne une incroyable impression de puissance et d'assurance, a révélé qu'elle se sentait parfois vulnérable et fragile à cause de l'effet durable produit sur elle par la mort de sa mère lorsqu'elle avait cinq ans.

Rares sont les femmes à atteindre une telle visibilité sociale. Il n'empêche qu'elles semblent toutes deux souffrir intérieurement des ravages d'une faible estime de soi. De même, dans le travail, le vernis et les oripeaux du pouvoir peuvent être trompeurs : ils sont souvent soulignés de manière délibérée par une femme qui a une mauvaise opinion d'elle-même. L'une d'elles, cadre supérieur d'une entreprise financière, était ravissante et réussissait bien. Elle reconnut néanmoins que les félicitations et les récompenses lui passaient « par-dessus la tête » : « C'est comme si je n'étais pas là. Rien ne reste. » Cette femme ne pourra jamais se sentir pleinement satisfaite si elle ne fait pas ce qu'il faut pour améliorer l'opinion qu'elle a d'elle-même.

Le syndrome de l'imposteur

Il est probable que cette cadre supérieur souffre d'un syndrome que les psychologues Pauline Rose Clance et Susanne Imes appellent le syndrome de l'imposteur. Ce terme décrit ce qui se passe lorsque votre pouvoir extérieur est plus élevé que votre estime de soi : vous avez le sentiment d'être un imposteur, car vous avez un pouvoir que vous ne méritez pas vraiment. On rencontre souvent ce syndrome chez les gens qui réussissent bien (surtout les femmes). Il englobe diverses attitudes autodestructrices, parmi lesquelles la croyance persistante en votre manque de compétence, de capacités et d'intelligence, totalement contredite par toutes sortes de données objectives ; le sentiment d'être un escroc et la crainte profonde d'être démasquée ; le sentiment de ne pas mériter le succès obtenu et les avantages qui l'accompagnent ; la peur d'être incapable de répéter les succès passés et la conviction que ceux-ci étaient dus à la chance ; la croyance que vos réussites ne résultent pas de vos efforts ou de vos capacités, mais plutôt du destin, du hasard, de votre charme, ou de votre talent pour la manipulation[9].

Demandez-vous si ces attitudes vous correspondent. Paradoxalement, à un certain niveau, cela peut signifier que vous vous débrouillez bien, que vous réalisez vos objectifs professionnels, ce qui est une bonne chose même si vous n'en avez pas l'impression dans l'immédiat. Peut-être devriez-vous revoir vos réussites dans le questionnaire d'estime de soi de la page 44 et vous efforcer de regonfler votre sentiment intérieur de valeur en assumant vos réussites et en leur permettant de vous nourrir. Au chapitre II, nous aborderons quelques stratégies et moyens pour vous permettre d'améliorer la confiance en soi.

Cela peut s'avérer crucial si vous êtes aux prises avec le syndrome de l'imposteur. Vos sentiments négatifs à propos de vous-même peuvent vous paralyser. Hélas, ils peuvent aussi, et par inadvertance, alimenter les crêpages de chignon. Comme nous allons le voir maintenant, cette instabilité dans l'équilibre délicat entre estime de soi et pouvoir extérieur vis-à-vis de vos collègues peut saboter les relations entre les femmes et causer de très désagréables tracas.

CHAPITRE II

La Règle

Thomas E. Beall, l'un des dirigeants de WorldCom, s'est trouvé dans une situation difficile le jour où il a essayé de donner de l'avancement à l'une de ses principales collaboratrices. Cela se passait à l'automne 1998. WorldCom avait racheté MCI et Beall était chargé de fondre les deux cultures d'entreprise. À l'époque, il était notamment responsable d'une équipe de quatorze femmes, « toutes intelligentes et battantes ». Pour le seconder, il décida de nommer l'une d'entre elles chef d'équipe.

Il aborda l'idée avec son supérieur, qui lui donna aussitôt son accord. Lorsqu'il demanda qui était la meilleure candidate au poste, Beall lui répondit : « Maria serait parfaite. Elle a l'expérience, les compétences et la formation. Ce serait une parfaite chef d'équipe. » Il ne lui vint pas à l'esprit de laisser les femmes se porter candidates au poste. « Après tout, expliqua-t-il par la suite, le choix me semblait clair. J'étais persuadé que les collègues de Maria n'y verraient pas d'inconvénient et la féliciteraient. »

Après en avoir discuté avec Maria, il rendit public le nouveau rôle de celle-ci par e-mail. La réaction des autres membres de l'équipe le laissa sans voix : « Les protestations furent immédiates, véhémentes, et à la limite de la méchanceté. Avec un groupe d'hommes, il y aurait sans doute eu un peu de jalousie, mais globalement ils auraient félicité le promu et la vie et le travail auraient repris leur cours. Pas avec des femmes ! Trois d'entre elles se sont aussitôt jeté sur mon supérieur en hurlant et en pleurant. » L'une demandait : « Pourquoi ce poste n'a-t-il pas été proposé publiquement ? » Une autre disait : « Je suis aussi compétente que Maria. » Une troisième s'exclamait : « J'aurais moi aussi voulu candidater. » Et toutes menacèrent de protester auprès du DRH si cette décision était confirmée.

« Vous imaginez ma peine et la surprise de mon patron, poursuit Beall. J'avais une relation très proche, excellente, avec les quatre membres de cette équipe. Je me sentais très mal. Je comprenais l'erreur que je venais de commettre, mais j'avais moi aussi le sentiment d'avoir été trahi ! Comme lorsque vous vous faites prendre la main dans le pot à confiture. Sauf que dans le cas présent je ne savais pas bien qui, d'elles ou moi, était la victime... »

Beall préféra tout arrêter et prendre la mesure de la situation. Il se demanda s'il devait procéder à la nomination et attendre que la colère s'apaise, ou bien revenir sur sa décision, faire un appel à candidature et auditionner les autres femmes. Une troisième possibilité était de parler à Maria et, si elle en était d'accord, de laisser tomber, pour préserver l'unité du groupe, l'idée de créer un poste de chef d'équipe. Après s'être longuement torturé l'esprit, il choisit la dernière solution. « J'ai pensé qu'il valait mieux s'excuser, faire machine arrière, panser mes plaies et survivre pour livrer d'autres batailles. J'ai parlé à Maria et j'ai été soulagé de constater qu'elle comprenait qu'il valait mieux que le groupe continue comme avant, sans chef d'équipe. Je savais qu'elle était déçue, mais sa maturité et son jugement lui ont permis de faire le bon choix. »

Du point de vue de Beall, cela avait résolu le problème : il ne perçut pour ainsi dire pas d'effets après la débâcle. « L'équipe s'est remise au travail et est toujours aussi efficace. La création de poste est passée aux oubliettes et ces femmes continuent de me rendre compte directement. Elles travaillent suffisamment bien ensemble pour s'être offert un week-end de détente à Las Vegas sans famille. Je pense qu'il n'y a pas de rancœur entre elles. »

Beall a peut-être résolu ce problème de manière satisfaisante pour lui, mais considérons les coûts potentiels. Une femme au moins s'est vu refuser une occasion justifiée de rejoindre les cadres dirigeants de l'entreprise et, par la même occasion, de voir son salaire augmenter substantiellement. Cette affaire a dû perturber le fonctionnement du bureau pendant un moment. En outre, d'après ce que Beall nous a dit, la meneuse de la rebellion a rejoint un autre département. Heureusement pour tous les personnes concernées, les femmes entretiennent des rapports respectueux, mais cet épisode a représenté un moment difficile dans l'histoire de l'équipe.

La règle de répartition strictement équitable du pouvoir

Il est clair que Maria et ses collègues s'étaient embarquées dans un crêpage de chignon. Nous savons que ces conflits sont bien réels, même si nous n'aimons pas le reconnaître ou en parler. Nous savons aussi qu'ils ont un coût émotionnel et financier. Et nous savons que les femmes ont une force énorme : si elles apprennent à être collègues, elles peuvent déplacer des montagnes. Mais si elles versent dans le conflit, non seulement elles font du sur-place, mais en outre leur pouvoir diminue. Que savons-nous cependant des raisons pour lesquelles ce phénomène existe ?

Jusqu'ici, personne n'avait résolu ce mystère. Il existe pourtant une réponse simple : la rupture de l'équilibre entre les relations, le pouvoir et l'estime de soi. Cette rupture conduit à la violation de la règle de répartition strictement équilibrée du pouvoir.

Cette règle – que nous appellerons désormais la Règle – permet de mieux comprendre les relations complexes et souvent incompréhensibles de haine-amour que les femmes entretiennent entre elles. C'est une loi naturelle qui opère en coulisses et contribue à la formation des comportements adoptés par les femmes entre elles. Elle explique le rapport entre le relationnel, le pouvoir et l'estime de soi – et notamment pourquoi les collègues de Maria ont réagi si violemment à sa promotion.

Pour qu'une relation positive soit possible entre deux femmes, il faut que l'estime de soi et le pouvoir de l'une pèsent, aux yeux de l'autre, le même poids que l'estime de soi et le pouvoir de cette dernière. Ces éléments essentiels doivent rester « strictement égaux ». Il peut y avoir des exceptions, par exemple lorsque l'une des femmes, plus âgée et plus expérimentée que l'autre, possède donc *a priori* plus de pouvoir. Un autre exemple est celui où l'une joue le rôle de mentor vis-à-vis de l'autre, dont elle œuvre à accroître le pouvoir.

Selon nos observations, les femmes sont plus à l'aise avec une femme puissante qui n'insiste pas sur son importance. Dans des situations où le pouvoir d'une femme se trouve réduit (elle perd son emploi, ne reçoit pas la promotion attendue, ou connaît un échec public), elle trouvera que ses collègues femmes se conduisent de manière très solidaire. À l'inverse, lorsqu'une femme a plus de pouvoir qu'une autre, lorsqu'elle se comporte comme si elle en avait plus, ou lorsqu'elle est perçue comme essayant d'accroître son pouvoir, un conflit peut éclater. Et lorsque, comme Maria, elle obtient une promotion, une augmentation ou est publiquement félicitée par son patron, elle est perçue comme altérant l'équilibre du « triangle d'or » (relationnel, pouvoir, estime de soi). Les autres femmes pensent qu'elle a plus de pouvoir (et peut-être davantage d'estime de soi) qu'elles, et cela peut déclencher leurs réflexes hostiles. Autrement dit, les crêpages de chignon se produisent lorsque la Règle est violée.

La plupart des femmes ont appris à être « gentilles » et à utiliser des formes d'agression indirecte quand elles sont perturbées. Si elles ont l'impression que la Règle a été violée, elles peuvent tourner les talons, verser dans le commérage, lancer des piques, snober et retirer leur amitié à celle qu'elles estiment être la cause de leur trouble au lieu de l'affronter directement. Cette forme d'agression, qui s'enclenche automatiquement, permet de préserver le pouvoir et l'estime de soi de la personne qui se sent en colère et impuissante.

Bien que la Règle influence profondément toutes les relations entre femmes, elle reste invisible à la plupart d'entre elles. Peut-être parce que les femmes ont tendance à percevoir les disputes avec les autres femmes comme étant personnelles et spécifiques à une situation donnée. Elles croiront, par exemple, que le problème vient de ce que Maria *est* une « garce », alors qu'il s'agit en réalité d'une violation de la Règle : en obtenant une promotion, Maria a produit un déséquilibre, d'où le fait que ses collègues la perçoivent à présent comme une « garce ».

La Règle en action

Voici une illustration de la manière dont la Règle opère dans une relation harmonieuse entre deux femmes, Rose et Sophie. Dans le schéma ci-dessous, les grands cercles extérieurs représentent le pouvoir des femmes, la force extérieure tangible qu'elles peuvent déployer : poste, salaire, pouvoir de séduction, etc. Le cercle intérieur représente l'estime de soi, le sens de pouvoir intérieur et les sentiments cachés de force personnelle et de valeur de soi.

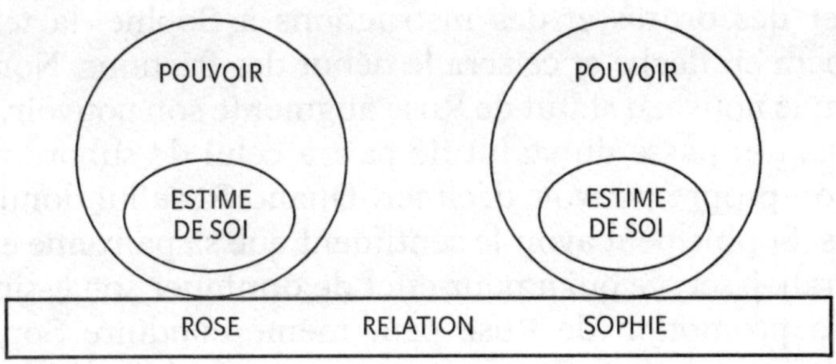

Chaque double cercle représente une femme. Le pouvoir et l'estime de soi de Rose et de Sophie étant comparables, la relation entre ces deux femmes est donc équilibrée. Dans ce cas de figure, une bonne relation d'amitié professionnelle peut se développer. Considérons maintenant le cas où la relation entre en déséquilibre : Rose obtient une promotion et Sophie devient subitement sa subordonnée. Au minimum, le pouvoir extérieur de Rose s'accroît tandis que celui de Sophie reste inchangé. (N'oubliez pas qu'une femme peut connaître une augmentation de son pouvoir sans que son estime de soi n'augmente.) Mais quel que soit l'état interne de Rose, la relation n'est plus équilibrée.

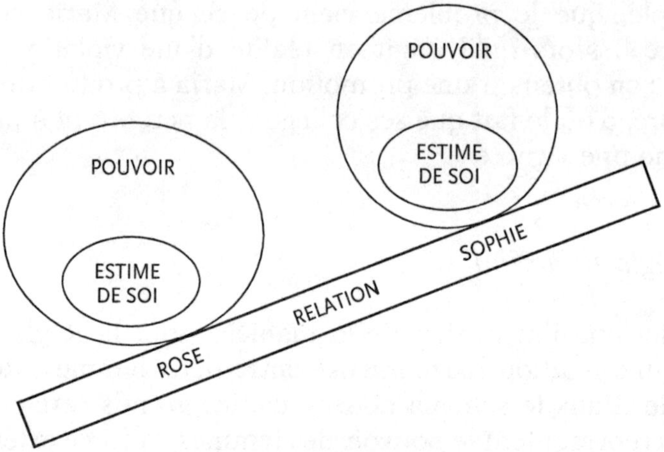

La situation est prête à exploser. Sophie rechigne devant le fait que Rose semble avoir plus de pouvoir qu'elle (selon la Règle, celui-ci doit être réparti de manière strictement égale). Lorsque Rose, dans ses nouvelles fonctions, commencera à donner des ordres et des instructions à Sophie, la tension grimpera en flèche et ce sera le début des frictions. Non seulement le nouveau statut de Rose augmente son pouvoir, mais Sophie, qui passe du statut de pair à celui de subordonnée, voit son propre pouvoir décliner. Quand Rose lui donne des ordres, Sophie peut avoir le sentiment que sa patronne essaye de la rabaisser, ce qui a pour effet de diminuer son estime de soi. La promotion de Rose peut même conduire Sophie à penser que son ex-amie est devenue une « reine abeille ».

Le syndrome de la reine abeille

Il y a des années, Pat Heim a fait les frais d'une telle transformation. Elle travaillait dans une importante compagnie et avait une excellente relation avec une de ses collègues, Murielle. Elles étaient devenues intimes. Pat savait que Murielle avait des difficultés de couple, des problèmes de stérilité, et qu'elle avait failli épouser un autre homme – autant de secrets que les femmes partagent souvent. Un jour, Murielle fut promue au poste de vice-présidente. Elle prit aussitôt trois semaines de vacances.

À son retour, Pat ressentit un changement fondamental dans leur relation. Murielle était cordiale, mais froide. Elles ne parlaient plus que de problèmes professionnels. À l'époque, Pat attrapa un sacré rhume et décida de rester une journée chez elle. Depuis un an et demi qu'elle travaillait dans cette entreprise, c'était la première fois qu'elle faisait cela. Elle téléphona au bureau pour prévenir et demanda à parler à Murielle. Celle-ci était en réunion. Ne parvenant pas à la joindre, Pat laissa le message à la secrétaire de Murielle.

Le lendemain, de retour au bureau avec une boîte de Kleenex et le nez rougi, Pat fut convoquée séance tenante par Murielle, qui lui demanda où elle se trouvait la veille. Après ses explications, Murielle lui dit sèchement : « Si tu ne viens pas travailler, il faut que tu m'en parles directement. » Pat expliqua qu'elle avait essayé de le faire, mais Murielle l'interrompit. Secouée, et l'esprit encore enrhumé, Pat répondit : « Oh », et sortit.

Profondément blessée par ce qu'elle ressentait comme une attaque de quelqu'un qu'elle considérait comme une amie, Pat passa son heure de déjeuner à pleurer. Elle décida qu'elle ne pouvait pas en rester là : il fallait affronter le problème. Après le déjeuner, elle entra dans le bureau de Murielle, lui demanda si elle pouvait lui consacrer quelques minutes, puis referma la porte derrière elle.

« Après notre discussion de ce matin, j'ai eu le sentiment que tu n'avais pas confiance en moi.

– C'est ton problème », rétorqua Murielle.

Heurtée par cette réponse, Pat resta sans savoir quoi dire (cela lui arrive rarement) et se contenta de répondre : « Ok », puis sortit. Fin de la conversation, fin de la relation. Plus jamais Pat ne ferait le moindre effort pour aider Murielle.

Comment une chose pareille a-t-elle pu se produire ? Pat et Murielle travaillaient dans une entreprise très hiérarchisée, dirigée par des avocats. Murielle était une des femmes à occuper un poste élevé et, pour réussir et se protéger des hommes, elle devait s'endurcir et se cuirasser. Parfois, ce comportement de « reine abeille » implique des tentatives délibérées pour se comporter de manière typiquement masculine, ce qui peut évidemment affecter les rapports avec les autres femmes. Susan Estrich, professeure de droit à l'Université de Californie du Sud (et première femme à diriger la *Harvard Law Review*), a une explication : « Quand vous parlez à des femmes qui occupent des positions élevées, il est clair qu'une partie de leur réussite est due au fait qu'elles ont convaincu les hommes qu'elles n'étaient pas comme les autres femmes... Le déni de leur condition de femme devient un réflexe. Donc, quand elles sont montées suffisamment en grade, au lieu de changer les choses pour celles qui viendront après elles, elles continuent de s'efforcer de prouver aux gars qu'elles ne sont pas vraiment *une des filles* [1]. »

Murielle ressentait le besoin de faire ses preuves ; Pat en a fait les frais. Murielle se comportait d'ailleurs aussi froidement avec les autres femmes de son service, ce qui, paradoxalement, réduisait considérablement sa base de pouvoir. Elle avait sans doute effectivement besoin de prendre un peu de distance dans ses nouvelles fonctions pour marquer sa différence de rang avec celles qui jusque-là étaient ses pairs, mais le fait de liquider sa relation avec Pat n'avait en rien de quoi l'avantager puisqu'elle aurait pu bénéficier de son aide (et de la bonne volonté des autres femmes qu'elle s'était aliénées).

Ce phénomène où une femme plus « senior » prend ses distances vis-à-vis de femmes plus « junior » se produit si fréquemment qu'il a reçu un nom : le syndrome de la reine abeille. L'illustration suivante montre pourquoi, selon la règle de partage strictement égal du pouvoir, l'amitié entre une subordonnée et une reine abeille ne peut être préservée.

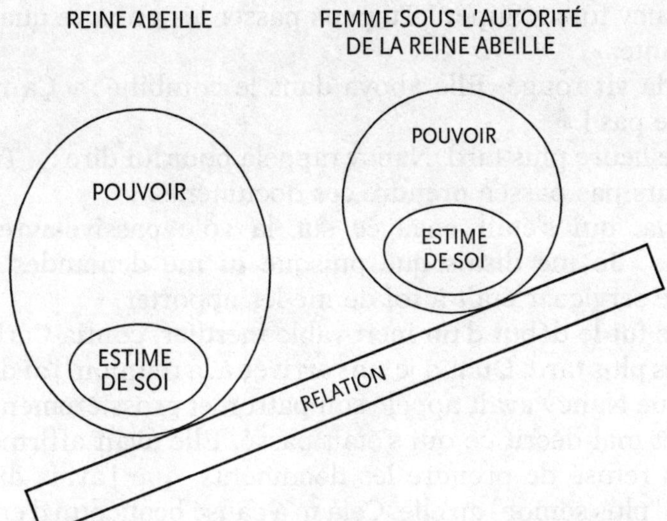

Le pouvoir est dans l'œil de celui qui le voit

Comme vous le voyez, la relation entre deux femmes peut être irrémédiablement endommagée lorsque le pouvoir et l'estime de soi de l'une augmentent ou diminuent par rapport à ceux de l'autre. Parvenir à l'équilibre entre le pouvoir et l'estime de soi est une chose difficile et délicate, surtout quand se produisent des changements de statut. En outre, cet équilibre peut dépendre exclusivement des perceptions individuelles des femmes impliquées. Les symboles du pouvoir peuvent être impressionnants dans le cadre d'un contexte social et de valeurs partagés, mais le pouvoir est toujours dans l'œil de celui qui le voit.

Prenez, par exemple, le cas de Carla. Elle était ingénieur junior dans une société de matériel médical. Elle s'apprêtait à assister à la réunion commerciale de son entreprise pour la première fois. Nancy, une assistante marketing, l'appela un après-midi et lui demanda si elle pouvait apporter certains documents, car elle n'assisterait pas à la réunion. Carla et elle approchaient de la trentaine, mais Carla avait son propre bureau et n'était l'assistante de personne. Nancy, en revanche, occupait un box et répondait au téléphone pour son patron. Lorsque Carla accepta d'apporter ces documents, la réponse de Nancy fut : « Super ! Tu peux passer les prendre quand ça te chante. »

Carla vit rouge. Elle aboya dans le combiné : « Ça ne me chante pas ! »

Une heure plus tard, Nancy rappela pour lui dire : « Tu n'es toujours pas passée prendre ces documents. »

Carla, qui s'était engagée sur la voie passive-agressive, lança : « Je me disais que puisque tu me demandes de te rendre service, c'était à toi de me les apporter. »

« Ce fut le début d'un incroyable merdier, confia Carla des années plus tard. Quand je suis arrivée à la réunion, j'ai découvert que Nancy avait appelé son patron et grossièrement exagéré et mal décrit ce qui s'était passé. Elle avait affirmé que j'avais refusé de prendre les documents, que j'avais dit que j'étais "plus senior" qu'elle. Cela m'a causé beaucoup d'ennuis. Chacune de nous avait moins de pouvoir que ce qu'elle souhaitait. Nancy était l'assistante de quelqu'un, et moi j'étais tout en bas de l'échelle des ingénieurs. D'un autre côté, elle voyait en moi une menace parce que même si j'étais tout en bas de l'échelle du prestige, j'avais tout de même un bureau et un titre. Quant à moi, je pensais que j'avais droit, à cause de ce statut acquis en travaillant dur, à un certain respect de sa part. En outre, je pense qu'une partie du problème est qu'elle me semblait avoir une très haute estime de soi. En fait, mes amies n'arrêtent pas de me dire que ma faible estime de soi est quelque chose sur quoi je devrais travailler. »

Il y a plusieurs points intéressants dans les remarques de Carla. La perception du pouvoir peut ne pas correspondre à la réalité, et la même chose peut être vraie de l'estime de soi. Beaucoup de femmes ont plus (ou moins) de pouvoir qu'elles ne le pensent. Le pouvoir n'est pas nécessairement corrélé à l'estime de soi, et les autres nous perçoivent souvent comme ayant plus (ou moins) d'estime de soi que nous n'en avons en réalité. Les femmes souffrent davantage que les hommes d'une faible estime de soi, ce qui fait qu'il leur est particulièrement désagréable de rencontrer une femme dont elles pensent qu'elle a une haute estime de soi.

Dans le cas que nous venons d'évoquer, Carla a fait une mauvaise interprétation : elle a cru que le comportement de Nancy était révélateur d'une estime de soi excessive. En fait, selon notre analyse, les deux femmes avaient une faible estime de soi et chacune essayait vraisemblablement de montrer qu'elle avait plus de pouvoir que l'autre. Nancy ne reconnaissait pas à Carla le pouvoir que celle-ci estimait mériter et elle a peut-être insisté pour que Carla se déplace afin d'augmenter sa propre estime de soi. Une personne avec une faible estime de soi peut essayer, pour se sentir mieux, d'agir comme si son pouvoir était plus important qu'il ne l'est ou faire jouer délibérément le peu de pouvoir dont elle dispose. Elle peut aussi essayer d'augmenter son pouvoir de manière moins évidente, par exemple en disant derrière son dos du mal d'une autre femme à ses supérieurs. Une personne dont l'estime de soi est élevée, en revanche, se sent bien avec elle-même et n'a pas besoin de s'impliquer dans de tels jeux de pouvoir pour prouver son importance.

En raison des symboles de pouvoir qui accompagnaient sa position, Carla pensait qu'elle méritait d'être traitée par Nancy avec un peu de respect. Malheureusement, cette attitude pose problème dans les relations entre femmes, toute tentative de faire valoir sa supériorité étant une violation immédiate de la Règle. Les symboles de pouvoir n'ont de valeur que dans la mesure où on leur en donne en réagissant aux besoins et aux désirs de la personne « puissante ». Ici, Nancy voulait montrer à Carla que son bureau et son statut ne l'impressionnaient pas. En outre, le pouvoir vient aux femmes par l'intermédiaire, non pas de symboles extérieurs, mais de leurs relations. Ce mode de fonctionnement est le contraire de celui des hommes, pour qui les symboles de pouvoir sont prédominants et font une impression positive. Une VRP arborant un gros diamant au doigt aura peut-être des difficultés à négocier avec une autre femme parce que ce bijou ostentatoire viole potentiellement la règle du partage du pouvoir, tandis qu'un homme, peut-être séduit par cette manifestation de pouvoir et par le succès qu'elle semble impliquer, aura probablement envie de faire affaire avec cette femme.

Parfois, d'autres femmes ne nous donnent pas le pouvoir auquel nous estimons avoir droit. Ou bien elles reconnaissent notre pouvoir, mais cherchent à le diminuer pour augmenter le leur et égaliser le score, en utilisant les ragots, les attaques sournoises et les mesquineries. Hélas, si l'estime de soi d'une femme est assez faible, peu importe le pouvoir qu'elle obtient : elle aura du mal à créer des relations professionnelles solides avec d'autres femmes parce qu'elle se sentira constamment en déséquilibre par rapport à elles.

La recherche de l'homéostasie

Cela nous conduit à aborder une autre composante importante de la Règle : l'estime de soi cherchera toujours à atteindre un niveau d'homéostasie.

L'homéostasie est la tendance d'une personne à préserver un sentiment de stabilité intérieure et d'équilibre. Si votre estime de soi est faible dans un domaine, vous pourrez chercher à l'accroître dans un autre, par exemple votre apparence physique ou votre vie de famille. Cela peut être une saine démarche, puisque vous cherchez à compenser votre sentiment d'inadéquation dans un domaine en gonflant votre estime de soi dans un autre. Cela dit, il arrive que cette quête de l'homéostasie crée des problèmes avec d'autres femmes.

Imaginez que le patron vous dise qu'un rapport sur lequel vous avez trimé est « de la merde ». Vous avez le choix entre quatre attitudes :

1. Blamer la source : « Le patron est un con. » C'est l'un des choix préférés des hommes.

2. Rechercher d'autres opinions, par exemple demander à d'autres ce qu'ils pensent de votre rapport.

3. Vous accuser vous-même : « Je suis vraiment une idiote. » C'est l'un des choix préférés des femmes.

4. Vous venger sur quelqu'un d'autre. Hélas, il s'agit le plus souvent d'une collègue ou d'un membre de votre famille, qui vous ressemble plus que le responsable.

Considérons ce dernier choix. Hélène, qui occupe une fonction administrative de bas rang, a régulièrement le sentiment d'être traitée comme une domestique, ses journées étant ponctuées de : « Apportez-moi un café », « Tapez-moi ceci avant trois heures », « Récupérez mes affaires au pressing en revenant de déjeuner », etc. Son estime de soi et la représentation qu'elle a de son propre pouvoir sont pratiquement réduites à zéro quand elle rentre chez elle le soir. Pour retrouver son équilibre, il faut qu'elle recharge ses batteries dans ces deux domaines.

Ce rééquilibrage se fait souvent aux dépens de sa famille et de ses amis. Hélène aboie sur les autres. Elle refuse de rendre service. Elle se comporte en tyran. Elle passe des heures à la gym, ou bien enchaîne les régimes – manière, pour elle, d'avoir plus de pouvoir sur son corps et, en tout cas, de renforcer son estime de soi : « Si je perds trois kilos supplémentaires, je serai plus séduisante. » En agissant ainsi, Hélène donne l'impression de ne penser qu'à elle, de se conduire comme une « garce », ou encore d'être autodestructrice. En réalité, elle cherche à atteindre l'homéostasie. Bref, elle tente simplement de survivre.

Cette dynamique est souvent à l'œuvre chez les femmes. Certaines assistantes administratives, esclavagisées par leur entourage, ont tendance à se comporter de manière problématique vis-à-vis des autres femmes – de passage ou des collègues –, mais jamais des hommes qui les ont maltraitées. De même, beaucoup d'infirmières encaissent les critiques des médecins parce qu'elles n'ont pas le choix, puis elles déchargent leur frustration sur les infirmières plus jeunes qui travaillent sous leurs ordres. C'est pour cela que l'on entend souvent dire que « les infirmières mangent leurs petits ». La plupart du temps, les débutantes sont très mal traitées. Les infirmières chevronnées ne les prennent pas sous leur protection et ne leur montrent pas les ficelles du métier. Mues par une faible estime de soi ou par un sentiment d'impuissance, nombre de femmes en viennent à envoyer sur toutes les fréquences possibles le message suivant : « Je vaux mieux que toi et je ne vais pas me gêner pour te le montrer. » Cela peut les aider à atteindre l'homéostasie, mais en contrepartie cela réduit sérieusement la possiblité que leurs collègues et elles parviennent à l'égalité dans le pouvoir.

Le mal qui est fait ne se voit pas tout de suite

Une femme ayant une faible estime de soi peut causer du tort d'une manière que, sur le coup, ni elle ni ses victimes n'ont les moyens de comprendre. « Je travaillais pour le service clients d'une compagnie d'assurances et mon patron était une femme, explique Laure. J'allais quitter la cafétéria avec une collègue pour regagner mon bureau. Il me restait une minute avant la fin de mon heure de déjeuner. Ma patronne, Mélanie, est entrée dans la cafétéria. En me voyant, elle a regardé sa montre et m'a dit : "C'est l'heure de retourner au travail." J'ai eu le sentiment d'être traitée comme une enfant alors que je suis une employée responsable et travailleuse. Blessée, je lui ai répondu : "Je suis parfaitement consciente de l'heure. Il me reste encore une minute." Je n'arrivais pas à croire qu'elle ait pu me chercher aussi mesquinement des poux dans la tête. Après tout, il n'y avait pas de pointeuse ! Lorsque ma patronne est revenue de déjeuner, elle a demandé à me voir dans son bureau. Je l'ai suivie, puis elle m'a dit : "C'est quoi, votre problème ?" Je lui ai répondu : "Votre accusation m'a choquée. Avant que vous ne me convoquiez, je n'avais pas de problème. À présent, j'ai le sentiment que mon problème, c'est vous". »

Laure ne pouvait pas savoir que Mélanie, l'une des rares femmes à occuper dans cette entreprise un poste de direction, traversait une passe difficile. Ses supérieurs n'étaient pas sûrs d'avoir fait le bon choix en lui accordant cette promotion. Souvent, elle était exclue d'activités formelles (par exemple, les réunions) et informelles (par exemple, une partie de golf entre dirigeants). En vérité, s'il n'y avait eu le risque qu'elle fasse un procès, elle aurait déjà été licenciée. Résultat, Mélanie avait une mauvaise opinion d'elle-même et l'impression que son pouvoir extérieur diminuait. Cela équivaut à un déséquilibre de pouvoir selon la Règle, alors que Mélanie était le patron ! Son agression envers Laure était une tentative – certes, malencontreuse – pour atteindre une sorte d'homéostasie interne, personnelle.

Une faible estime de soi peut avoir des conséquences imprévisibles sur les interactions féminines lorsque, comme Mélanie, nous nous trouvons dans une situation de déficit de pouvoir. Notre tendance naturelle est de rechercher l'homéostasie en renforçant notre estime de soi dans d'autres domaines. En critiquant Laure, Mélanie essayait inconsciemment de se sentir mieux en exerçant le peu de pouvoir qui lui restait, ses pairs et ses supérieurs ne cessant de rogner sur ses prérogatives.

Comment rééquilibrer la relation

L'opinion que vos collègues femmes ont d'elles-mêmes est une des composantes du crêpage de chignon. Si, d'une part, l'une d'elles pense qu'elle est très importante en ce bas monde et qu'elle agit en conséquence, et si, d'autre part, vous n'avez pas la même perception de vous-même, votre relation est mal partie. L'inverse est également vraie. Il suffit que votre pouvoir ou votre estime de soi soient exagérément élevés par rapport aux siens pour que la relation se dégrade.

Il existe un remède à cela. Pour préserver l'équilibre de votre relation avec une autre femme et éviter les crêpages de chignon, vous avez la possibilité d'améliorer délibérément son estime de soi. Par exemple, en lui adressant avec sincérité des compliments, ou en faisant preuve d'empathie envers elle, ou encore en lui offrant votre soutien. Si vous montrez à une femme qu'elle compte pour vous, la perception qu'elle a d'elle-même s'en trouve améliorée. Elle ne se sent plus délaissée, mais valorisée et écoutée. Nous voulons toutes être prises au sérieux. Grâce au soutien qu'apporte une énergie positive, une femme aura le sentiment d'avoir, au moins à vos yeux, de la valeur.

Même si elles ignorent tout de la Règle, beaucoup de femmes semblent savoir instinctivement comment préserver l'équilibre de leur estime de soi dans leurs rapports de travail avec d'autres femmes. Considérez le scénario suivant : Sandra a remarqué que Marthe porte un très bel ensemble neuf. Elle pourra dire : « J'adore ton ensemble ! Il est neuf ? » Ce à quoi Marthe répondra, par exemple : « Ce vieux truc ? Je l'ai acheté en solde. »

Marthe préserve ainsi la répartition équitable du pouvoir. Grâce à son compliment, Sandra lui a donné plus de pouvoir et peut-être a-t-elle amélioré son estime de soi. De son côté, Marthe a sagement diminué son propre pouvoir (mais pas nécessairement son estime de soi) en dénigrant sa jolie tenue. Elle a pris soin de s'y prendre de manière à ne pas rabaisser le compliment de Sandra. Par exemple, elle n'a pas dit : « Ce vieux truc ? J'ai toujours trouvé qu'il était un peu tape à l'œil », ce qui aurait pu être interprété comme une critique du goût de Sandra.

Dans le même esprit, Sylvie dirait à Barbara : « J'adore ta nouvelle coupe de cheveux ! Elle te va si bien ! » Et Barbara lui répondrait : « Merci, Sylvie. Au fait, j'avais envie de te demander depuis un moment où tu as acheté le superbe collier que tu portais hier. » Ce faisant, elle préserverait la Règle. Sylvie lui donne plus de pouvoir en admirant sa coupe de cheveux et, en retour, Barbara augmente celui de Sylvie en la complimentant sur son collier.

Finalement, ces interactions rendent ces quatre femmes heureuses et laissent leurs relations intactes et satisfaisantes.

Quand des hommes sont témoins de ce genre de conversation, ils en concluent souvent que les femmes ont une piètre opinion d'elles-mêmes. « Pourquoi n'arrêtent-elles pas de se dénigrer ?, se demandent-ils. Elles ne peuvent pas simplement accepter un compliment. » Mais les femmes savent intuitivement ce que tout cela signifie : loin d'abaisser leur estime de soi, elles la préservent, parce qu'elles satisfont là leur principal objectif, qui est de protéger leurs bonnes relations. En outre, certaines femmes sont gênées par le pouvoir. Elles cherchent alors activement à éviter d'avoir l'air puissantes. « Rares sont les femmes qui disent : “Je veux du pouvoir”, note Susan Estrich. Et celles qui en ont passent leur temps à expliquer que ce n'est pas vraiment du pouvoir, ou bien qu'elles ne le recherchent pas, ou encore qu'elles n'en veulent pas *plus*[2]. » Essayent-elles là de ne pas sortir du cadre défini par la Règle ?

Le rééquilibrage du pouvoir aurait pu aider Pat Heim à résoudre le conflit qui l'opposait, comme on l'a vu plus haut, à Murielle. Par exemple, si Murielle avait dit : « Qu'ai-je donc fait qui t'a fait croire que je ne te faisais pas confiance ? », ou bien : « On ne m'a pas dit que tu m'avais fait prévenir », ou encore : « À l'avenir, si tu es malade et que tu ne me trouves pas, je préfère que tu me rappelles pour que nous puissions en parler directement », alors Pat aurait pensé que son amie tenait suffisamment à leur relation pour faire face au problème, et les choses seraient sans doute rentrées dans l'ordre.

Que vous pensiez ou non qu'elles sont justifiées, le fait de nier les préoccupations d'une autre femme peut être perçu par elle comme une attaque contre son pouvoir et son estime de soi. Un peu de culpabilité (« On ne m'a pas dit que tu avais appelé ») peut grandement faciliter le retour à une situation équilibrée.

Que faire lorsque votre collègue a une faible estime de soi ?

Il est parfois utile d'adopter consciemment des stratégies de rééquilibrage. Quand vous savez que votre estime de soi est plus élevée que celle d'une collègue dont la relation compte pour vous, vos interactions peuvent inclure de la compréhension et de l'empathie, et vous pouvez la rassurer en insistant sur ses points forts. Tout dépend de votre intérêt – et de la nature de celui-ci – pour ce qu'elle ressent et de votre désir ou non de l'aider au mieux. Toutefois, certaines femmes peu sûres d'elles-mêmes peuvent jalouser votre assurance et considérer qu'au lieu de leur venir en aide vous commettez là un excès de pouvoir. Dans ce cas, elles essaieront de vous « abattre ». Vous avez donc intérêt à faire attention à la manière dont vous essayez d'améliorer leur estime de soi. Supposez, par exemple, que Paule et vous, au même niveau depuis des années, vous retrouviez dans la situation déplaisante où vous êtes promue, mais pas elle. Si vous ne préservez pas la Règle, c'est-à-dire le partage strictement équitable du pouvoir, vous allez au devant des ennuis. Voici donc ce que vous devez faire vis-à-vis de Paule.

Diminuez votre propre pouvoir à ses yeux. Dites-lui : « Certes, j'ai un nouveau titre, mais ils ne m'ont pas augmentée. » Ou bien : « Je n'ai plus droit aux heures sup'. » Ou encore : « J'ai été promue à cause de mon ancienneté. »

Améliorez son estime de soi. « Je sais que tu es compétente pour ce boulot. J'espère bien que la prochaine à être promue, ce sera toi. Je sais que tu es excellente. » Vous lui dites là honnêtement ce que vous pensez.

Augmentez son pouvoir. Si votre position le permet, assignez-lui une tâche qu'elle réussira et grâce à laquelle elle fera valoir ses capacités.

Par contre, ce serait une erreur que d'abaisser votre propre niveau d'estime de soi par des énoncés du genre : « Je ne le méritais pas. Je suis une idiote, je ne sais pas pourquoi ils m'ont donné ce poste. » Les femmes réagissent souvent comme cela, mais ce n'est pas la bonne solution. À long terme, cette autodénigrement ne vous sera, à votre collègue et à vous-même, d'aucune aide.

Et si c'est votre propre estime de soi qui est basse ?

Tenir compte de l'estime de soi de vos collègues, c'est bien, mais n'oubliez pas non plus de considérer la vôtre. Si elle est trop basse, vous pouvez mal réagir à ce qui normalement serait pris pour des échanges ordinaires et faire une montagne de questions sans importance. Reprenez vos réponses au questionnaire du chapitre précédent. Quel était votre score ? S'il était relativement faible, des conflits peuvent éclater entre d'autres femmes et vous.

Pour améliorer l'estime de soi, il existe de nombreux moyens. La psychothérapie en est un. Les livres de développement personnel en sont un autre. Une méthode rapide consiste à observer vos monologues intérieurs et, le cas échéant, à suivre des schémas plus positifs. « Cela ne sert à rien », « Je n'apprendrai donc jamais ? », « Je n'ai pas de talent », « Avec moi, tout va toujours de travers », sont des monologues négatifs. Ils indiquent une faible estime de soi. Pour se débarrasser de ces messages autodestructeurs, on peut utiliser la technique dite de la critique interne, qui nous a été suggérée par une amie écrivain. Prenez une feuille de papier et un stylo. Couchez par écrit le monologue négatif qui vous empêche d'obtenir ce que vous voulez de la vie : vous n'êtes pas suffisamment efficace, ou intelligente, ou importante pour réaliser vos ambitions ou satisfaire vos désirs. Répétez plusieurs fois cette procédure. Vous visualiserez ainsi les messages négatifs que vous vous adressez et pourrez les rejeter en tant que résidus inutiles des ruminations infantiles.

La psychologue Susan Helmstetter[3] suggère d'apprendre à remplacer ces messages internes négatifs par des propos plus positifs :

– « Je peux faire tout ce que je pense pouvoir faire ! J'ai tout ce qu'il faut, et chaque jour j'en ai un peu plus ! J'ai le talent, la capacité, les compétences. »

– « Je n'ai peur de rien ni de personne. J'ai la force, le pouvoir, la conviction et la confiance ! J'aime les défis et je les affronte, surtout aujourd'hui. »

– « Rien ne peut m'arrêter. Je suis totalement déterminée. Je transforme les problèmes en avantages. Je trouve des possibilités dans des choses qui ne laissent aucune chance à d'autres personnes. »

Une autre approche, complètement différente, est la suivante : « Ne faites pas attention, avancez. » Elle repose sur la théorie de la perception de soi : si vous vous comportez de manière totalement différente de ce que vous ressentez, cette attitude aura un impact sur votre bien-être. « Je ne me sens pas vraiment en confiance avant d'assister à cette réunion où je dois faire un exposé, mais je vais faire comme si j'étais sûre de moi. Je vais entrer la tête haute, répondre avec assurance et me déplacer dans la pièce avec beaucoup de maîtrise. Et voilà : je commence à me sentir en confiance et les gens me traitent comme si j'étais compétente. »

C'est ce qu'on appelle la stratégie du « faites semblant, ça marchera ». En physique, le moment est défini par le produit de la masse et de la vitesse. Autrement dit, un objet en mouvement est difficile à arrêter. Même si vous ne vous sentez pas sûre de vous, allez-y, foncez. Le succès appelle le succès.

Dans ce chapitre, nous avons montré comment la règle du partage strictement équilibré du pouvoir fonctionne entre femmes. Mais d'où vient-elle ? Qu'est-ce qui nous pousse à rechercher à tout prix l'équilibre avec les autres femmes ? Et pourquoi sommes-nous si agressives lorsque cet équilibre est rompu ?

CHAPITRE III

Aux origines du conflit entre femmes

Imaginez que votre équipe s'est vue confier un important projet qui pourrait vous donner une grande visibilité et même ouvrir la porte à de l'avancement. Cela fait des années que vous travaillez avec Angela et tout s'est toujours bien passé jusqu'ici. Vous êtes heureuse de pouvoir partager cette opportunité avec elle. Mais à peine le projet a-t-il démarré que vous devez vous absenter une semaine en province pour régler des problèmes liés à un autre projet. Avant de partir, vous demandez à Angela d'opérer en votre absence un partage des tâches. Confiante, vous pensez qu'elle le fera de manière équitable.

À votre retour, vous découvrez qu'Angela a effectivement partagé les tâches. Mais contrairement à ce que vous espériez, elle s'est réservé le plus intéressant – les parties à « haute visibilité » – et vous a laissé les restes, c'est-à-dire le travail de fond, ingrat et qui ne sera certainement pas récompensé. Vous vous sentez blessée, trahie, puis furieuse. Déçue et malheureuse, vous vous tournez vers deux autres collègues, Irène et Myriam, pour obtenir du soutien et du réconfort. Vous partagez avec elles les détails sordides de la trahison d'Angela. Comme vous souffrez, vous avez besoin de vous « lâcher » ; mais vous voulez aussi renforcer vos liens avec des personnes de confiance. Lorsque Myriam, Irène et vous croisez Angela dans le couloir, vous lui lancez des regards glaciaux et lui tournez le dos.

Vu de l'extérieur, vous êtes en plein commérage. Pire, vous fomentez un crêpage de chignon. Après tout, ce projet était un travail d'équipe et il fallait bien que l'une d'entre vous se charge du sale boulot. En réalité, des scientifiques ont montré que ce type de réponse viscérale était peut-être câblée dans le corps et l'esprit des femmes. La structure unique de notre cerveau féminin, héritage évolutionnaire, ainsi que la fonction de nos hormones, conspirent pour créer en nous une impulsion à former des liens émotionnels très forts avec d'autres femmes, liens qui peuvent facilement se transformer en inimitié si nous sommes déçues ou trahies. Comme l'une des grandes spécialistes de l'agressivité féminine, la psychologue finlandaise Kaj Bjorkqvist, l'explique, « les filles ont tendance à former des relations dyadiques, avec des attentes psychologiques très fortes à l'égard de leurs meilleures amies. Pour cette raison, elles se sentent gravement trahies quand l'amitié se brise. Elle deviennent alors aussi hostiles qu'elles avaient été liées préalablement [1] ». Lorsque les filles deviennent des femmes, la dynamique de l'amitié changent peu.

Grâce à nos dons féminins, nous sommes capables de « lire » avec précision dans l'esprit des autres femmes et nous espérons qu'elles se révéleront généreuses, honnêtes et aimantes. En règle générale, nous ne sommes pas déçues. Mais quand une autre femme viole la règle du partage strictement équilibré du pouvoir et sabote notre travail ou accroît son pouvoir (de son propre chef ou grâce à l'intervention d'un tiers), nous nous sentons blessées et en colère. Nous tendons alors la main vers d'autres femmes pour obtenir du soutien en échange de commérages et finissons par saper la réussite de notre nouvelle ennemie.

Aussi déplaisant que ce comportement puisse paraître (surtout si l'on est du mauvais côté), il a peut-être joué en termes d'évolution un rôle fondamental dans la survie des femmes. En abordant les recherches menées récemment sur les primates, le cerveau et les hormones, ce chapitre traitera des racines biologiques du crêpage de chignon.

La hiérarchie et l'impératif de reproduction chez les mâles

S'agissant des rapports entre les sexes, le mot clé, pour les mâles comme pour les femelles, est « progéniture ». Nous cherchons le moyen de passer nos gènes à la génération suivante. Quelque chose nous pousse à procréer. Si vous êtes un mâle, cela peut prendre juste quelques minutes, et si vous avez de la chance, vous pouvez répéter l'opération plusieurs fois par jour. Hélas, tous vos confrères mâles poursuivent le même but que vous : eux aussi font de leur mieux pour avoir accès aux femmes. Cela crée des conflits. Dans de très nombreuses espèces, les mâles s'affrontent pour avoir la possibilité d'assurer la descendance de leur lignée. Dans certains cas (des minuscules souris aux imposants lions), ils vont jusqu'à manger les petits de leurs rivaux pour assurer leur propre domination génétique[2] !

Étudiante, Pat Heim a pu observer directement les effets de l'impératif de reproduction chez les mâles. Son université était adossée aux montagnes Rocheuses et, à chaque automne, les ravins résonnaient de l'écho terrifiant des brames des élans mâles qui s'affrontaient sur leurs pentes, lancés tête baissée les uns contre les autres. Certains mouraient au cours de l'affrontement. Pat ne comprenait pas pourquoi des animaux se comportaient de la sorte. Avec le temps, elle apprit que les élans utilisent ces tournois sanglants pour établir la hiérarchie qui permettra aux mâles dominants de s'accoupler avec les femelles.

Ce besoin inné de se battre pour son rang peut paraître brutal, mais il a sans doute un but qui dépasse celui de la reproduction. Bon nombre de chercheurs pensent qu'il a mené à la création de structures sociales hiérarchiques (le mâle alpha en haut, avec les mâles subordonnés se disposant selon les échelons d'une pyramide). Un tel ordre permet d'éviter les effusions de sang et l'anarchie parmi les mâles. En fait, l'un des avantages de cette hiérarchie de dominance est qu'elle conduit à la sécurité et la paix. Chaque mâle connaît son rang et s'y cantonne, du moins jusqu'au moment où il se sent suffisamment assuré pour contester le mâle dominant.

Nos cousins les primates nous donnent des leçons

Il serait hasardeux de tirer des conclusions directes à partir des primates – après tout, nous avons un degré d'intelligence qu'ils n'ont pas. Pourtant, selon la psychologue Shelley E. Taylor, « il serait sot de proclamer que nous n'avons rien à apprendre du comportement des primates[3] ». Les chimpanzés sont nos plus proches parents, 99 % de leurs gènes étant identiques aux nôtres (par comparaison, le génome de la souris est identique au nôtre à seulement 50 %[4]). Si nous considérons les différences sociales entre chimpanzés mâles et femelles, nous trouvons quelques ressemblances quant à la manière dont fonctionnent les humains. Nous pouvons même découvrir certaines racines du comportement des femmes.

Commençons donc par nous intéresser aux liens entre chimpanzés mâles. Ils sont éphémères. Les mâles forment des alliances pour gravir l'échelle sociale. Ensemble, ils établissent le mâle alpha. Ils unissent leurs forces pour chasser, se défendre contre les intrus, ou s'en prendre au singe situé tout en bas de l'échelle. Frans de Waal, un éthologue hollandais spécialiste mondial du comportement des primates, a découvert que « les chimpanzés adultes mâles habitent un monde hiérarchisé où il existe [...] un seul but permanent : le pouvoir[5] ». Une fois que ce but a été atteint, la coalition se dissout. Elle se reformera, avec un nouvel ensemble de membres, lorsqu'un nouveau défi surgira.

Les mâles fondent leurs liens sur la stratégie du « donnant-donnant » : si tu m'aides, je t'aiderai ; si tu me fais du mal, je me vengerai. Ces coalitions, explique de Waal, sont difficiles à prédire : « La nature peu fiable, machiavélique du jeu de pouvoir entre mâles implique que tout ami est un ennemi potentiel, et *vice versa*[6]. » En fait, comme le dit Deborah Blum, les chimpanzés mâles « passent leur temps à comploter et à négocier pour obtenir de meilleures alliances[7] ». Cela ne vous rappelle rien ?

La hiérarchie mâle chez les chimpanzés est formelle. Chacun communique fréquemment son statut aux autres. Le mâle dominant manifeste sa supériorité en hérissant littéralement ses poils, ce qui donne l'illusion qu'il est plus grand qu'en réalité. Les subordonnés manifestent leur rang inférieur en grognant et en se baissant, adoptant des poses de soumission. Lorsque cette communication sur le statut ne fonctionne pas, des bagarres éclatent.

Les chimpanzés mâles ont vingt fois plus d'incidents d'agression entre eux que les femelles. Mais ils font aussi la paix rapidement : 47 % cherchent à se réconcilier après un conflit[8]. « La hiérarchie formelle peut être perçue comme un dispositif pour maintenir la cohésion en dépit de la rivalité », explique de Waal[9].

Chez les mâles, la manifestation du statut est utile. Lorsque vous n'avez pas à vous battre constamment pour des questions d'ordre social, vous comprenez automatiquement les limites de votre comportement, ce que vous pouvez et ne pouvez pas faire. Ce type de solidarité peut être importante si les mâles d'un groupe doivent serrer les rangs pour se défendre contre des mâles agressifs de territoires avoisinants.

Ces luttes de dominance n'existent pas que chez les animaux inférieurs. Des psychosociologues ont montré que les adolescents aussi s'affrontent pour des questions de statut. Dans une série d'études menées pendant huit ans, Ritch Savin-Williams, de l'Université de Chicago, a analysé le comportement, en colonie de vacances, de garçons âgés de onze à dix-sept ans[10]. Les adolescents étaient observés au moment du lever et du coucher, au cours des repas, du rangement, des discussions et des séances de sport.

Savin-Williams a montré que les premiers jours (sinon les premières heures), des disputes éclataient entre les garçons (nous verrons plus loin comment les choses se passaient chez les filles). Les dominants donnaient des ordres aux moins dominants ; ils ridiculisaient, bousculaient et menaçaient verbalement, interrompaient ou essayaient de contrôler par d'autres moyens leurs camarades de chambrée. Très rapidement, les garçons les plus développés d'un point de vue physique ont pris leurs positions en tant que leaders du groupe.

Mais cet environnement hostile ne dura pas longtemps. Au fil du temps, comme l'explique Savin-Williams, « la fréquence des actes de domination au sein du groupe a baissé, à mesure que la hiérarchie devenait plus clairement linéaire ; l'expression de son statut devenait aussi plus explicite ». À partir du moment où chaque garçon connaissait sa place dans l'ordre social, le besoin de se battre pour assurer sa position diminuait. Il se calmait et s'occupait à passer d'agréables vacances.

Et les filles ?

Nous, les femelles, obéissons aussi à un impératif de reproduction, mais nous devons procéder autrement que les mâles. Une fois qu'une femelle est fertilisée, selon les espèces, la gestation mobilise physiquement son corps pendant une période qui peut durer plusieurs semaines ou plusieurs mois. Pendant ce temps, elle est vulnérable dans la mesure où elle perd en agilité et est moins apte à se défendre physiquement. Et une fois que son petit (ou ses petits) est né, elle devra en prendre soin tant qu'ils ne pourront pas se débrouiller tout seuls.

En règle générale, et à la différence des mâles, les femelles n'ont pas besoin de conflits établissant une hiérarchie pour garantir la perpétuation de leurs gènes. Au lieu d'entrer en compétition avec d'autres femelles, elles ont tendance à compter sur l'aide de leurs amies pour assurer la survie de leur descendance. Les femelles ne se battent pas pour l'accès au pouvoir. Leurs disputes concernent en général l'accès à des ressources comme la nourriture, la protection des petits, les mâles, les promotions et les projets recherchés.

Que vous soyez humaine, chimpanzé ou autre, élever un bébé est une activité coûteuse en temps et en énergie. Pour mieux utiliser l'un et l'autre, les guenons chimpanzés s'occupent des enfants des autres. Mais si une guenon accapare plus de nourriture que ce qui lui revient, ou si elle met en péril l'un des bébés du groupe, les autres femelles la punissent en la tenant à l'écart. « Bien que cela ne soit pas courant, écrit Frans de Waal, les femelles semblent de temps en temps perdre tout self-control. Elles sont alors capables de se battre et d'infliger des blessures sevères, voire mortelles. » Les chimpanzés sont même capables d'en vouloir pendant un bon moment à une autre guenon. De Waal décrit les femelles victimes de l'offense comme « vindicatives et irréconciliables. Elles restent fâchées des jours durant, et même plus ; elles frappent, elles bousculent et ne viendront pas au secours de l'ex-amie ». Comparées aux mâles, « les guenons semblent avoir beaucoup plus de mal à pardonner une transgression, l'échec d'une solide amitié [11] ».

À l'opposé du comportement de réconciliation des mâles à la suite d'un conflit, Frans de Waal a trouvé que seulement 18 % des guenons font la paix après une dispute. Elles ont de bonnes raisons de prendre très au sérieux les offenses faites au groupe : la transgression d'une amitié entre guenons peut mettre en danger les enfants et, biologiquement, une menace contre les enfants est très coûteuse, car elle exige une colère soutenue tant que la menace n'a pas disparu.

Nos sœurs primates nous enseignent encore autre chose

Entourées par d'autres femelles, les femelles primates font preuve de liens très étroits et leurs relations semblent être plus constantes que celles entre mâles. Les guenons ont aussi leurs hiérarchies, mais la structure de celles-ci est plutôt floue, avec peu de communication du rang. Les hiérarchies des femelles chimpanzés sont bien moins orientées vers la domination et le pouvoir que celles des mâles. Tandis que les groupes mâles se recréent constamment par le conflit, les contrats sociaux matrilinéaires restent inchangés au fil des générations. Les coalitions entre femelles impliquent généralement des parentes proches et sont souvent organisées en excluant des femelles et des juvéniles d'autres matrilignes [12]. Frans de Waal explique que les guenons adultes vivent dans « un monde de liens sociaux horizontal », dont le but n'est pas le pouvoir, mais la sécurité. Il est primordial de préserver de bonnes relations dans le cadre de ce petit cercle de parents et d'amis : bien que certaines femelles puissent exercer un pouvoir considérable, elles ne le retourneront pas contre une amie femelle ou une parente. Mais en cas de lutte avec une rivale, elles laisseront l'agression poursuivre son cours destructeur [13].

La situation change radicalement si la menace provient

d'un mâle adulte. Si une femelle veut obtenir quelque chose d'un mâle – par exemple une banane, ou bien qu'il cesse de l'importuner – ou si elle a besoin d'être protégée de lui, elle ne peut pas l'attaquer directement. Une guenon est en général deux fois moins grande qu'un mâle et toute agression directe de sa part mettrait en danger sa personne et sa progéniture. Elle apprendra donc à obtenir ce qu'elle veut par un moyen détourné (approcher le mâle par-derrière et dérober la banane quand il regardera ailleurs) ou elle créera une alliance avec d'autres femelles du groupe pour que, ensemble, elles aient la force nécessaire pour atteindre l'objectif.

Selon la primatologue Barbara Smuts, quand la menace provient d'un mâle, de nombreux types de primates « formeront des coalitions avec des femelles [de la même espèce] auxquelles elles ne sont pas étroitement apparentées. De telles coalitions peuvent se mobiliser très rapidement en réaction à une agression mâle. Presque toute femelle présente dans les parages peut être recrutée [14] ». On a pu observer des femelles primates unir leurs forces contre les mâles lorsque ceux-ci harcèlent ou menacent d'autres femelles [15].

Frans de Waal fournit un exemple fascinant de la manière dont les guenons chimpanzés sont venues au secours d'une autre femelle du groupe lorsque celle-ci se trouva menacée par Jimoh, le mâle alpha du groupe de chimpanzés de la station de terrain de l'Institut Yerkes. Jimoh avait remarqué que cette femelle, l'une de ses préférées, s'accouplait avec Socko, un mâle adolescent. « Ceux-ci s'étaient sagement cachés, mais Jimoh était parti à leur recherche. Normalement, le vieux mâle se serait contenté de chasser le fautif, mais pour une raison inconnue – peut-être parce que la femelle avait refusé de s'accoupler avec lui à plusieurs reprises ce jour-là –, il se lança à la poursuite de Socko et le pourchassa à travers tout l'enclos... Avant qu'il ait pu accomplir son dessein, plusieurs femelles près de l'endroit où se déroulait la scène commencèrent à "aboyer" (*woaou*). Ce son indigné est utilisé pour protester contre les agresseurs et les intrus. D'abord, les femelles regardèrent autour d'elles pour voir comment le groupe réagissait, puis, quand d'autres se joignirent à elles, en particulier la femelle la plus élevée dans la hiérarchie, l'intensité des cris augmenta rapidement jusqu'au moment où tout le monde participa au vacarme assourdissant. Le début éparpillé avait presque donné l'impression que le groupe votait. Quand les protestations eurent pris de l'ampleur, Jimoh stoppa son attaque avec une grimace nerveuse : il avait bien reçu le message. S'il n'avait pas réagi, les femelles auraient sans doute entrepris une action concertée pour mettre fin au trouble [16]. »

On pourrait penser que le rang, la taille et la puissance des mâles inhibent ces attaques défensives, mais une fois que les femelles se sont rassemblées, les mâles ont beaucoup de mal à les soumettre. Comme l'a écrit Natalie Angier, « les alliances entre femelles préservent la liberté des femelles [17] ».

Après une bagarre avec d'autres femelles extérieures au petit cercle de leurs relations, les guenons chimpanzés ont peu de raisons de se réconcilier. De Waal a montré qu'en fait les femelles ont souvent une ou deux ennemies avec qui toute réconciliation est exclue : « Au lieu de dire que les femmes sont moins conciliatoires que les mâles, je préfère dire qu'elles sont plus sélectives. La distinction entre ami et ennemi semble infiniment plus nette pour les femelles [18]. » Parce que les coalitions entre mâles sont éphémères, leur « amitié » et leur esprit de coopération sont instrumentaux : ils existent pour atteindre un certain but. Les relations entre mâles sont moins profondes et les blessures moins graves lorsque les alliances changent. Mais la trahison entre des femelles ayant de profondes relations les unes avec les autres peut avoir des conséquences importantes et durables.

La conclusion de Frans de Waal est compatible avec la possibilité que ce que nous appelons une violation de la règle du partage équilibré du pouvoir, avec son impact puissant et durable sur les relations, soit une réponse innée des femmes lorsqu'elles estiment que leur patrimoine génétique métaphorique (mais aussi littéral) est menacé. Et ce sont peut-être ces facteurs évolutionnistes qui peuvent nous permettre de comprendre pourquoi on apprend seulement aux filles dès leur plus jeune âge à « partager » et à « jouer gentiment » les unes avec les autres, et finalement à se conformer à la Règle. « Dans les annales de notre passé de primates, écrit Natalie Angier, les femelles sont attirées les unes aux autres pour la force. Le thème récurrent est celui de la coalition et du désir, d'un besoin agressif d'alliances féminines. Voici le berceau possible du fantasme de la meilleure amie, et la raison pour laquelle nous sommes tellement attachées aux autres filles et prêtons tant d'attention à notre position dans notre groupe d'âge. C'est pour cela que nos amitiés féminines sont à la vie à la mort[19]. »

Revenons aux recherches de Savin-Williams sur les adolescents en colonie de vacances. Il a trouvé que la structure sociale des filles (même celles de « rang élevé ») était bien plus souple que chez les garçons. Dans ses recherches, les filles usaient très rarement de la force ou de l'argumentation pour assurer leur influence, puisqu'elles ne recherchaient pas le pouvoir. Il n'y avait pas de « cheffe » évidente, et parfois une fille « alpha » redescendait au rang « bêta », puis redevenait « alpha » pendant son séjour en colonie. En fait, souvent plus d'une leader émergeait dans ces goupes : une fille qui était bonne à réaliser les choses, alors qu'une autre était compétente pour aider les autres avec leurs sentiments.

Le cerveau féminin

Imaginez que Marie, membre très appréciée de votre équipe, a été licenciée ce matin. Avec Hélène, une autre de vos collègues, vous ruminez la situation parce que vous êtes toutes deux très troublées. Votre patron vous surveille pendant que vous « papotez », se demandant pourquoi vous « perdez votre temps » à discuter de Marie. « Elle est partie, lance-t-il d'un ton méprisant. Pourquoi continuez-vous de rebâcher tout ça ? Tournez la page et allez de l'avant. » Il ne comprend ni n'accorde de valeur à une activité qu'Hélène et vous considérez au contraire comme essentielle. Mais les émotions et les mots sont étroitement reliés dans le cerveau féminin : garder le silence à propos d'une chose aussi importante peut être cause de détresse et d'isolement. Comme vous ne souhaitez pas interrompre votre autopsie du cas Marie, vous allez vous réfugier avec Hélène dans les toilettes.

Ce type de disparité homme-femme fait ressortir le fait que le cerveau masculin est très différent du cerveau féminin.

Puisque transmettre ses gènes à la génération suivante est une motivation essentielle, nous pouvons seulement spéculer qu'au cours des millénaires le cerveau féminin a évolué de manière spécifique pour nous aider à conserver et préserver des ressources nécessaires à notre survie et à celle de notre descendance. Les chercheurs ont mis en évidence que les femmes sont « câblées » pour rechercher l'interaction et y exceller, pour être empathiques et avoir de grandes capacités verbales, tant positives que négatives. Nous sommes très compétentes dès lors qu'il s'agit d'utiliser des mots pour apaiser aussi bien que pour attaquer. Tous ces attributs nous aident à préserver nos relations avec les autres, ce qui est important si nous cherchons à entretenir des relations intenses avec d'autres femelles qui peuvent nous aider à survivre.

Jusqu'à très récemment, on pensait que le cerveau des hommes et celui des femmes étaient, hormis pour ce qui relève spécifiquement des capacités reproductrices, plus ou moins identiques. La plupart d'entre nous avons appris à l'école que le cortex, qui est la couche externe de matière grise de l'hémisphère droit, est responsable du développement artistique, des sons musicaux et non linguistiques, de la pensée intuitive, des relations visuelles et spatiales, etc. Il s'occupe de l'émotionnel et de l'abstrait, et nous aide à voir les formes et les séquences. Le cortex du côté gauche s'adonne à des tâches bien plus linéaires. On dit qu'il est responsable de la logique, du raisonnement concret, des capacités cognitives ou analytiques comme le langage et les mathématiques. Les deux hémisphères sont reliés par un épais paquet de fibres, le corps calleux, qui permet à un côté du cerveau de communiquer avec l'autre.

Tout cela est peut-être vrai... pour les hommes. La plupart des recherches au sujet de cette latéralisation étaient menées sur des soldats blessés au cerveau. Avec l'avènement de techniques sophistiquées d'imagerie comme les pet-scan (qui permettent de voir avec un luxe de détails quelles structures sont activées lorsque nous effectuons des tâches spécifiques), les chercheurs ont découvert que les centres qui commandent le langage et les réactions émotionnelles se trouvent des *deux* côtés du cerveau féminin. En outre, alors que le cerveau mâle a 13 % de neurones en plus dans le cortex, le cerveau femelle a 13 % de neuropoils en plus, qui sont des cellules spécialisées permettant aux cellules cérébrales de communiquer entre elles.

Le corps calleux est bien plus épais chez les femmes que chez les hommes, ce qui semble indiquer que les deux hémisphères communiquent et coopèrent davantage chez les premières que chez les seconds. Plus il y a de connexions entre les hémisphères droit et gauche, plus on est subtil dans l'expression de ses idées. Le câblage supérieur du cerveau féminin permet à plus d'information d'être échangée entre les deux côtés. Nos émotions s'intègrent mieux à nos capacités verbales, nous donnant plus de liberté dans l'expression de nos sentiments à autrui[20]. Peut-être est-ce également pour cette raison que les hommes ont plus de mal à dire ce qu'ils ressentent : l'information circule plus difficilement entre les deux côtés de leur cerveau.

Les femmes acquièrent et traitent l'information différemment des hommes. Leur cerveau a évolué de telle sorte qu'elles voient, sentent et perçoivent le danger plus facilement. Même leur vision périphérique est plus large. On peut spéculer sur le fait que cette perception plus sensible a son importance lorsqu'il s'agit de se mobiliser plus rapidement dans des situations où notre progéniture serait menacée. Nos réactions immédiates sont aussi très différentes de celles des hommes. Chez nous, cette fonction est liée à une réponse verbale : nous appelons nos alliées à l'aide ; chez les hommes, elle est liée à l'action physique : fuir ou se battre.

Les recherches sur les nouveau-nés permettent aussi de comprendre les différences génétiques innées, c'est-à-dire avant que la culture et la société n'exercent leur influence. Par exemple, le vacarme et l'inconfort physique irritent davantage les bébés filles que les bébés garçons. Nos sens du toucher et de l'auditon sont aussi plus aiguisés, même chez les tout-petits. Les bébés filles ont plus de facilité à saisir les signes sociaux ; elles s'intéressent davantage aux gens et aux visages que les bébés garçons. Lors d'une étude sur des enfants âgés de deux à quatre jours, les filles gardaient un contact visuel avec des adultes silencieux presque deux fois plus longtemps que les garçons. Quand l'adulte parlait, les filles regardaient aussi plus longtemps. À l'age de quatre mois, la plupart des bébés filles peuvent distinguer entre les photos des gens qu'elles connaissent et celles d'étrangers ; la plupart des garçons n'y parviennent pas [21].

Les bébés filles sont plus sensibles à la contagion émotionnelle que les garçons. Même âgées de quelques jours seulement, elles réagissent plus intensément lorsqu'elles entendent un autre bébé pleurer. (Cela n'est pas simplement dû à leur plus grande sensibilité auditive, car ces bébés réagissent moins intensément à des sons linguistiques engendrés par ordinateur et à des bruits d'animaux d'intensité comparable.) On pense que cette réponse plus intense sous-tend le développement de l'empathie [22].

Le langage apparaît bien plus tôt chez les filles que chez les garçons. Elles babillent plus en présence de gens – bien plus que les garçons, qui sont tout aussi contents de babiller devant leurs jouets. Leurs premiers mots leur viennent plus tôt et elles parlent en phrases courtes avant les garçons parce que leur cerveau est mieux organisé pour l'acquisition du langage. En conséquence, les filles sont plus à l'aise verbalement dans leurs années préscolaires ; elles lisent mieux et maîtrisent plus facilement la grammaire, la ponctuation et l'orthographe. Elles sont aussi plus facilement réconfortées par des mots et des chansons. À l'age de trois ans, 99 % du langage verbal des filles est intelligible. Il faut, en moyenne, une année supplémentaire aux garçons [23].

Cet avantage verbal explique probablement pourquoi les femmes semblent parfois poussées à communiquer entre elles. Dans une entreprise où Pat Heim et Susan Murphy ont travaillé, deux assistantes de direction occupant le même bureau avaient eu à subir les critiques de leurs patrons, qui trouvaient qu'elles passaient trop de temps à parler. Ces hommes ne comprenaient pas que, en raison du câblage unique de notre cerveau, nous sommes des êtres « multitâches ». Les conversations de ces deux femmes ne les empêchaient pas d'effectuer simultanément leur travail.

À cause de leurs propres préjugés (qui reflétaient leurs propres capactiés) leurs patrons leur ont demandé de mettre un frein à leurs conversations. Mais les femmes ne voulaient – ou ne pouvaient – pas. Comme elles continuaient de discuter, on dressa une cloison de verre entre elles. Mais cela ne les empêcha pas de continuer d'échanger des signes, en dépit des souhaits de leurs patrons.

Les femmes se laissent beaucoup plus facilement emporter par leurs réactions émotionnelles. Sandra Wittelson, une chercheuse canadienne, a montré qu'elles reconnaissent et traitent le contenu émotionnel avec les deux hémisphères de leur cerveau, à la différence des hommes qui n'utilisent que l'hémisphère droit[24]. Dans d'autres expériences, lorsqu'on demandait aux hommes et aux femmes de penser aux images les plus tristes qu'ils pouvaient imaginer, des pet-scan ont révélé que la région antérieure du système limbique qui s'activait en réponse à cette requête était huit fois plus grande chez les femmes que chez les hommes[25].

Les femmes semblent mieux réussir à identifier des indices de type social et des nuances de signification à partir du ton de la voix et de l'expression du visage, et puisque nous semblons être tellement plus douées que les hommes à lire des émotions, nous désignons cette étrange compétence par « intuition féminine ». Nous sommes tellement habituées à lire ces signes non verbaux qu'il nous arrive occasionnellement de mal les interpréter, ce qui peut nous créer des problèmes et parfois même conduire à un crêpage de chignon.

C'est ce qui est arrivé à Lisa, l'une des clientes de Susan Murphy. La patronne de Lisa, Mathilde, l'invita à dîner pour critiquer son absence d'expressivité faciale. Lisa fut prise au dépourvu. Elle ne se rendait pas compte qu'elle donnait l'impression de ne pas avoir d'affect. Après tout, ce n'était que son expression normale, détendue. Mais Mathilde se sentait offensée parce qu'elle voyait dans l'expression neutre de Lisa une intention négative, une absence d'intérêt, voire de l'hostilité.

Susan conseilla à Lisa, lorsqu'elle se trouvait avec des femmes, de verbaliser plus activement ses sentiments et de faire attention à utiliser plus d'expressions du visage : « Vous aurez peut-être l'impression, au début, d'être une idiote, mais vous devriez essayer de vous regarder sourire et faire différentes sortes d'expressions devant un miroir. » Ce type de conflit n'existe pas dans la culture des mâles, puisque les hommes n'ont souvent pas conscience de subtiles distinctions expressives. Quand elle s'adressait à des hommes, Lisa n'avait donc pas besoin de s'inquiéter à ce sujet. En outre, un excès de sourire aurait pu être perçu par eux comme un signe de faiblesse ou d'impuissance. Dans ce type de situation, l'« absence d'affect » de Lisa pouvait être un avantage.

La contribution hormonale de l'ocytocine

Nos hormones jouent peut-être un rôle dans le crêpage de chignon. Après des décennies de recherches, on pense aujourd'hui qu'elles influencent le comportement des rats, des singes, mais aussi des humains. Les hormones sont des messagers chimiques. Lorsqu'elles sont sécrétées dans le sang par des cellules spécialisées situées notamment dans le cerveau et les organes reproducteurs, elles se dirigent vers d'autres parties de l'organisme où elles produisent des changements spécifiques. Le rapport entre notre comportement et nos hormones est réciproque : les hormones influent sur notre manière d'agir, mais nos actions influent aussi sur la libération d'hormones.

L'ocytocine est l'une des hormones qui permettent de comprendre les interactions féminines. Son nom vient du grec et signifie « accouchement ». Elle intervient surtout dans la contraction musculaire. Elle fait se contracter l'utérus pendant l'accouchement et stimule la sécrétion de lait au cours de l'allaitement. Présente dans le sang lorsque la mère voit son bébé pour la première fois, elle continue d'être sécrétée chaque fois que celle-ci nourrit son bébé. Selon Sarah Blaffer Hrdy et Sue Carter, elle jouerait un rôle important dans l'établissement du lien entre la mère et son enfant.

En 1968, Josepth Terkel et Jay Rosenblatt, de l'Université Rutgers, ont réalisé une expérience qui leur a permis de révéler les composantes chimiques de l'attachement mère-enfant. Les deux chercheurs ont injecté à une rate vierge du sang prélevé sur une rate qui venait d'accoucher pour voir comment elle réagirait à de petits rats nouveau-nés. La réaction habituelle des rates est de les ignorer, de manifester des signes d'anxiété, voire de les manger. Mais les résultats de l'expérience furent spectaculaires. La rate vierge léchait les petits, les protégeait et les ramenait vers elle lorsqu'ils s'éloignaient. On pense aujourd'hui que l'ocytocine fait partie des ingrédients qui ont altéré si dramatiquement le comportement des rats[26].

En raison de ses propriétés de stimulation de l'intimité (l'ocytocine est aussi sécrétée chez les hommes et les femmes pendant l'acte sexuel et après l'orgasme), on l'a appelée « l'hormone de l'amour » et on pense qu'elle est impliquée dans la pratique de la monogamie[27]. Elle fait ressentir des sentiments positifs à l'égard des gens dans le voisinage et elle augmente l'envie de se rapprocher et de se sentir en rapport avec les autres. Les chercheurs ont montré que les personnes ayant des niveaux élevés d'ocytocine dans le sang ont tendance à être plus calmes, plus détendues et sociables. Cela peut créer un feedback positif : si vous avez ce type de sentiments vous voulez vous entourer de gens qui possèdent les mêmes attributs.

L'ocytocine joue un autre rôle chez les femelles : moduler leurs réactions face aux menaces et au danger. Cela a été établi récemment par les travaux de la psychologue Shelley E. Taylor et son équipe. Un jour, Taylor discutait avec une de ses collaboratrices qui avait fait remarquer en passant que la plupart des études animales sur le stress étaient effectuées sur des rats mâles. Taylor trouva cela curieux. Elle fit quelques recherches et découvrit que la même chose était vraie des études sur les humains. En fait, 17 % seulement des sujets dans les études sur le stress étaient des femmes. Dans un article sur Taylor paru en 2000 dans le *New York Times*, Erica Goode écrit : « La notion du combattant solitaire coincé dans un mode "combattre ou capituler" qui ressortait de ces études ne collait pas bien avec les études psychologiques, lesquelles montraient que dans des situations de stress les femmes cherchent souvent la compagnie et le soutien des autres, ou combattent le stress en s'occupant de leurs enfants[28]. »

Étant donné ce que nous savons aujourd'hui de notre héritage génétique et de notre cerveau, cela n'est pas vraiment suprenant. Taylor et ses collègues ont passé en revue plusieurs centaines d'études dans toutes sortes de domaines, dont les recherches sur la réaction hormonale de l'organisme au stress. La conclusion fut qu'alors que les hormones mâles, la testostérone et la vasopressine, interviennent dans la réaction de stress chez l'homme, chez la femme, c'est l'ocytocine qui joue un rôle central. Les effets de cette hormone sont modulés par l'œstrogène, présente à des concentrations beaucoup plus fortes chez la femme que chez l'homme[29]. En fait, les androgènes, surtout la testostérone et la vasopressine, que les mâles possèdent en abondance, *inhibent* la sécrétion d'ocytocine dans les conditions de stress[30].

C'est très important. Alors que les hommes, galvanisés par des poussées d'hormones de stress, connaissent la réponse « fuir ou combattre » face à une menace, les femmes manifestent dans les mêmes conditions des réactions protectrices et aimantes en raison de la sécrétion d'ocytocine. Taylor appelle ce phénomène intimement féminin l'impulsion à « prendre soin et protéger ». Ses travaux suggèrent que parce que les femelles jouent un rôle central dans l'élevage des enfants, leurs réactions de réponse au stress ont évolué pour ne pas compromettre leur santé ni celle de leur progéniture, ce qui pourrait être une conséquence de la fuite ou du combat. L'ocytocine, avec ses propriétés apaisantes, induit chimiquement les femelles à adopter un comportement « maternant », c'est-à-dire à apaiser et prendre soin de leurs enfants et à chercher à se rapprocher d'autres femelles de leur entourage. C'est un autre cas où les alliances entre femelles permettent à celles-ci de préserver leur liberté.

Taylor cite une étude fascinante du psychosociologue R. L. Repetti qui montre comment ces différences chimiques peuvent s'exprimer dans les familles humaines. Étudiant les effets d'une journée de travail stressante sur les comportements parentaux, Repetti a interviewé des pères, des mères et leurs enfants. Lorsque les pères avaient eu une journée de travail conflictuelle, ils étaient en général plus irritables, le soir, une fois rentrés chez eux. Par contraste, les femmes devenaient plus aimantes et plus attentives à leurs propres enfants lorsqu'elles avaient eu une journée pénible. Les jours où les mères disaient être le plus stressées, les enfants les décrivaient comme étant le plus aimantes[31].

La différence dans la réponse au stress est remarquable. Comme l'explique Shelley Taylor, « les recherches sur les hommes et les femmes montrent que dans les conditions de stress, le désir de se rapprocher d'autrui est bien plus marqué chez les femmes que chez les hommes. En fait, c'est une des différences les plus robustes entre les sexes dans le comportement humain. À part celles liées à la grossesse et à l'allaitement, c'est la principale différence entre les sexes dans la réponse humaine au stress ».

Et cela nous aidera peut-être à comprendre pourquoi, dans le scénario imaginaire par lequel nous avons ouvert ce chapitre, vous vous tourneriez vers une collègue après avoir découvert qu'une autre a saboté votre travail. Cela permet aussi peut-être de comprendre pourquoi vous avez besoin de parler à une amie à propos du licenciement brutal d'une collègue, même si votre patron vous dit de laisser tomber et de passer à autre chose. Lorsque les femmes sont stressées, leur nature les pousse à se tourner vers d'autres femmes pour obtenir du soutien et de la sécurité. Si elles ne l'obtiennent pas, elles se sentent trahies et blessées. C'est sans doute pour cette raison que Pat Heim, comme on l'a vu au chapitre II, a été si blessée par la froideur de son ex-amie quand elle la suppliait de se montrer compréhensive.

Les fondements biologiques des conflits entre femmes

Toutes ces recherches montrent que notre héritage génétique, la structure de notre cerveau et nos hormones sont liés à notre besoin d'intimité avec les autres, en particulier avec les autres femmes. Nous avons été câblées pour l'empathie, l'intuition et le sentiment de connexion. Nous avons une facilité pour le langage et l'émotion qui nous permet d'exprimer nos sentiments les plus profonds. Nous nous tournons vers nos amies pour obtenir du réconfort à des moments de crise et de besoin. Et peut-être en raison de tout cela, nous pensons que nous comprenons les femmes et avons certaines attentes à leur égard et par rapport à nos relations avec elles. Liées à tout jamais dans nos réseaux non hiérarchiques de relations féminines, nous comptons sur cette interdépendance pour nous aider, nous et notre famille, à avancer et même, dans certaines circonstances, à survivre.

Qu'y a-t-il donc d'étonnant à ce que nous soyions déçues par une violation délibérée ou même involontaire de la règle du partage strictement équilibré du pouvoir, un pas vers les attitudes masculines de domination et de comportement hiérarchiques ? Qu'y a-t-il d'étonnant à ce que cela nous blesse et nous mette en colère ? « Pour qui se prend-elle ?, nous murmurons-nous *in petto*, de douleur ou dépit. Pourquoi se comporte-t-elle comme si elle valait mieux que moi ? Comment peut-elle me faire une chose pareille ? » Et peut-être même pensons-nous, au fond : « Ne sommes-nous pas toutes ensemble dans cette histoire ? »

Comme chez nos cousins les chimpanzés, une violation flagrante de la Règle, l'échec d'une amitié solide, ou encore une tentative clandestine ou explicite pour s'approprier des ressources importantes nous sont horriblement difficiles à pardonner parce que cela peut menacer notre existence, le bien-être de nos enfants et notre être le plus intime. Nous pensions connaître cette personne, nous pensions pouvoir compter sur elle, nous pensions être amies, avec tout ce que cette notion implique pour des femmes. Et lorsque nous découvrons soudain, avec stupeur, que nous nous trompions, nous pouvons en venir à remettre en cause notre jugement et à nous sentir frappées au plus profond de nous-mêmes. Nous nous retirons alors, ou bien, de douleur ou de rage, nous contre-attaquons de la seule manière que nous connaissons : par un crêpage de chignon.

CHAPITRE IV

Les leçons de l'enfance

Donc, les femmes seraient génétiquement, biologiquement et hormonalement « programmées » pour adopter certains comportements. Telle serait leur nature. L'affirmation est vraie, mais en partie seulement. D'autres facteurs, que nous ne pouvons ignorer, sont en effet à l'origine de l'identité et du comportement des femmes : l'éducation et la société. C'est un vieux débat que celui de l'inné et de l'acquis. Sommes-nous ce que nous sommes parce que c'est inscrit dans nos gènes ou parce qu'on nous a élevés d'une certaine manière ? Personne ne sait. Pour notre part, nous faisons l'hypothèse que notre biologie *et* notre éducation ont un impact sur notre comportement d'adultes. Ce n'est pas une proposition du style « ou bien, ou bien », quoique ces deux facteurs puissent interagir réciproquement. Nos prédispositions biologiques soutiennent la façon dont on nous éduque, et celle-ci s'accorde bien à notre biologie.

En tant que femelles, nous avons peut-être une prédisposition génétique à nous rapprocher d'autres femelles et à nous lier à elles, et la société nous a soigneusement inculqué de « partager » et de « jouer gentiment » (bref, de respecter la Règle) pour préserver ces alliances et obéir à l'impératif reproductif : protéger notre descendance. Personne n'a été capable de régler de manière satisfaisante la question « nature ou culture », mais il est clair que, quoi qu'il en soit de la biologie, l'éducation que nous avons reçue joue un rôle important dans nos comportements.

Pourquoi nous nous arrêtons au feu rouge

Depuis notre plus tendre enfance, notre famille (par son rôle de modèle et son intervention directe) et la société (à l'école, par l'éducation religieuse, par les médias, etc.) nous ont appris à agir de manière « acceptable ». C'est ce qu'on appelle l'apprentissage social ou la socialisation. Tous nos comportements connaissent de telles limites socialement imposées. Imaginez que personne ne respecte les feux rouges, ou que nous décidions de prendre ce qui nous plaît sans nous soucier de savoir à qui cela appartient. La vie serait chaotique et conflictuelle. Nous respectons donc certaines règles mutuellement convenues pour notre bien et celui de la communauté Ces règles garantissent notre sécurité et notre bien-être.

La famille est aussi une forme de communauté : elle a ses propres normes privées de comportement. Certaines font l'objet d'instructions verbales explicites (« Chez les Durand, on est médecin de père en fils » ; « Aucun de mes enfants n'ira à l'école dans une tenue pareille ! »), mais d'autres sont implicites ou inconscientes.

Prises conjointement, ces règles sociétales et familiales font que nous sommes capables de vivre en société. Les limites et les règles varient selon les familles, selon les régions, selon les cultures, mais là où des gens sont en rapport avec d'autres gens, on en trouve. Elles sont peut-être radicalement différentes d'une société à l'autre, mais toutes les sociétés et les familles du monde entier partagent le même besoin de poser certaines conventions. Celles-ci concernent principalement les domaines suivants : l'agressivité et la passivité ; la sexualité et l'identité sexuelle ; la dépendance et l'interdépendance ; le développement émotionnel et l'attachement à autrui ; la réussite ; la coopération et la compétition ; l'individualisme et la communauté ; le bien et le mal ; les expériences concrètes de l'existence (alimentation, défécation, travail, propreté, tenue vestimentaire, douleur, naissance, mort, etc.).

Le développement d'une identité sexuelle

Les règles qui façonnent notre comportement peuvent donc être explicites ou cachées. Dans notre culture, par exemple, on mange à l'aide d'une fourchette, d'un couteau et d'une cuiller dans une assiette propre ; on ne doit pas poser les coudes sur la table ; il faut mâcher sa nourriture en gardant la bouche fermée ; on ne fait pas « slurp » avec ses spaghettis ; on s'assied sur des chaises autour d'une table et non par terre. Ces règles-là sont claires. Mais d'autres sont moins visibles. C'est particulièrement vrai des principes édictant les rôles sexuels et l'identité sexuée. Notre comportement en tant que mâles et femelles découle d'une combinaison des déterminants biologiques évoqués au chapitre précédent et de ces impératifs sociaux.

L'identité sexuée est une partie importante du noyau constant de notre personnalité et elle se développe précocément. Selon le psychanalyste Robert Stoller, elle est, « à dc rares exceptions, fermement et irréversiblement établie pour les deux lorsque l'enfant a environ trois ans[1] ». Les enfants apprennent comment les garçons et les filles « doivent » se conduire en s'inspirant de la manière dont ils sont traités par leurs parents et professeurs. Ils observent aussi le comportement des adultes. Enfin, la « pression des pairs » et les médias jouent un rôle. Ces facteurs laissent sur eux une empreinte indélébile qui les accompagne jusqu'à l'âge adulte.

Bien que vivant dans une même société, les mâles et les femelles sont élevés dans des cultures très différentes. C'est ce que nous allons voir maintenant, en nous penchant sur l'apprentissage social et le développement du rôle sexuel. Les parents se comportent-ils différemment selon qu'ils sont en présence de filles ou de garçons ? Quel impact ont les jeux typiques que les garçons et les filles pratiquent sur leur identité sexuée pendant leur développement ? Comment chaque sexe apprend-il à résoudre les conflits qui naissent de la compétition durant ces jeux ? Qu'arrive-t-il à l'identité sexuée lorsque les garçons et les filles commencent à aller à l'école ? Quel message les enseignants et les manuels font-ils passer à ces jeunes esprits curieux ? Comment les différences dans la culture des garçons et des filles influencent-elles une fille au cours de sa maturation ?

Rubans roses et bottines bleues

Quand on place dans une pièce de jeunes bébés ou enfants portant des tenues de couleur « non codées » (des salopettes vertes et jaunes, plutôt que roses et bleues), les adultes ont le plus grand mal à déterminer à partir de leur comportement lesquels sont des garçons et lesquels des filles. Pour la plupart, les plus agressifs ne peuvent être que des garçons, mais ils n'ont raison qu'une fois sur deux ! Par ailleurs, lorsqu'on leur fait voir l'enregistrement vidéo d'un bébé qui pleure et qu'on leur dit qu'il s'agit d'un garçon, les gens ont tendance à penser qu'il est en colère. Mais quand on leur dit qu'il s'agit d'une fille, ils expliquent qu'elle à l'air effrayée ou triste[2]... Nous avons tendance à projeter nos croyances sur le comportement des enfants : les garçons seraient plus agressifs que les filles, lesquelles seraient émotionnellement plus vulnérables.

La vérité est la suivante : que les petits garçons et les petites filles se comportent ou non de la même manière, notre société les traite très différemment à partir du moment où, à la naissance, nous les enveloppons dans une petite couverture bleue ou rose. Les parents iront jusqu'à mettre un bout de ruban rose sur la tête de leur petite chérie, ou des bottines bleues aux pieds de leur petit gars dès qu'ils seront revenus à la maison pour que les gens disposent d'indices sur le sexe du bébé et le traitent comme il convient. Certains parents adopteront des attitudes différentes envers leurs enfants *in utero* lorsqu'une échographie leur aura révélé le sexe du bébé à naître. Si c'est un garçon, dès qu'il donnera des coups de pied on vantera l'excellent joueur de football qu'il ne manquera pas de devenir, et si c'est une fille, ils caresseront l'abdomen tendu de la maman comme pour la consoler.

Les psychosociologues qui étudient le développement des rôles sexuels ont montré que, en raison de ce type de traitement différentiel pendant toute l'enfance, les petites filles apprennent à être fragiles, dépendantes, soumises, obéissantes et maternantes, alors que les garçons apprennent à être solides, indépendants, actifs, affirmatifs, agressifs et à ne pas exprimer leurs émotions. « Les adultes remarquent rarement combien une petite fille est costaude ou combien un petit garçon devient maternant, et ce, malgré leur propension à noter précisément ces attributs chez le sexe “approprié” », écrit Sandra Bem, une spécialiste des rôles sexuels[3].

Les graines de la divergence des rôles sexuels sont semées très précocément. Dans une étude sur les interactions entre des enfants âgés de quatre mois et leurs parents pendant qu'ils jouent ensemble, Lori Roggman et Craig Peery ont montré que le temps passé par les parents à toucher et à regarder leurs enfants (et le regard en retour des bébés) était influencé par le sexe du parent et celui du bébé. Ils ont constaté que les pères touchaient les garçons plus souvent que les filles. Réciproquement, les petits garçons regardaient leur papa plus souvent que leur maman[4]. D'autres chercheurs ont trouvé que les mères ont tendance à regarder et toucher leur petite fille plus souvent que leur petit garçon[5]. Pour Roggman et Peery, des différences parentales comme celles-ci « représentent un potentiel clair pour une socialisation différente des mâles et des femelles tant par les pères que par les mères au cours des premiers mois de la vie ».

Les comptes rendus de telles différences liées au sexe sont légion dans les revues spécialisées de psychologie. On a ainsi montré que les pères portent leur bébé garçon avec un bras (un peu comme un joueur de rugby porte le ballon), alors qu'ils tiennent leur petite fille plus doucement dans les deux bras, la caressent et la câlinent plus souvent que leur garçon. Ils lancent les petits garçons en l'air, les secouent et les chatouillent davantage. Les mères, quant à elles, laissent les bébés mâles pleurer avant de les prendre dans les bras, alors qu'elles s'occupent des petites filles dès les premières larmes. D'où, peut-être, le fait que les filles apprennent très tôt que quelqu'un fera attention à elles, soulagera leur douleur et essaiera de répondre à leurs besoins, alors que les garçons devront se débrouiller tout seuls.

Alyson Burns et ses collègues ont observé le comportement de centaines de familles visitant un zoo. Elles ont trouvé que les petites filles sont plus souvent portées ou placées dans une poussette, alors qu'on laisse davantage marcher les garçons, surtout en compagnie de leur père[6]. C'est ainsi, et par une myriade d'autres faits imperceptibles, que les petites filles apprennent la dépendance et les petits garçons l'indépendance.

Nous utilisons même le langage différemment avec nos enfants. Les hommes et les femmes parlent plus fort aux bébés garçons qu'aux filles, qui ont droit à des sons plus « roucoulants ». Nous nous moquons plus souvent des garçons et leur donnons des surnoms amusants, alors que nous appelons nos fillettes « beauté », « princesse », « petite poupée », etc. Même les parents qui pensent traiter leurs enfants sans tenir compte de la différence sexuelle agissent avec eux et leur parlent différemment[7]. Ces différences persistent à mesure que les enfants grandissent.

Non seulement les parents ne parlent pas de la même façon aux garçons et aux filles, mais les hommes et les femmes s'adressent différemment aux enfants en général. Les psycholinguistes Jean Berko Gleason et Esther Blank Greif ont montré que les pères donnent des ordres ou utilisent des termes de commandement lorsqu'ils parlent à leurs enfants. En outre, ils donnent davantage de directives à leurs fils qu'à leurs filles. C'est peut-être une des raisons pour lesquelles les garçons ont tendance à donner des ordres à leurs compagnons de jeu et sont parfois moins polis que les filles, utilisant des expressions comme « donne-moi ça » ou « va-t-en »[8]. Les mères utilisent souvent un langage d'implication. Au lieu de donner des ordres, elles disent : « Et si on faisait ceci ? », ou : « Allons faire cela[9]. » Elles montrent ainsi à leurs filles comment obtenir en douceur des autres qu'ils fassent ce qu'elles désirent, réduisant ainsi les risques de conflit.

Les influences culturelles

Les enfants apprennent les rôles sexués non seulement de leurs parents, mais aussi des comptines enfantines, des contes de fées, des dessins animés, des émissions de télévision, des histoires, des jeux vidéo, des journaux, des magazines, des livres. À l'époque où nous, femmes d'aujourd'hui, étions encore enfants, le thème commun à toutes ces influences culturelles était que les filles devaient être douces, bonnes et gentilles.

Dans la plupart des contes populaires qu'on nous a lus, en effet, les personnages féminins forts, c'est-à-dire actifs, sont dépeints comme de vieilles sorcières cruelles et vindicatives. *Cendrillon* et *Blanche Neige* enseignent aux filles que pour réussir et séduire le prince elles doivent être adorables et discrètes plutôt que méchantes et mauvaises. Dans *Alice au pays des merveilles*, la méchante Reine de Cœur crie l'ordre violent : « Qu'on leur coupe la tête ! » Hansel et Gretel luttent contre une sorcière qui a décidé de les manger. Dans *Le Magicien d'Oz*, Dorothy rencontre la méchante sorcière de l'Ouest, qui cherche à la perdre (et avec son petit chien en plus !). Toutes ces fortes femmes finissent détruites ou disgraciées.

Selon la psychologue Dana Crowley Jack, le mythe selon lequel les femmes doivent être passives et douces est renforcé par ce type de récit : « L'histoire de *La Belle et la Bête* résume la mythologie occidentale de l'agression et de la sexualité. L'homme est une bête, la femme est une beauté dépourvue d'agressivité. Dans ses rapports avec l'homme, la femme dispose de pouvoirs "magiques", soit pour faire ressortir sa nature agressive, comme la sorcière qui a transformé le prince en bête, soit pour transformer la bête en prince, comme le fait Belle [10]. »

Pour les filles qui grandissent aujourd'hui, par contre, les lignes ne sont pas aussi clairement définies. Les médias fourmillent d'images de bonnes et de mauvaises filles. Les personnages féminins puissants et positifs sont omniprésents : Buffy la tueuse de vampires et Xena la guerrière ont repris et dépassé l'héritage de Wonder Woman. Les Pokémon des deux sexes ont des armées et partent à la guerre. Des studios de cinéma, tout particulièrement ceux de Disney, font reposer leurs longs métrages animés sur des héroïnes fortes comme Pocahontas ou Mulan, une fille chinoise qui se déguise en garçon et part à la guerre pour défendre son pays. Même chose pour des personnages de jeu vidéo comme Lara Croft, et d'autres jeux pour ordinateur comme les Power Puff Girls, spécifiquement destinés aux filles, décrites comme suit sur leur site web : « Choisissez d'abord un programme d'entraînement, puis soyez dures ! » Nous sommes à des milliers de kilomètres de la Belle au Bois dormant...

Cependant, malgré ce penchant plus égalitaire de la culture populaire d'aujourd'hui, si vous faisiez une étude des costumes de Halloween, vous trouveriez quand même un grand nombre de petites filles déguisées en princesse ou en danseuse et de petits garçons déguisés en pirate, en diable, en soldat ou en cow-boy. Selon Dorothy Clark, spécialiste de la littérature enfantine, « la culture envoie un double message aux filles [11] ».

Jouer avec les rôles sexués

Bien que nos magasins de jouets soient remplis de jouets « neutres » par rapport à l'identité sexuée – légos, puzzles, crayons, pâte à modeler, chiens robots –, que pensez-vous être le passe-temps le plus populaire chez les filles ? Eh oui, Barbie tient encore le haut du pavé ! Selon Dana Crowley Jack, « le mythe d'aujourd'hui, c'est que la culture américaine n'influence pas fortement l'identité sexuée des enfants. La réalité, c'est que les jouets ont à peine changé depuis des dizaines d'années [12] ». Les trois éléments caractéristiques des jouets pour garçons sont la vitesse, la puissance et le bruit ; les jouets pour filles ont encore le plus souvent à voir avec les enfants. Les jouets sont le reflet du type de jeu auquel jouent les enfants et des différentes cultures dans lesquelles ils évoluent. Les jouets pour garçons sont plus souvent guerriers (Tortues Ninja, Transformers, Action Joe, Pokémon), alors que les jouets pour filles reflètent leur rôle plus coopératif et maternant (maisons de poupées, petits poneys, dînettes, etc).

Notre société et peut-être aussi notre nature innée contribuent énormément à la non-rencontre de ces deux cultures. Lors de la foire américaine du jouet, en 1993, on présenta quelque chose appelé *genderbender toys* (littéralement, des jouets tordant le cou à la différence des sexes), mais on aurait eu du mal à voir en eux quoi que ce fût de révolutionnaire.

Pour les filles, il y avait une sorte de Wonder Woman avec des cheveux longs et une silhouette à la Barbie. Son arme pour lutter contre le crime était une baguette magique qui lançait des bulles. Pour encourager les garçons à jouer avec des poupées, il y avait des « trolls de bataille » et des « trolls guerriers »...

Les pères ont une grosse tendance à renforcer chez leurs enfants l'utilisation de jouets « appropriés » au sexe de ceux-ci. Dans une étude menée au Texas, les chercheurs ont mis des garçons et des filles en présence de jouets et ont demandé aux uns et aux autres de jouer avec « les jouets pour filles » comme le ferait une fille et avec les « jouets pour garçons » comme le ferait un garçon. Puis, ils ont introduit les parents dans la pièce et ont observé s'ils participaient au jeu et aidaient leurs enfants ou s'ils réagissaient négativement en interférant ou en exprimant leur désagrément. Il est apparu que les pères manifestaient cinq fois plus souvent leur mécontentement lorsque les garçons jouaient avec des jouets pour filles que l'inverse. Les mères, elles, réagissaient de manière bien plus souple. Les deux parents semblaient mieux s'accommoder d'avoir une « garçonne » qu'un gars jouant à des jeux de fille[13].

Essayant d'être dans la « norme » actuelle, certains parents ont voulu inverser ces tendances. Les résultats sont parfois surprenants. Une mère nous a dit que lorsqu'elle a offert à son petit garçon de cinq ans des poupées, il les a organisées en bataillons et a mis en scène « la guerre des Barbie ». Une autre femme a donné à sa fille Jessica un assortiment de camions. Après une heure, elle est allée voir ce que Jessica faisait parce qu'aucun bruit ne provenait de la salle de jeux. À sa grande surprise, la petite fille « jouait à la maison » avec ses nouveaux camions. Elle avait créé une famille camion, avec un papa camion, une maman camion et des bébés camions...

Les interactions de Jessica avec sa famille camion sont particulièrement intéressantes parce que des études semblent montrer que le comportement maternant est à la fois un processus biologique et une activité apprise chez les femelles primates, à qui l'on doit montrer comment se conduire de manière maternelle envers leurs enfants afin de les materner correctement. Lorsqu'on prive les singes femelles de contact avec leur propre mère ou d'autres femelles durant les huit premières années de la vie, elles peuvent devenir violentes, voire meurtrières envers leurs propres bébés, et ce, quelle que soit l'action de l'ocytocine. Selon la psychologue Shelley Taylor, le comportement maternant chez les femmes « peut être basé sur l'ocytocine, mais médiatisé socialement, médiatisé par des fonctions cérébrales supérieures, ou une combinaison de ces trois processus [14] ». Quelle qu'en soit la raison, Jessica avait déjà assimilé son rôle de « maman »...

Les difficultés rencontrées par la firme Mattel pour baptiser une de ses nouvelles Barbie illustre les contradictions dans lesquelles on peut se trouver lorsqu'il s'agit de créer des jouets pour filles qui incluent la notion de pouvoir. Jill Barad, alors P-DG de la compagnie, aurait dit : « Nous l'avons d'abord appelée "Barbie P-DG", mais aucune fillette ne savait ce que voulait dire P-DG... Alors, nous avons voulu l'appeler "Barbie présidente", mais tout le monde pensait que ça voulait dire "présidente des États-Unis". Puis nous avons pensé à "Barbie patron", mais les filles disaient que ce n'était pas bien parce que les patrons peuvent ne pas être gentils. Finalement, nous avons passé un accord avec le magazine *Working Woman* et nous pensons que c'est le nom le plus approprié pour les enfants [15]. » La poupée s'appelle donc « Working Woman Barbie ». Remarquez la chute de Barbie, passée d'un puissant P-DG à quelqu'un dont la fonction est indéfinissable...

Renforcer l'identité sexuelle

Les jeunes enfants sont, bien plus tôt qu'on ne le pense, conscients du comportement approprié à leur sexe. Deux psychologues, Carol Nagy Jacklin et Eleanor Maccoby, ont montré que, dès l'âge de trente-trois mois, les enfants préfèrent jouer avec d'autres enfants du même sexe. Après avoir observé 100 enfants d'âge préscolaire dans des salles de jeu, elles ont constaté que ceux âgés de quatre ans et demi passent trois fois plus de temps avec des partenaires de jeu du même sexe qu'avec des partenaires du sexe opposé, même lorsqu'il s'agit de jeux « neutres » du point de vue de la différence des sexes. Quand les enfants atteignent l'âge de six ans et demi, ils passent onze fois plus de temps à jouer avec leurs amis du même sexe. Dans une autre étude plus récente, 36 % des enfants d'âge préscolaire considérés disaient qu'ils avaient des compagnons de jeu appartenant au sexe opposé. À la maternelle, ils n'étaient plus que 26 %. En CE1, les amitiés mixtes étaient pratiquement inexistantes[16].

Cette ségrégation des sexes intervient parce que les garçons et les filles ont des styles de jeu très différents. Ceux-ci proviennent peut-être des différences biologiques, mais aussi du fait que la socialisation, durant la prime enfance, ne s'effectue pas de la même façon chez les filles et chez les garçons. En outre, Maccoby a montré que les filles ont du mal à influer sur les garçons (par exemple pour qu'ils arrêtent de les embêter) avec leurs suggestions polies typiques, alors que les garçons changeront de comportement si d'autres garçons (mais pas des filles) leur en intiment l'ordre. La théorie de Maccoby est que les petites filles (tout comme les femmes adultes) ayant du mal à interagir avec des gens qui ne réagissent pas, elles laissent tomber les garçons en tant que compagnons de jeu.

L'effet global des groupes de jeu différenciés selon le sexe entre six et dix ans est de créer de puissants environnements de socialisation où les filles et les garçons sont acculturés de manière différente.

À six ou sept ans, les enfants ont des idées arrêtées sur l'identité sexuée : les filles et les garçons s'efforcent chacun de correspondre aux stéréotypes de leur sexe[17]. Maccoby pense que ces groupes de jeu « unisexe » font que les garçons et les filles grandissent dans des mondes essentiellement différents. C'est durant cette période que les comportements associés aux rôles sexuels se cristallisent sous la forme que l'on rencontre chez les adultes.

À quels jeux jouons-nous ?

Dans toutes les cultures, les enfants sont socialisés à la fois par les jeux auxquels ils jouent et par ceux ou celles avec qui ils jouent. Jean Piaget a décrit le jeu comme le creuset du développement social pendant les années de scolarisation. Le jeu permet aux enfants d'apprendre des leçons importantes sur la manière « appropriée » de se comporter en tant qu'adultes. Il serait un laboratoire nous permettant d'observer comment les enfants développent des compétences sociales et des identités sexuées.

Il est important d'établir une différence entre « jouer » et les « jeux ». Le premier est une interaction informelle, coopérative, sans but particulier, sans règles, sans scores, sans fin, sans stratégie pour gagner et sans gagnants et perdants. C'est comme lorsqu'on joue au Lego ou à la poupée. Un jeu, à l'inverse, est une interaction compétitive avec des règles claires, un but précis et un point final prédéterminé (deux mi-temps, trois sets, un score particulier). Dans un jeu, il y a toujours un gagnant et donc des perdants. Certaines activités, comme le vélo, peuvent être du jeu ou un jeu selon la manière dont elles sont organisées. Si vous vous promenez à vélo avec des amis, c'est du jeu, mais si vous décidez de faire la course jusqu'au coin de la rue, c'est un jeu [18].

Dans une remarquable série d'études menées au cours des années 1970, la psychologue Janet Lever a étudié de manière très précise en quoi différaient les activités des filles et des garçons. Pendant un an, elle a observé et interrogé près de 200 élèves de CM2 (âgés de dix à onze ans) durant la récréation, les séances de plein air et après l'école. Elle a aussi collecté des journaux d'enfants pour étudier comment ils utilisaient leur temps libre en dehors de l'école (ce qu'ils faisaient, combien de temps, et avec qui). Elle en a conclu que les enfants passaient 52 % de leur temps libre à jouer mais, comme on peut sans douter, qu'il y avait des différences nettes entre les sexes quant à la manière d'organiser les loisirs.

Janet Lever a trouvé que les garçons jouaient plus à l'extérieur que les filles. Leurs jeux préférés (basket-ball, baseball, football, cow-boys et indiens, gendarmes et voleurs, guerre) devaient se dérouler dehors parce qu'ils nécessitent plus de place. Ainsi, en s'éloignant de la maison, les garçons découvrent l'indépendance. Les filles, quant à elles, préféraient jouer avec leurs poupées ou à des jeux de société, qui se jouent plutôt à l'intérieur de la maison. En raison de la nature des jeux auxquels ils s'adonnent, les enfants jouent souvent en bandes. Même lorsque les filles jouaient dehors, leurs groupes étaient plus petits que ceux des garçons. Les types de jeux auxquels jouaient les filles (marelle, corde à sauter, chat) n'exigent pas un grand nombre de participants, mais le plus important, c'est que les filles préféraient jouer à deux – avec une meilleure amie qu'elles apprenaient à connaître intimement. Pour Janet Lever, les activités des filles à l'intérieur de la maison étaient des « affaires privées », alors que les jeux des garçons étaient « publics » et susceptibles d'être surveillés.

Les garçons étudiés par Lever jouaient aussi dans des groupes plus hétérogènes. Ils avaient beau préférer des enfants de leur âge, ils risquaient davantage d'inclure de jeunes joueurs, selon la règle qui veut qu'« il vaut mieux un gamin pour les postes dont personne ne veut que pas de joueur du tout ». Les garçons plus jeunes essayaient d'être à la hauteur des plus grands et apprenaient « à accepter leurs blagues, à ne pas exprimer de frustration, le risque étant de ne plus être conviés à jouer ». Les rares fois où Lever a observé les petites filles de dix ans jouer avec des filles plus petites, âgées de cinq ou six ans, les premières traitaient les secondes comme des poupées vivantes et adoptaient vis-à-vis d'elles des comportements maternants.

Enfin, les filles étudiées par Lever étaient plus susceptibles de jouer à des jeux de garçon que l'inverse. Lorsque les garçons se joignaient aux filles, c'était en général pour les interrompre et les déranger.

Jouer les uns contre les autres, jouer à tour de rôle

Janet Lever a observé que les garçons jouaient bien plus à des jeux de compétition que les filles : 65 % des activités des garçons étaient des jeux formels, 35 % seulement chez les filles. « Les filles jouaient plus que les garçons, et ceux-ci s'adonnaient davantage à de véritables jeux », explique-t-elle [19]. Les jeux compétitifs sont organisés en fonction d'une hiérarchie : il y a des entraîneurs, des équipes, des capitaines (souvent choisis par les enfants eux-mêmes en raison de leurs mérites), des joueurs vedettes, des joueurs moyens et des remplaçants. Les enfants interagissent principalement dans de tels sports sur un mode conflictuel : ils luttent avec leur équipe pour être les meilleurs.

L'anthropologue Alan Dundes pense que tous les sports et tous les jeux reposent sur un thème qui « implique une compétition exclusivement mâle dans laquelle un mâle démontre sa virilité, sa masculinité aux dépens d'un autre opposant mâle [20] ». Certains garçons sont plus forts et/ou plus habiles que d'autres – c'est comme ça – et les garçons apprennent à accepter leur statut dans la hiérarchie. « Quand j'étais jeune, raconte un cadre dirigeant de AT&T, je savais toujours quelle était ma place dans l'ordre hiérarchique. » Selon lui, cela libérait son espace mental et lui permettait, en cessant de se battre pour son rang, de jouer au jeu.

Eleanor Maccoby insiste sur l'importance des groupes de pairs mâles en tant que cadres dans lesquels « les garçons découvrent ce qu'il faut faire pour préserver leur rang dans la hiérarchie mâle [21] ». Que se passe-t-il durant ces jeux ? La plupart du temps, les garçons s'entraînent à être de « puissants » rivaux, préparant peut-être la vie qu'ils mèneront lorsqu'ils seront adultes. Le psychologue Robert Weiss décrit comment les garçons apprennent à garder leur statut hiérarchique dans l'environnement du jeu : « Les pairs sont les meilleurs vecteurs des valeurs. Les garçons d'âge légèrement supérieur à celui de la maternelle apprennent les uns avec les autres, dans des jeux et dans des sports plus ou moins organisés, à condamner les tricheurs et les frimeurs, les maladroits et les incompétents, les lâches et les égocentriques. En se confrontant à d'autres petits garçons, ils apprennent à affronter l'agressivité, à vaincre la peur – ou du moins à la cacher –, à se défendre. Dans le monde des petits garçons, ils apprennent la rudesse. Ils apprennent à ne pas pleurer quand leurs sentiments sont malmenés... Ils apprennent à ne pas chercher de mauvaises excuses à de mauvaises performances, à ne pas demander de l'aide. Ils apprennent à ne pas parler de leurs incertitudes ni de leurs peurs, sauf, peut-être, si c'est un moyen de les surmonter[22]. »

Les filles n'apprennent pas cela, bien au contraire. Quand on joue à la poupée, il n'y a pas de joueur vedette ni d'entraîneur. Dans leurs jeux à deux avec leur meilleure amie, les filles jouent à la « relation ». Elles préfèrent l'intimité et la réciprocité dans leurs activités ludiques : au lieu de chercher à cacher leurs sentiments, le partage de secrets crée des liens étroits et est une marque d'amitié. Les filles collaborent à l'élaboration des jeux et prennent plaisir à entretenir des liens émotionnels. La divulgation d'un secret peut conduire à une rupture, mais si une fille se fait mal et pleure pendant le jeu, elle devient rapidement le centre d'intérêt d'un groupe concerné et attentif de coéquipières[23]. Dans les jeux de filles, le pouvoir est partagé à égalité : personne n'essaye de faire mieux que les autres.

Le conflit est un élément intrinsèque à la compétition. Il signifie un désaccord. L'amitié, au contraire, c'est l'harmonie. Puisque jouer à la « relation » est une composante centrale de la culture des femmes, le conflit doit être évité. Il malmène les amitiés. En conséquence, lorsque des filles se disputent, on insiste pour qu'elles se « réconcilient » et soient « gentilles ». C'est un langage codé qui veut dire : « Évitez le conflit à tout prix. » Une mère surnommait sa fille, quand celle-ci donnait des ordres à ses amies, « Madame la vache donneuse d'ordres ». Lorsqu'on lui a demandé comment elle appellerait son fils s'il faisait la même chose, elle a répondu : « Un chef naturel, bien sûr. » Soudain, cette femme s'est aperçue qu'elle appliquait un autre système de mesure à sa fille, et cela l'a choquée.

Les filles grandissent avec un ensemble de règles différent de celui des garçons : le pouvoir, chez elles, est toujours partagé de manière strictement égale. Même lorsqu'elles jouent à des jeux intrinsèquement compétitifs, comme la marelle ou le saut à la corde, elles ne sont pas en compétition les unes avec les autres. Ce sont des jeux où chacun joue « à tour de rôle », sans but explicite, stratégie pour gagner, ni terme convenu. Au saut à la corde, par exemple, chaque fille attend patiemment son tour et, lorsque les joueuses sont fatiguées ou qu'il faut arrêter, on compare les résultats. Le succès de l'une ne signifie pas nécessairement l'échec de l'autre, comme cela serait le cas dans une compétition directe, où il y a toujours un gagnant et un perdant.

Les femmes sont attirées par des situations « où tout le monde gagne », car ainsi les relations restent intactes. Cette pratique du « jeu à tour de rôle » et de la compétition indirecte peut avoir son importance lorsque les filles grandissent et, comme nous le verrons, entrent dans le monde du travail.

Chez les filles, il est bien plus important d'être « populaire » que de gagner. En fait, se vanter de ses performances est le meilleur moyen de se retrouver sans amies, isolée des autres. Parce que les filles accordent une grande valeur à l'intimité avec d'autres filles, l'ostracisation est particulièrement douloureuse. Dans la culture des femmes, la popularité et l'intimité sont des marques de statut : elles sont plus importantes que la réussite ou la performance. Dans la culture mâle, la position occupée dans la hiérarchie est primordiale.

Revenons un instant à l'étude de Janet Lever. Le plus intéressant est probablement sa découverte que les jeux des garçons durent plus longtemps que ceux des filles. Elle n'a pas été le témoin d'une seule activité entre filles, même pendant les récréations, qui durât plus de quinze minutes. En revanche, il était courant que les jeux entre garçons durent la totalité des vingt-cinq minutes de récréation.

Pourquoi ? Lever a proposé plusieurs réponses à cette question, dont certaines peuvent nous aider à comprendre les conflits entre femmes au travail. Les jeux des garçons comportent des règles nombreuses et précises. Il sont donc plus complexes que ceux des filles. À cause de ces règles, les garçons se disputent souvent entre équipes adverses, notamment pour des questions de procédure. Janet Lever a constaté qu'ils étaient capables de régler efficacement ces désaccords. Certes, ils discutaient tout le temps, mais aucune partie ne se terminait à cause d'une dispute : le principal objectif était de garder la balle en jeu. Si la dispute était vraiment forte, les garçons décidaient en général de rejouer la partie. Dans l'une des écoles où Lever menait ses recherches, un professeur d'éducation physique remarqua que les garçons semblaient apprécier ces débats autant que la partie elle-même et que les plus âgés servaient de modèles aux plus jeunes quant à la manière de résoudre ce type de querelle.

Durant les jeux de compétition, les garçons font concrètement l'expérience de la résolution des conflits. Cet apprentissage social leur permet aussi de développer les capacités organisationnelles nécessaires à la coordination de l'activité simultanée de plusieurs personnes [24]. « Un garçon et son meilleur ami se retrouveront souvent dans des équipes adverses, écrit Janet Lever. Ils doivent trouver le moyen de résoudre les disputes, de sorte que celles-ci ne s'enveniment pas au point de remettre en cause leur relation. Les garçons apprennent à "dépersonnaliser l'attaque". Non seulement ils sont en concurrence avec des amis, mais ils doivent aussi coopérer avec des équipiers que peut-être ils n'aiment pas. Ces compétences interpersonnelles ont de toute évidence une grande valeur dans le contexte d'une entreprise [25]. »

Les filles ne font pas, loin s'en faut, l'expérience de la résolution des conflits lorsqu'elles jouent « à tour de rôle ». Si une dispute éclate, le jeu s'arrête aussitôt. Personne ne cherche de solution au problème. Pour la plupart des filles, le but d'un jeu comme la marelle n'est pas de gagner, mais d'interagir. Le jeu sert de prétexte, car il s'agit avant tout de parler et de partager ses sentiments. Comme d'autres l'ont fait remarquer, si le jeu s'arrête, il peut y avoir des larmes, des menaces (« je ne serai plus ton amie »), des contre-menaces, des bouderies [26]. Dans l'étude de Janet Lever, certaines filles se plaignaient que leurs amies « ne pouvaient pas résoudre des questions aussi simples que la constitution des équipes, le choix du capitaine ou de l'équipe qui commence, voire le jeu même auquel elles allaient jouer [27] ! » Ayant beaucoup moins que les garçons l'expérience de la compétition, elles n'avaient pas acquis les capacités nécessaires pour faire face à un conflit direct. Dans des travaux ultérieurs sur la complexité du jeu, Lever a observé que « le style de compétition [entre filles] est indirect plutôt que face à face, individuel plutôt que collectif. Personne ne joue le rôle du chef, ou alors par hasard [28] ».

Les filles pensent moins que les garçons en termes de victoire ou de défaite. Elles ont pourtant des moyens spécifiques d'affronter cette dernière. Selon John Gottman, au lieu de cacher ou de supprimer leurs émotions comme le font les garçons, elles « s'encouragent mutuellement à exprimer directement leurs angoisses, puis adoptent un rôle parental, réconfortant, et s'apaisent avec des mots d'amour, de loyauté et d'affection[29] ».

Les garçons apprennent que lorsqu'une partie est finie, elle est finie. Parce qu'ils savent comment « dépersonnaliser l'attaque », après avoir cherché à se détruire sur le terrain de sport, ils vont boire un coca ensemble. Mais pour les filles, la partie n'est jamais finie. Si un conflit s'est produit en cours de jeu, il ne sera pas facilement pardonné ni oublié. Dans une étude sur le jeu chez les préadolescentes, Marjorie Harness Goodwin a montré que des filles réprouvant fortement le comportement d'une de leurs amies ont exercé un contrôle social des plus extrêmes en l'ostracisant pendant six semaines[30].

À l'âge adulte, la dynamique de ces situations change peu. Deux femmes ayant eu un vif désaccord au cours d'une réunion s'en vont rarement déjeuner ensemble bras-dessus bras-dessous après celle-ci. L'animosité demeure. Chez les hommes, au contraire, habitués à vivre dans un monde de compétition, de tels affrontements sont rapidement oubliés car ils font « partie du jeu ». Ce n'est pas personnel, c'est du business, pensent-ils.

L'école

La socialisation des filles, à qui l'on apprend à être « gentilles », « non compétitives », et à « éviter les conflits » dès la petite enfance, puis à l'école et dans le quartier, peut avoir un impact sur leur réussite sociale. En troisième, Susan Heim obtint une bourse pour aller continuer ses études dans un prestigieux lycée de filles. C'était une bonne nouvelle, mais Susan en fut mal à l'aise. D'un côté, elle et ses parents étaient très heureux de la bourse, mais de l'autre elle avait peur d'être mal perçue par ses anciennes camarades, de devenir moins populaire auprès d'elles, parce que les filles penseraient qu'elle était plus intelligente qu'elles. Pour atténuer cette perception, Susan commit délibérément des erreurs lors des interrogations écrites.

L'identité sexuée de l'enfant se renforce à l'école lorsqu'il constate que des professeurs agissent différemment avec les garçons et avec les filles. Dans l'environnement scolaire, les filles en apprennent sur la « place » qui leur est assignée. Par exemple, si elles s'expriment, si elles sont trop véhémentes, catégoriques, voire agressives, en cherchant à s'informer et à réussir ou en rejetant certaines explications, si elles se battent pour qu'on entende leurs réponses, alors elles peuvent être considérées comme des « frimeuses autoritaires », « déplaisantes » et « non féminines ». Cela les encourage malheureusement à cacher leurs capacités et leurs centres d'intérêt et à éviter la compétition.

Ce type d'éducation peut commencer dès la maternelle. Un article du *Wall Street Journal* dressait récemment la liste des récompenses accordées aux élèves d'une école maternelle[31]. Voici :

PRIX POUR LES GARÇONS

Le meilleur penseur
La plus grande soif d'apprendre
Le plus d'imagination
Le plus enthousiaste
Le plus scientifique
Le meilleur ami
« Monsieur Caractère »
Le plus travailleur
Le meilleur sens de l'humour

PRIX POUR LES FILLES

La plus mignonne de toutes
La personnalité la plus charmante
La plus délicieuse
La plus partageuse
La meilleure artiste
Le cœur le plus noble
Les meilleures manières
La meilleure aide
La meilleure créatrice

Dans cette école-là, les filles ne sont pas récompensées pour leur pensée, leur travail, leur capacité à apprendre ou leur esprit scientifique. C'est plutôt leur capacité à coopérer et à s'intéresser aux autres qui est soulignée (ce ne sont évidemment pas des traits négatifs, mais il n'y a là rien qui puisse aider les femmes à réussir professionnellement). À l'école primaire, les filles sont souvent récompensées pour leur réussite dans des domaines périphériques à celui de l'apprentissage, par exemple la plus belle écriture ou la personnalité la plus conviviale. Les enseignants et les autres adultes leur donnent l'impression fausse que la propreté ou la convivialité leur seront utiles dans le monde : une personne agréable évite les affrontements et ne fait pas de vagues.

Une étude fascinante portant sur plus de 100 élèves de CM1, CM2 et sixième, menée par Myra et David Sadker, a montré que « dans toutes les classes, dans toutes les communautés et dans tous les domaines, les garçons dominent la communication à l'intérieur de la classe[32] ». Les chercheurs ont étudié la manière dont les enseignants réagissaient aux élèves qui répondaient à leurs questions. Si un garçon s'exprimait sans l'autorisation du maître, sa réponse était admise, mais si c'était une fille, on lui enjoignait de lever le doigt avant de parler. Selon les Sadker, le message transmis aux deux sexes était que « les garçons doivent être entreprenants dans le domaine du savoir et chercher à attirer l'attention du professeur, tandis que les filles doivent se conduire comme des dames et être bien sages ». Ces enseignants véhiculaient les valeurs féminines typiques de notre culture : les filles obéissent aux règles, attendent leur tour, restent polies – les valeurs typiquement masculines étant la compétitivité verbale, l'agressivité et l'impolitesse. Une importante étude commandée en 1992 par l'Association américaine des femmes universitaires et portant sur les différences sexuelles en matière d'éducation a montré que, de manière involontaire mais systématique, les professeurs traitent moins bien les filles. Ils forcent les garçons à résoudre eux-mêmes les problèmes qu'ils n'ont pas compris, mais ils donnent aux filles la solution, surtout en mathématiques et en sciences, matières où les filles sont censées être moins douées que les garçons (cette idée est fausse, comme de nombreuses études l'ont démontré).

Question discipline, les enseignants ont aussi tendance à être moins sévères avec les filles. Résultat, plus souvent la cible de critiques (et nous parlons pas de celles, intenses, qu'ils subissent de la part de leur entraîneur lorsqu'ils font un sport d'équipe), les garçons développent mieux la capacité à y faire face une fois qu'ils sont devenus adultes. À l'école, donc, les garçons reçoivent un feedback bien plus précis que les filles. Celles-ci ne sont pas habituées aux critiques et, comme elles n'ont pas vraiment appris à les gérer ou à les rendre fécondes, elles les prennent pour des attaques personnelles et s'effondrent quand, devenues adultes, elles reçoivent un feedback négatif.

N'allez pas croire que ce traitement différencié prend fin avec l'enfance. Une étude réalisée au début des années 1990 dans un lycée par Catherine B. Krupnick, chercheure à la Harvard School of Education, a montré, sur la base de milliers d'heures d'enregistrements vidéo de discussions en cours, que les professeurs prennent plus au sérieux les intervenants mâles, permettant à ceux-ci de dominer les cours. D'autres études ont montré que les professeurs se souviennent mieux des noms des étudiants de sexe masculin, qu'ils leur donnent la parole en classe et qu'ils accordent de la valeur à leurs questions. Ces mêmes professeurs se sentent libre d'interrompre les femmes et de leur poser des questions « d'ordre inférieur », par exemple la date d'un événement plutôt que sa signification [33].

Les manuels scolaires influencent également la manière dont les enfants se situent eux-mêmes par rapport à leur environnement. À notre époque, il y a quelques décennies, les livres d'histoire et de lecture comportaient moins de représentations de femmes que d'hommes et ces derniers étaient le plus souvent représentés dans des positions de dirigeants et de professionnels. Les femmes avaient, quant à elles, une dominante maternante (mère, maîtresse d'école, infirmière). On pense aujourd'hui que les manuels scolaires d'autrefois nous ont inculqué la croyance que les hommes dirigent le monde et que les femmes les suivent, que les hommes prennent les décisions familiales et que les femmes ont surtout une fonction d'apaisement.

Actuellement, les manuels présentent une vision beaucoup

plus équilibrée des rapports sociaux de sexe, décrivant une grande variété de situations familiales et de personnages féminins susceptibles de servir de modèles. Reste à voir si ces livres influenceront les générations futures.

Sur le terrain de sport et en salle de cours, il existe un subtil renforcement du comportement « approprié » chez les garçons et les filles. Ces normes différentes améliorent les capacités des garçons à affronter la compétition et le pouvoir, mais atténuent ce trait chez les filles.

Les enfants et le pouvoir

De nombreuses études montrent que les enfants ont des idées très arrêtées sur la manière dont les hommes et les femmes puissants « devraient » se conduire et sur l'identité de la personne qui « devrait » contrôler les interactions entre eux. Ainsi, des enfants à peine âgés de deux ou trois ans comprennent que « les filles ne mordent pas, mais les garçons aiment se battre » et que « les garçons seront les chefs quand ils seront grands [34] ». De même, des enfants âgés de cinq ans savent que « les femmes sont censées être douces et affectueuses et les hommes agressifs et dominants [35] ».

La société, dans les stéréotypes qu'elle véhicule, n'attend pas des femmes qu'elles adoptent un comportement compétitif et utilisent directement le pouvoir. Dans une étude portant sur des élèves de CM2, la psychologue Dorothea Braginsky a demandé à des groupes de garçons et de filles de faire manger à un de leurs pairs plusieurs gâteaux préalablement imbibés de quinine, dont le goût est très amer [36]. S'ils réussissaient, ils étaient récompensés par une pièce de monnaie pour chaque gâteau consommé. Les garçons qui réussissaient bien manipulaient leurs pairs en utilisant le mensonge dans une approche directe et agressive. Ils étaient, selon Braginsky, « moins soucieux de leurs rencontres futures que de leur succès immédiat » et leurs méthodes étaient « rudes ». Quant aux filles, elles agissaient de façon beaucoup plus indirecte, faisant appel à « une méthode subtile, évasive, de gestion de l'impression ».

Beaucoup de ces filles utilisaient une technique que Braginsky appelle « un pot de vin de partage » : elles révélaient la consigne de l'expérimentateur et proposaient à leur camarade de partager l'argent si celle-ci mangeait les gâteaux. Pour Braginky, il s'agit d'une manipulation négative (ces filles ne proposaient jamais de partager l'ingestion des gâteaux et glissaient discrètement sur le fait qu'elles garderaient la moitié de l'argent). Nous pensons, quant à nous, que les filles avaient trouvé là un moyen non agressif de créer une situation leur permettant de gagner à coup sûr et de préserver leurs relations. Selon Braginsky, ces filles « émergeaient de la situation en ayant gagné la confiance et l'amitié de la cible [la camarade de classe] ». Chose intéressante, les filles qui essayaient de faire manger les gâteaux à leurs pairs en utilisant les méthodes plus agressives des garçons ne réussissaient pas.

Ces recherches impliquent que les femmes qui emploient des stratégies coercitives de pouvoir – elles sont par exemple autoritaires ou très directes – rencontrent souvent des résistances auprès des autres femmes. Avec les filles et les femmes, les méthodes indirectes sont généralement plus efficaces.

Pour la psychologue Diane Carlson-Jones, « la différence essentielle entre les garçons et les filles est la perception de ceux qui détiennent le pouvoir. Les garçons acceptent sans difficulté ceux qui occupent les positions élevées, alors que les filles rejettent les puissants ». Cherchant la raison de cette différence, elle a supposé que les garçons agissaient avec agressivité pour se conformer aux attentes de la société envers leur sexe. Mais la même chose ne saurait être vraie des filles : leur agressivité est contraire aux normes. « Pour les femmes [...] seul le style de pouvoir indirect est sanctionné socialement ; le style agressif est de moins en moins une option pour elles, rien ne vient jamais le renforcer. Quelle que soit la tranche d'âge envisagée, l'agressivité est sanctionnée par un rejet affectif[37] ». Ce rejet est ce qu'elles désirent le moins, puisqu'elles recherchent avant tout la relation. Dès lors, il n'est pas surprenant que les femmes aient tendance à redouter le pouvoir.

Ravaler sa modestie

Parce qu'elles ont été socialisées pour éviter le conflit, la compétition et l'agressivité, les filles ont tendance à critiquer et à rejeter celles qui adoptent à leurs yeux un comportement compétitif. Une fille qui donne l'impression, par ses faits et gestes, de se sentir supérieure, ou qui met en avant ses succès, ou encore qui entre trop vigoureusement en compétition avec ses amies, risque d'être rejetée [38]. Notre société enseigne aux filles la « modestie ». Ainsi, Deborah Tannen souligne qu'elles apprennent très vite qu'un air trop assuré produit un effet négatif sur leurs pairs [39]. Tannen cite l'anthropologue Marjorie Harness Goodwin, qui montre que des groupes de filles en train de jouer pénaliseront, voire ostraciseront, toute fille ayant l'air trop sûre d'elle. Elles utiliseront des expressions comme : « Elle se trouve maline », ou : « Pour qui se prend-elle ? »

Ce type de réprobation n'est pas l'apanage exclusif des enfants. Un adulte aussi critiquera une fillette trop confiante, vantarde. Deborah Tannen raconte l'histoire de Heather DeLoach, une petite fille de dix ans devenue célèbre en faisant des claquettes déguisée en abeille sur de la musique pop. Dans une interview pour un magazine, Heather avait dit : « Je suis très talentueuse. Je pense que la première fois que le directeur m'a vue, il m'a aimée. Je fais tout pour être actrice et je suis vraiment géniale. Je suis la seule et unique fille abeille. » Une lectrice du magazine écrivit en réaction : « La petite Heather devrait cesser d'être une petite abeille bourdonnante et commencer à être une petite abeille modeste [40]. »

On demande aux filles d'être humbles. Elles apprennent à fuir les feux de la rampe et minimisent leurs capacités, insistant plutôt sur ce qui, dans leur comportement, les rend banales. Cette « banalisation » des filles vaut pour les femmes de tous âges et en toute circonstance. Dans un concours de beauté pour adolescentes, durant l'épreuve des « questions-réponses », deux présentatrices ont remarqué que l'une des concurrentes avait répondu d'une manière qui donnait le sentiment qu'elle était « trop sûre d'elle ». Elles avaient été surprises parce qu'« elle n'avait pas du tout l'air d'être comme cela jusqu'à ce moment ».

Bombardées en permanence par des micromessages comportementaux de ce type, les femmes apprennent qu'agir avec assurance peut leur nuire à long terme – y compris dans les concours de beauté, où elles sont jugées sur leur pose, manière féminine, justement, d'exprimer de l'assurance...

Apprentissage social et conflits entre femmes

Nous avons vu comment les filles sont élevées pour développer des relations intimes avec leurs amies proches et préserver ces relations coûte que coûte. Elles apprennent à être douces, aimantes et interdépendantes. Encouragées à être empathiques et modestes, elles intègrent la croyance que le pouvoir est une mauvaise chose. On leur apprend à partager des secrets avec leurs meilleures amies et à s'attendre à être réconfortées par celles-ci en cas de malheur. On leur enseigne qu'elles doivent attendre leur tour, qu'il s'agisse de jouer ou de répondre en classe à une question. On leur apprend aussi à ne pas se battre – mais on ne leur dit pas quoi faire de leur colère rentrée si elles estiment avoir été blessées. Elles n'apprennent pas non plus à gérer les disputes entre elles. On leur apprend à ne pas être en compétition, à ne pas parler fort, à ne pas attirer l'attention et, surtout, à ne jamais agir comme si elles avaient du pouvoir, faute de quoi les autres filles ne les aimeront pas, voire les rejetteront.

Les garçons apprennent une leçon très différente : comment survivre dans une hiérarchie. Ils sont habitués à l'expérience du conflit et à des degrés divers de pouvoir interpersonnel. Ils sont habitués aux comportements agressifs, physiques, et s'ils ne savent pas forcément exercer le pouvoir sur d'autres, du moins ont-il appris à disputer leur position contre d'autres. Les garçons ont une longue expérience de la gestion des disputes et des conflits, et ils sont capables de se détacher personnellement lorsqu'ils sont attaqués.

Le produit de ces deux mondes est sans surprise : les garçons et les filles, les hommes et les femmes, ont tendance à entretenir différents types de rapports avec autrui. Les hommes sont amicaux envers leurs pairs, alors que les femmes développent des amitiés profondes et durables. Si elles sont amies, elles le sont partout, dans leur vie privée comme au travail. L'amitié entre hommes peut varier selon les circonstances. Au début d'un atelier, nous avons demandé aux hommes ce qu'ils avaient appris grâce aux sports collectifs qu'ils pratiquaient lorsqu'ils étaient enfants. L'un d'eux s'est exclamé : « La loyauté ! La loyauté envers l'équipe ! » Quand on lui a demandé comment il réagirait si on le faisait passer dans une autre équipe, il a répondu sans sourciller : « La loyauté envers la nouvelle équipe. »

Les amitiés féminines profondes et durables sont une partie merveilleuse et enrichissante de ce qu'être femme veut dire. Hélas, elles peuvent aussi contribuer à la survenue de crêpages de chignon. Un homme peut avoir une prise de bec avec un collègue et tout oublier dès la fin de la dispute, mais nous, les femmes, nous oublions rarement une blessure. Les relations sont tout simplement trop importantes pour nous.

Les hommes sont capables de régler leurs différends en faisant peser leur pouvoir dans une dispute, comme lorsque deux chimpanzés mâles se toisent en faisant du bruit, en se regardant, le torse bombé, voire en essayant de donner un coup. Une fois que la confrontation est terminée, les deux joueurs se retrouvent sur le même terrain. Mais ce type de jeu de pouvoir ne fonctionne pas entre femmes : elles n'ont pas été socialisées pour le faire et n'y sont pas habituées. Elles prennent les manifestations de pouvoir à un niveau bien plus personnel que les hommes. Une femme qui laisse entendre qu'elle est meilleure qu'une autre ou qui exerce son pouvoir sur cette personne ruine à brève échéance la relation. La « pose du pouvoir » fait partie du quotidien des hommes, mais une femme qui bombe le torse se fera rapidement traiter de « garce ». C'est à cela que nous allons maintenant nous intéresser.

CHAPITRE V

Des « garces » : l'agression indirecte

Dans une interaction féminine, si l'une des deux femmes ignore ou viole la règle du partage équilibré du pouvoir, l'autre peut en ressentir de la colère. Il lui faut répliquer. Elle cherche à rééquilibrer le pouvoir dans la relation, mais que fait-elle de sa colère ? Quand les filles grandissent, on leur apprend à privilégier le relationnel et à le préserver coûte que coûte, à éviter les conflits, à être « gentilles ». Elles ont rarement l'occasion de pratiquer la résolution des conflits ou la dépersonnalisation des attaques. Comment une femme adulte est-elle censée exprimer la frustration et le sentiment de trahison qu'elle éprouve lorsqu'une autre femme la blesse ou viole la Règle ? Que doit-elle faire de sa colère naturelle ?

Les femmes et l'agression indirecte

La colère s'exprime généralement par des comportements agressifs. Ceux-ci peuvent être directs, explicites et physiques : cris, jurons, vols, gifles, coups de poing ou de pied, poursuites, bousculades, croche-pieds. Ils peuvent aussi être encore plus violents, voire mortels. L'agression n'est pas la colère, mais c'est le comportement qui lui est le plus étroitement associé et qui en découle. On a l'intention de blesser physiquement ou émotionnellement une autre personne[1].

Mais la colère peut également s'exprimer par un comportement agressif indirect et masqué : on raconte des mensonges, on fait courir des rumeurs, on insinue, on divulgue des secrets, on tourne le dos, on boude, on snobe, on sabote et détruit le bien d'autrui, on exclut ou ostracise, on refuse de regarder l'autre dans les yeux, on fait comme si cette personne n'existait pas, on lui fait des grimaces ou des gestes insultants... Tous ces comportements sont caractéristiques du crêpage de chignon.

De prime abord, on pourrait penser que les femmes évoluent dans le registre de l'agressivité indirecte et les hommes dans celui de l'agression directe. Nous associons les commérages et les cliques aux femmes, les jurons et les coups de poing aux hommes. Mais ce stéréotype correspond-il à la réalité ? Les femmes seraient naturellement moins agressives que les hommes ?

Longtemps, les scientifiques l'ont pensé. Ils estimaient que le sexe masculin était le plus violent. Eleanor Maccoby et Carol Nagy Jacklin, deux psychologues spécialistes du développement des rôles sexuels, l'affirmaient dans les années 1970 et divers travaux semblaient leur donner raison[2]. L'un d'eux, en 1977, portait par exemple sur des enfants élevés dans un kibboutz, où les différences entre les sexes sont volontairement atténuées. Il montrait que les garçons avaient dans l'ensemble plus tendance au désordre, à la violence, aux injures et à divers autres comportements conflictuels comme le fait de prendre le jouet d'un autre enfant[3]. Nous avons vu que cette attitude relevait d'un excès de testostérone, hormone associée chez les mâles – humains et animaux – à l'hostilité et à l'agressivité[4]. Cette représentation des garçons est si courante qu'elle est pour ainsi dire devenue proverbiale.

Toutefois, dans une étude transculturelle portant sur des enfants en Europe, en Amérique du Nord, au Proche-Orient et en Asie, la chercheuse Kak Björkqvist a montré que, partout dans le monde, les filles comme les garçons font preuve de comportements agressifs. Chez des enfants âgés de moins de trois ans, il n'existe pas de différences significatives entre l'agressivité des mâles et celle des femelles. « Avant d'avoir acquis la langage, ils ont leur corps, explique Björkqvist. Par le biais de celui-ci, ils peuvent être agressifs – et c'est ce qu'ils font, c'est comme cela qu'ils sont[5]. » Quiconque a élevé des enfants des deux sexes sait parfaitement que les petites filles sont capables de mordre, de donner des coups de pied, de pincer, de frapper et de bousculer. Quand elles se sentent frustrées, les petites filles peuvent se comporter aussi agressivement que des garçons. « Bien sûr que les filles sont agressives, écrit Natalie Angier. Elles sont vivantes, non ? Ce sont des primates. Ce sont des animaux sociaux. Donc, oui, les filles aiment bien jouer à la poupée Barbie, mais fais donc un faux-pas, frangine, et pif paf, ta "Barbie dentiste" se retrouvera à la poubelle, vêtements déchirés, avec des marques de dents sur ses nichons[6]. »

Les femelles ont donc, comme les mâles, des comportements agressifs directs. Réciproquement, les mâles, comme les femelles, développent des tendances à l'agression indirecte. On peut même dire que celle-ci fait partie de notre développement normal. En l'absence de capacités verbales, Björkqvist souligne, on l'a vu, que les enfants des deux sexes sont susceptibles d'utiliser des moyens physiques pour exprimer leurs sentiments. Ensuite, avec le développement du langage, les jeunes font appel aux épithètes d'oiseaux, aux cris, aux injures et autres agressions verbales pour faire passer leur message. Le raffinement des compétences sociales à mesure que les enfants grandissent « leur donne la possibilité de développer un troisième niveau de stratégies agressives, l'agression indirecte, en utilisant le réseau social en tant que moyen de faire du mal à la cible de l'agression[7] ». Lorsqu'ils atteignent l'âge adulte, si on laisse de côté la violence domestique et la violence en bande, la plupart des hommes et des femmes adoptent cette approche plus détournée, et c'est une bonne chose : il y aurait sinon beaucoup plus de sang dans les rues, les usines… et les salles de conseil d'administration.

L'influence de la socialisation

Outre une maturation vers un comportement agressif indirect plutôt que direct, les filles sont fortement, voire agressivement découragées de laisser libre cours à leur colère de manière physique. C'est la marque du pouvoir de la socialisation. Non seulement on n'enseigne pas aux femmes à se battre de manière offensive – ce qu'elles ont pourtant, d'un point de vue biologique, la capacité de faire –, mais on leur apprend rarement à se battre défensivement[8]. Le pouvoir de la socialisation est tel que, nous l'avons vu au chapitre précédent, les fillettes de trois ans sont persuadées qu'une fille ne mord pas et qu'un garçon aime se battre. À ce moment, le processus de socialisation a déjà marqué de son empreinte les systèmes de croyance et de comportement de ces jeunes enfants.

CE QU'ÊTRE FILLE VEUT DIRE

Dès toutes petites, les filles apprennent qu'elles ne doivent pas se conduire comme des « garces ». La liste des préceptes et « devoirs » qu'on leur inculque au fur et à mesure qu'elles grandissent est longue ; en voici dix.

1. Les relations sont fondamentales, alors fais ce qu'il faut pour les préserver.
2. Soyez gentilles. Entendez-vous bien. Faites attention les unes aux autres. N'oubliez pas, que nous sommes toutes dans le même bateau.
3. Évite à tout prix les conflits : tes relations en souffriraient.
4. Les filles ont besoin d'un contact verbal : soyez donc proches les unes des autres. Les secrets sont importants. Partage-les avec ta meilleure amie.
5. Ne frappe jamais personne. Ne fais jamais de mal à quiconque.
6. Fais passer les besoins des autres avant les tiens.
7. La compétition est source de conflits, il faut donc éviter la compétition directe.
8. Ne prends jamais plus que ta « part », qu'il s'agisse de bonbons, d'attention, de vêtements, de beauté, de garcons.
9. Ne frime pas. Ne te vante jamais de tes succès ni de tes atti-

tudes positives. N'agis jamais comme si tu valais mieux que les autres.

10. Ne bouscule pas les autres filles. Ne te comporte pas comme si tu étais responsable.

Notre société réprouve fortement les femmes qui ne répugnent pas à la confrontation. En général, les filles plutôt agressives vivent mal ce penchant et préféreraient être moins dominatrices [9], alors que l'agressivité chez les mâles est valorisée à un point tel qu'elle est devenue la marque du courage. Dans notre société, l'agressivité féminine est considérée comme un signe pathologique [10] ; il n'est donc pas vraiment surprenant que la plupart des filles et des femmes essayent de la dissimuler. Des entretiens avec 60 femmes de tout niveau social ont permis à la psychologue Dana Crowley Jack de mettre en évidence deux facteurs qui conduisent les femmes à dissimuler leur agressivité : la manière dont elles ont été socialisées ; les préjugés culturels concernant la non-agressivité féminine. Les deux tiers des personnes interrogées ont dit qu'elles avaient appris à éviter les conflits agressifs en observant leur mère [11]. Essentiellement en raison de la socialisation, déjà en CE2 les garçons frapperont trois fois plus souvent que les filles quelqu'un qui les a mis en colère.

La question est donc : que font les filles de leur agressivité ? Après tout, le désir de frapper, mordre et donner des coups de pied ne s'évapore pas simplement parce qu'il est mal considéré. Selon Natalie Angier, au lieu de passer à l'acte les filles apprennent à manier leur langue : « La maîtrise des jurons et des piques est une tâche essentielle de l'enfance. » Les filles font aussi beaucoup travailler leur visage. Elles tirent la langue, roulent des yeux, ont des moues de mépris. Ces expressions peuvent paraître drôles aux adultes, il n'en demeure pas moins qu'elles véhiculent efficacement la colère et le mécontentement, ou qu'elles sont utilisées pour exclure un enfant indésirable [12]. Vers l'âge de onze ans, l'agression indirecte est devenue le style dominant chez les filles.

En règle générale, les femmes adultes utilisent des moyens différents de ceux des enfants pour attaquer leurs adversaires.

Si les hommes attaquent plus souvent que les femmes en infligeant une douleur physique, ces dernières sont tout aussi agressives lorsqu'il s'agit de se venger. Simplement elles préfèrent infliger de manière indirecte une douleur émotionnelle [13].

Quand la biologie plaide en faveur de l'agression indirecte chez les femmes

Si vous êtes pris dans un conflit, l'une des variables dont vous tenez compte inconsciemment (ou consciemment) pour choisir une voie d'action est ce que les psychologues appellent le ratio effet/danger : un agresseur cherche à maximiser son effet sur sa cible en minimisant le danger pour lui-même. Pour les deux sexes, l'agression directe comporte des risques : la cible peut frapper à son tour pour se venger. Mais puisque les mâles sont généralement plus grands, plus forts et plus musclés que les femmes, un rapport de force inégal ajouté à la crainte de blessures et de représailles peut inhiber chez les femmes l'agression directe [14].

En revanche, l'agression indirecte est une forme de manipulation sociale qui permet à l'agresseur de rester caché et anonyme : la cible est attaquée par un moyen détourné, de manière à éviter la désapprobation ou de possibles représailles. Parce qu'elle est plus sûre d'un point de vue biologique, une majorité de femmes utilisent l'agression indirecte pour exprimer leur colère. Considérez les choses sous cet angle : si une femelle veut assurer sa propre survie (et celle de sa descendance, si elle en a), mettra-t-elle en péril son bien-être et celui de ses enfants en s'engageant dans une altercation physique dangereuse ? Sans doute pas. Le coût serait trop élevé si elle tient compte du ratio effet/danger.

Les mâles, pour leur part, peuvent se trouver impliqués dans des confrontations physiques risquées parce que le succès peut leur apporter une plus grande récompense. En remportant une bagarre, ils amélioreraient leur rang dans la hiérarchie. Ils peuvent donc avoir plus tendance à utiliser l'agression directe dans des luttes pour le pouvoir ou pour défendre leur territoire. Les chercheurs qui étudient le « syndrome du jeune mâle » ont montré que certains hommes jeunes participent à des altercations apparemment « triviales » et pouvant se conclure par un homicide uniquement pour ne pas perdre la face lorsqu'un autre mâle les défie [15]. Ces guerres territoriales sanglantes se produisent dans les quartiers où opèrent des bandes lorsque les membres d'un groupe exhibent leurs « couleurs » volontairement ou involontairement, ou franchissent les limites de leur territoire. Songez aux cris et aux bousculades qui se produisent facilement entre deux hommes après un accident de voiture sans gravité, ou quand l'un d'eux « vole » sa place de parking à l'autre.

Bien que la violence en bande féminine existe et que les femmes automobilistes puissent aussi se comporter violemment, les cas d'agression directe par des femmes semblent limités à des situations plus spécifiques, comportant un risque direct pour la survie, et non à toute la gamme de menaces auxquelles réagissent les hommes. La compétition pour des ressources rares (la nourriture, les hommes) peut déclencher l'agression féminine directe [16] tout autant que des situations où l'on doit se défendre soi-même ou défendre ses enfants. Les rats femelles adultes, par exemple, sont agressives envers des mâles et des femelles inconnues, surtout lorsqu'elles sont enceintes ou qu'elles allaitent, mais ces comportements disparaissent rapidement à mesure que les petits grandissent [17]. Les pères et les mères se porteront au secours d'un enfant menacé, mais une femme risque moins de se trouver impliquée dans une bagarre pour une place de stationnement ou un pare-choc enfoncé. Les femmes ont appris que distribuer des coups de poing peut s'avérer coûteux et, lorsqu'il s'agit de sauver la face, elles parviennent généralement à la conclusion que les conséquences négatives possibles n'en valent tout simplement pas la peine.

Ce comportement est peut-être lié à l'ancien besoin instinctif des femmes de protéger leur descendance. Selon la psychologue Ann Campbell, parce que les femmes fournissent un soutien vital à leurs enfants pendant la période où ceux-ci sont les plus vulnérables, si elles veulent que ceux-ci survivent, elles doivent aussi veiller à leur propre survie. Pour cette raison, il est probable que les femmes ont développé un type de psychologie où les coûts du danger physique ne pèsent pas plus lourd que chez les mâles[18].

Ann Campbell pense que, le coût personnel étant plus élevé en cas d'altercation violente, les femmes ont plus peur que les hommes dans les situations où il veulent sauver la face : elles ont peu à gagner en termes de rang social, mais beaucoup à perdre si elles sont blessées ou tuées. Les femmes ont un seuil de peur plus bas parce qu'elles sont très sensibles à ce qui, dans un événement donné, peut constituer une menace pour la vie.

Les idées de Campbell semblent confirmées par certaines études qui montrent que le comportement agressif chez nos cousins primates peut être indirect. Lorsqu'une guenon entre en conflit avec une autre, il arrive qu'elle pousse un mâle à attaquer sa rivale. « Elle s'assied à côté du mâle, passe son bras autour de son épaule et adresse quelques aboiements stridents à sa rivale, écrit Frans de Waal. Quand le mâle accède à sa demande et se jette sur l'autre femelle, nous pouvons bien sûr y voir un cas supplémentaire de l'agressivité masculine, mais c'est seulement parce que notre système d'évaluation est imprécis. Les humains aussi ont peut-être tendance à ignorer la compétition entre femmes[19]. » Cette guenon utilisait la manipulation sociale. Elle harcelait sa cible par un moyen détourné, ce qui lui permettait de rester sagement à l'abri et d'éviter toute contre-attaque potentielle. Elle avait obtenu que son ami mâle fasse le travail à sa place !

L'agression indirecte chez les hommes et les femmes : questions de style

De manière innée, les femmes ont une réticence vis-à-vis de l'agression directe, comportement que, en outre, la société les décourage activement d'adopter. Il ne leur reste donc que les voies indirectes. Les hommes, à l'inverse, ne sont pas découragés dans l'une ou l'autre forme d'agression. Kaj Björkqvist a montré que même si les hommes utilisent plus que les femmes l'agression directe, physique, les deux sexes utilisent pareillement l'agression indirecte. Les hommes, en fait, semblent plutôt bien se débrouiller. Ils suivent une stratégie que Björkqvist appelle « l'agression d'apparence rationnelle » pour limiter les possibilités de la cible à s'exprimer. Un homme indirectement agressif peut interrompre ou critiquer injustement le travail d'un autre homme, dévaloriser un individu ou remettre en cause son jugement : « Tu veux faire *quoi ?* » Il s'agit de blesser délibérément un autre homme et de le rendre mal à l'aise. (Les interruptions et les critiques font sans doute partie d'un environnement de travail normal, mais comme le dit Björkqvist, lorsqu'on les utilise « systématiquement en tant que moyen de harcèlement, ce sont des actes très agressifs ». Le véritable objectif de telles critiques est de nuire à une autre personne, mais le contenu est présenté sous une forme rationnelle et objective, voire avec sollicitude : « J'essayais juste de te donner un avis sur ce projet. Je fais ça depuis dix ans, mais si tu ne veux pas de mon aide, ce n'est pas grave. »)

Cette attitude est typiquement masculine, mais certaines femmes y arrivent assez bien également. Voici comment une actrice décrit la manière dont ses concurrentes cherchent à la saper, elle et d'autres partenaires : « Un couple d'actrices sont connues pour leur manière de procéder. Elles se présentent à l'audition et annoncent qu'elles ont obtenu le rôle, même lorsque ce n'est pas le cas – et les autres se disent qu'elles n'ont pas l'ombre d'une chance. Ou bien elles disent des trucs du style "Tu comptes vraiment te présenter dans cette tenue pour ton audition[20] ?" »

D'autres femmes enrobent leur venin dans du sucre. Un ton sirupeux accompagnant des mots cinglants peut déstabiliser la destinataire. Par exemple, vous êtes en réunion et vous venez de faire part d'une idée intéressante. Une attaque d'apparence gentille, rationnelle, peut prendre la forme suivante : « Oh, mais c'est une manière intéressante, tellement *unique*, de considérer la question. » Sur le papier, cela paraît anodin, mais le ton est tel que vous savez que cette femme est en train de hurler : « Espèce d'idiote ! » aux autres participants. Si vous décidez de contre-attaquer directement : « Ce que je dis te pose un problème ? », votre adversaire peut se dissimuler derrière ses paroles parfaitement acceptables et répondre : « Mais pas du tout, c'est simplement que tu as une manière de voir les choses si *différente* de nous autres. » Vous savez bien que vous et vos idées avez été dénigrées, mais le poison était enrobé de chocolat.

Si une femme n'est pas experte dans ce type d'attaque plus frontale, il peut être couteux pour elle d'utiliser la technique de l'agression « apparemment rationnelle ». Si ses intentions sont trop claires, elle court le risque de représailles. Nombre de femmes préfèrent donc la manipulation sociale lorsqu'elles sont indirectement agressives. Elles feront par exemple des remarques insultantes à des tiers à propos de la vie privée de la cible. Ou bien elles feront circuler des rumeurs derrière son dos, avec des insinuations et des allégations sans formuler d'accusations explicites, et utiliseront des « regards négatifs d'insinuation » (rouler des yeux pour marquer son désaccord et rendre clair son opinion aux yeux des autres), ou encore feront appel au dédain, aux regards assassins et autres comportements signifiant : « Ne cherche pas à me parler. »

L'avantage, toutefois, va au style des mâles. Une personne qui emploie l'agression d'apparence rationnelle réussit à camoufler ses intentions hostiles de manière efficace en invoquant des arguments apparemment raisonnables pour appuyer son point de vue. Il minimise le risque de condamnation sociale, mais la victime souffre d'une blessure psychologique. Les manipulations sociales comme les ragots, en revanche, sont facilement reconnaissables en tant que formes d'agression indirecte et moins avantageuses en termes de ratio effet/danger, la victime de l'attaque pouvant remonter à la source.

Les hommes utilisent l'agression indirecte avec efficacité. Pour les femmes, en revanche, le résultat est souvent qu'on les catalogue parmi les garces...

La garce !

Une femme prise dans un crêpage de chignon est souvent désignée par le terme « garce ». Nous connaissons toutes ce terme, et la plupart d'entre nous le *détestons*. Il a une connotation exclusivement antiféminine et il n'existe pas d'équivalent pour les hommes. Pourquoi les femmes ont-elles cette réputation au point d'en paraître machiavéliques ? Qu'est-ce qui fait d'elles des « garces » dans certaines circonstances, et en particulier vis-à-vis d'autres femmes ?

Sans que l'on sache bien pourquoi, et bien que les hommes et les femmes utilisent de la même manière l'agression indirecte, les dés semblent pipés au détriment des femmes. Quand elles ont des stratégies indirectes, elles tombent dans des stéréotypes négatifs de comportements féminins. On les accuse d'être des commères, on les présente comme déterminées à détruire leurs ennemis en distillant le mensonge. Le problème, c'est que dissuadées d'être physiquement agressives, elles optent pour l'agression indirecte, mais ensuite on leur reproche de se conduire comme des garces précisément pour cette raison. Comme l'explique bien Dana Crowley Jack, « l'agressivité indirecte des femmes est prescrite culturellement, socialisée à la maison et à l'école, et pourtant, en même temps, elle est condamnée culturellement et présentée comme la preuve que les femmes sont plus tordues et ont moins de principes que les hommes [21] ». Quelle double contrainte !

Le meilleur moyen pour les femmes de se libérer de ce dilemme est peut-être de comprendre pourquoi elles ont cette attitude et de voir que ce que les gens appellent avec mépris des commérages et des comportements de clique sont en fait, pour la plupart, des comportements féminins normaux. Ce ne sont pas forcément les actions négatives que l'on décrit souvent. Ce sont plutôt des stratégies élaborées au cours de l'évolution qui permettent souvent aux femmes d'obtenir les informations et les ressources dont elles ont besoin.

Défense du commérage

Le commérage a mauvaise presse, et c'est probablement parce qu'on y perçoit une manière d'être féminine. Le mépris implicite dans le terme pointe une interprétation patriarcale des interactions entre femmes. Les femmes aiment parler entre elles de relations et de sentiments – et les hommes appellent cela des commérages. Eux préfèrent échanger sur les voitures, le sport, les promotions, l'informatique – et ils appellent cela « parler boutique ». Or le commérage est utile aux femmes, car il crée une signification commune partagée et maintient la relation.

Parler de quelqu'un et parler contre quelqu'un (ce que nous appelons ici le commérage destructeur), ce n'est pas du tout la même chose. Dans un sens positif, parler de quelqu'un est une façon de faire entrer cette personne, même en son absence, dans la conversation. Ce processus crée une intimité avec l'interlocuteur, mais aussi avec le tiers dont il est question. Une femme peut aussi parler d'une tierce personne pour jauger l'attitude de son interlocutrice et l'aide qu'elle peut espérer d'elle sur tel ou tel point. Par exemple, si vous ne savez pas ce que pense Stéphanie de votre nouveau P-DG, vous pouvez dire : « Henriette pense que Marc ne va vraiment pas nous faciliter la tâche. » Si Stéphanie répond : « Ah bon ? Je suis surprise qu'elle ait dit ça », elle vous livre son point de vue sans que vous ayez eu à le lui demander directement.

Une journaliste, Liz Smith, a chanté récemment les louanges du commérage en tant que catharsis : « Il vous détend, vous pose, vous fait vous sentir mieux. J'ai même lu un article selon lequel le commérage fait vivre plus vieux. Il permet d'échanger de l'information, donc du pouvoir. Dire à quelqu'un une chose que vous savez ou que vous pensez savoir, c'est manifester un pouvoir[22]. »

La commère véhicule aujourd'hui des images négatives. Pourtant, à l'origine, ce mot désignait une personne de confiance, à qui l'on pouvait parler en toute liberté. C'est vers le XXe siècle qu'il a pris son sens de femme bavarde. L'historienne féministe Susan Trofimenkoff la décrit comme « une femme triviale et superficielle aimant par-dessus tout discuter de futilités, une propagatrice de rumeurs, une concierge[23] ». Le mot a fini par connoter des rumeurs ou des bavardages visant essentiellement la vie privée d'une tierce personne.

Les commérages ne sont pas tous des bavardages inutiles. Ils transmettent de l'information et sont parfois au cœur de l'Histoire, Homère étant sans doute le premier d'une longue lignée de commères. Comme le dit lyriquement Liz Smith, « le commérage repose sur une impulsion ordinaire : laisse-moi te raconter une histoire. Cela fait qu'il joue un rôle fondamental dans l'étude de l'histoire, de la biographie, de l'autobiographie, des mémoires, des romans à clef, des journaux intimes et des correspondances. Tout est grain à moudre pour le moulin de l'histoire, même, voire surtout, le commérage ».

Les femmes se sentent souvent obligées d'informer leurs amies des derniers événements, bons ou mauvais, survenus dans leur existence. Cela implique parfois de partager des secrets sur soi-même ou sur une autre personne. Quand elles traversent une passe difficile, on l'a vu, c'est vers leurs amies que les femmes se tournent pour se plaindre et chercher du réconfort. Il se trouve que le tort a souvent été causé par un tiers. C'est donc tout naturellement des personnes qui les ont maltraitées que parlent les femmes.

Vu de l'extérieur, on dirait du commérage. En fait, c'est autre chose. La linguiste Jennifer Coates explique que les femmes développent les sujets progressivement, en partant des points établis par d'autres : « Oui, la même chose est arrivée à ma meilleure amie », ou : « Ma sœur a eu exactementt le même problème avec son mari. » Cela leur permet de se sentir en relation avec les autres et de renforcer l'intimité. (Les hommes aussi échangent des « ragots », mais leurs conversations concernent souvent des relations stragétiques : hommes puissants, affaires, promotions, etc. Et s'ils ont tendance à donner un nouveau tour à la discussion, c'est pour affirmer leur pouvoir[24].)

En se faisant des confidences, les femmes renforcent leur relation et parfois deviennent amies. « Non seulement révéler des secrets est une marque d'amitié, écrit Deborah Tannen, mais cela crée aussi une amitié si l'interlocuteur répond de manière appropriée[25]. »

Le bavardage, autre fonction du commérage, aide les amies et les parentes à entretenir un sentiment de compagnonnage, de connection. Les femmes adorent s'attarder sur les détails – la robe ridicule de votre cousine à son mariage, le menu du dîner ce soir-là, comment votre mari et vous-même vous y êtes comportés – parce que l'intimité découle des petites confidences. Ces informations apparemment sans importance sont essentielles aux yeux des femmes, au point que, si elles oublient un incident ou une personne liés à la vie d'une amie, elles redoutent que celle-ci n'en soit blessée et n'y voit un manque d'attention à son égard. De même, des femmes n'ayant pas d'amies avec qui partager leurs pensées et leurs impressions peuvent ressentir une terrible impression de solitude.

Comme ces interactions leur sont très importantes, les femmes ont tendance à bavarder même dans le cadre du travail. Rappelez-vous l'anecdote sur les deux assistantes de direction que rien ne parvenait à empêcher de communiquer, même pas la paroi de verre que leurs patrons avaient fini par placer entre elles. Tannen décrit une situation analogue. Les membres féminins d'une équipe œuvrant dans un centre de soutien passaient 75 % de leur temps de travail à discuter d'affaires personnelles, tout en occupant très efficacement les 25 % restant. Pour leurs collègues masculins, elles ne fichaient rien. Le directeur du centre, qui attachait beaucop d'importance à une ambiance de travail conviviale, pensait au contraire que « ces conversations personnelles contribuaient à créer un sentiment de confiance qui rendait les femmes heureuses dans leur travail et jetait les bases d'un rapport professionnel leur permettant d'être si efficaces[26] ».

Les commérages peuvent également être perçus comme un moyen d'améliorer son rang et son estime de soi. « Si vous dites toujours : "Bonjour, tu as l'air en forme, quel temps vraiment merveilleux", vous êtes une raseuse, écrit Liz Smith. Si vous dites : "Je vais te raconter une histoire pas croyable", on ne vous oubliera jamais. Le commérage vous rend intéressante et dynamise votre estime de soi. » Ce processus ne concerne d'ailleurs pas que les adultes. Des anthropologues étudiant les amitiés lycéennes ont constaté que de nombreuses adolescentes gagnent en prestige lorsque leurs amies sont jolies et appréciées des garçons. Voulant prouver vis-à-vis de l'extérieur l'intensité de cette amitié et bénéficier par ricochet d'une notoriété positive, elles partagent les secrets de ces filles avec d'autres. Pour éviter cela, certaines filles préfèrent donc n'avoir que des amis garçons. Ces derniers n'accordent pas grande importance au commérage car c'est moins par le biais de leurs relations que par celui de leurs réalisations qu'ils obtiennent du prestige.

Dernier point, le commérage participe du contrôle social. Autrefois, la peur du qu'en-dira-t-on empêchait certaines femmes de mener une vie « dissolue », de rompre les interdits sociaux. Leurs consœurs avaient trouvé que ce moyen pour les surveiller et juguler des comportements problématiques. Pour Trofimenkoff, le commérage « définit un code de comportement pour les femmes et par les femmes, avec des sanctions très strictes en cas de transgression. Le qu'en-dira-t-on est beaucop plus dissuasif que toutes les lois inventées par les mâles ».

Les spécialistes en management reconnaissent l'importance et le pouvoir du commérage dans un environnement professionnel. Il constitue un indéniable réseau d'information dans les grandes entreprises. « Certains parlent de "radio-moquette", d'autres d'"individus de liaison", mais c'est de commérage qu'il s'agit. Et les employés qui ne s'y livrent pas sont probablement mal intégrés. » C'est pourquoi les sociétés préfèrent, pour obtenir des informations sur la concurrence, savoir plutôt ce qui se passe en marge des congrès que ce qui se dit dans des séminaires formels ce que l'espionnage industriel peut leur fournir.

Us et abus d'une langue bien pendue

Quand le commérage est utilisé dans un crêpage de chignon, il ne s'agit plus simplement de parler d'une personne, mais de dire du mal d'elle. Et là, c'est une tout autre histoire.

Supposez que vous venez d'avoir une discussion difficile avec une autre femme. Vous vous tournez vers une collègue ou une amie pour atténuer votre malaise et partager avec elle le récit du conflit. D'autres peuvent y voir un commérage, alors que vous avez réagi de manière instinctive (n'oubliez pas que les femmes recherchent la compagnie de leurs pairs quand elles se sentent menacées). Si c'est à une amie que vous parlez de l'incident, vous êtes probablement à la recherche de son appui. Mais si vous élargissez le cercle de vos confidentes à vos collègues – supérieures hiérarchiques ou autres membres de l'équipe –, il faut vous demander : « Ai-je simplement besoin de réconfort, ou bien suis-je en train de dire du mal de Marie pour diminuer son pouvoir envers les autres ? » Il est important que vous soyez autant consciente de vos intentions que du mal que votre commérage peut causer. Car les dégâts peuvent être irréparables.

Quand vous dites du mal d'une collègue, vous exposez ses défauts de caractère, ses échecs et ses faiblesses. Vous faites cela dans l'espoir de réduire son pouvoir. Parfois, les femmes utilisent aussi les techniques du commérage pour diffuser des contre-vérités. Ainsi de cette femme : « Ma collègue se conduisait comme une adolescente jalouse. Je pense qu'elle voulait être "la plus belle au bal". Quand moi, qui suis plus jeune qu'elle, je suis arrivée dans la société, elle s'est sentie menacée. Elle m'a détestée avant même de me connaître. J'ai espéré que les choses s'amélioreraient avec le temps, mais il n'en a rien été. Elle qui refusait de croiser mon regard dans les couloirs, se plaignait de mes supposées mesquineries auprès de notre supérieure. Elle a lancé une rumeur épouvantable, ridicule, à mon sujet : j'avais une aventure avec un des directeurs, un homme marié, ce qui était faux, et d'autres mensonges scandaleux et totalement imaginaires. Je me suis juré de ne pas me rabaisser à son niveau et j'ai tout fait pour l'ignorer, mais mon travail était rendu plus difficile et je me sentais très mal à l'aise. Les rumeurs m'ont mise très en colère. Dieu merci, je suis passée à des choses plus intéressantes et importantes dans la compagnie, et je n'ai plus eu affaire avec elle. » La femme qui répandait ces rumeurs, nous en sommes sûres, pouvait justifier son comportement à ses propres yeux. À l'évidence, elle s'efforçait d'égaliser le score et d'équilibrer le pouvoir entre sa collègue et elle. Mais elle se comportait en « garce ».

Dans un autre cas, les commérages destructeurs étaient si courants dans le département des ressources humaines d'une certaine compagnie d'assurances qu'ils semblaient faire partie de la culture d'entreprise. « Il y avait environ vingt-cinq femmes dans mon service, raconte Mélissa, plus tous les autres. Si quiconque faisait la moindre erreur ou mentionnait le moindre souci, ça se mettait à glousser et à se pousser du coude, et ça montrait du doigt avec une telle véhémence que même les sœurs de Cendrillon en auraient eu honte. Au lieu de chercher à résoudre le problème, de faire bloc pour que l'erreur ne se reproduise pas, ou de se soutenir mutuellement, le seul objectif était de trouver la responsable et de la crucifier dans l'indignation générale. Une fois le problème réglé, passait-on à autre chose ? Jamais ! Des questions vieilles de plusieurs années continuaient d'être discutées, on perdait une demi-heure à chaque réunion à donner des coups de pied dans d'anciennes fourmilières. Les accusations étaient jetées à la volée. Des gens me disaient : "Le groupe ne s'occupe pas bien des demandes de remboursement. Ah bon, comment est-ce possible ? Comment un problème peut-il être résolu si personne n'en connaît les détails ?" Et je parle là de femmes considérées comme des professionnelles ! »

Le problème de Mélissa, ce n'était pas qu'une femme en particulier en agressait indirectement une autre. Il s'agissait d'une perturbation systémique : le chef et son équipe ne travaillaient pas conjointement pour créer un environnement positif, productif, et tout le monde en souffrait, y compris les employées, qui ne cessaient de se chamailler, les personnes auxquelles le département de ressources humaines rendait service, la société elle-même et, finalement, les clients. Nous verons plus loin, aux chapitres X et XI, comment changer la culture d'un groupe conflictuel.

Cliques de femmes

Les commérages renforcent un autre aspect du comportement de la « garce » : former des cliques unies par le partage de secrets, de détails personnels, d'anecdotes à propos des autres. De nombreuses femmes adultes se souviennent encore très clairement de la douleur qu'elles ont ressentie le jour où, lorsqu'elles étaient enfants ou adolescentes, elles se sont fait exclure d'une clique à laquelle elles souhaitaient appartenir. Elles étaient alors comme placées derrière une vitre, se demandant pourquoi les filles, de l'autre côté, étaient si « méchantes ». Les cliques se développent chez les filles dès le cours élémentaire. C'est l'époque où elles commencent à cultiver des relations proches avec une autre fille (la meilleure amie), ces duos s'associant souvent à d'autres couples de

« meilleures amies ». Dès que quatre ou six filles sont regroupées, la clique est née.

Même si les cliques n'ont pas vocation à exclure d'autres filles, c'est pourtant à ce résultat qu'elles aboutissent. En étudiant la productivité dans les années 1930, George Homans a constaté que plus les cliques gagnaient en cohérence interne, plus leurs relations avec l'extérieur en pâtissaient. À mesure que des liens de plus en plus étroits, intimes, se créent à l'intérieur du groupe, ses membres ont tendance à rejeter ceux qui n'en font pas partie [27].

Le problème des cliques surgit souvent sur le lieu de travail des femmes. Les infirmières, par exemple, font les « trois huit » et chaque équipe forme une clique. L'équipe de nuit peut devenir un groupe extrêmement uni parce qu'elle comporte peu de membres, que les horaires sont pénibles et que le travail est jugé par eux comme étant le plus difficile. La cafétéria est éteinte, les autres services de l'hopital sont fermés, les médecins dorment. Ce groupe tend donc à être plus isolé et à interagir plus fréquemment et plus intensément. Cette dynamique confirme une autre observation de George Homans : plus on interagit, plus on se plaît.

Il n'est donc pas surprenant qu'un fossé se soit creusé chez les infirmières hospitalières entre les équipes de jour et celles de nuit. Les deux groupes se critiquent souvent mutuellement. L'équipe de jour reproche à l'équipe de nuit d'égarer des dossiers, de mal ranger le matériel, de se décharger sur elles. Et l'équipe de nuit reproche à l'équipe de jour de ne pas se faire livrer les médicaments prescrits pour ne pas achever leur travail. Les infirmières des différentes équipes ne se connaissant pas forcément (c'est même le cas de figure le plus fréquent), elles n'ont donc pas beaucoup d'occasions d'interagir ou d'apprendre à se respecter et à se faire confiance. Elles n'éprouvent pas d'empathie pour le travail des autres et ne s'accordent pas le bénéfice du doute, ce qui contribue à créer un climat d'hostilité.

Les cliques se retrouvent à la fois au niveau institutionnel et au niveau personnel. Jenn Shreve a décrit les difficultés qu'elle a rencontrées quand elle a pris un emploi dans une compagnie sans grand avenir située dans une région qu'elle ne connaissait pas. « Je venais à peine de quitter l'université, je me débattais pour m'adapter dans une nouvelle ville et l'environnement d'un travail de bureau, avec ses horaires, m'était totalement étranger. Comme pas mal de collègues avaient mon âge, j'ai supposé qu'elles allaient gentiment m'inviter à une soirée ou m'indiquer les endroits où je pourrais rencontrer des gens. Je me trompais lourdement. Elles prenaient bruyamment leurs dispositions pour déjeuner ensemble ou boire un verre après le boulot et ne m'invitaient pas, ou, pire, m'invitaient puis faisaient comme si je n'étais pas là. Le plus frustrant, c'est que rien n'était ouvertement dit. Une façade de gentillesse masquait la cruauté derrière les sourires de mes collègues, et je ne pouvais donc jamais savoir si elles me snobaient vraiment ou si je me faisais des idées. Une autre femme a rejoint la boîte. Elle venait comme moi d'une autre région. À part cela, nous n'avions pas grand-chose en commun. La clique qui travaillait dans mon service se fichait de moi, mais elles ont tout de suite pris ma nouvelle collègue en grippe. Il s'cst avéré qu'elle n'était pas vraiment qualifiée pour le poste, mais au lieu d'aborder le problème d'un point de vue professionnel, elles l'ont harcelée en lui envoyant des e-mails méchants puis en l'excluant de la conversation, qu'il s'agisse de boulot ou du reste. Comme elle n'habitait pas loin de chez moi, j'ai commencé à la raccompagner en voiture. À partir de ce moment, j'ai eu droit au même traitement. La façade amicale a disparu. Ne restait que des regards de glace[28]. »

L'exemple des cliques montre très bien comment les relations entre femmes peuvent être excellentes ou... épouvantables. Elles se constituent parce que les femmes veulent être proches, mais elles peuvent causer beaucoup de tort, surtout à celles qui en sont exclues. Ce qui rassemble les femmes dans de tels groupes, ce sont leurs points communs, mais finalement un sentiment d'unicité, de singularité peut s'installer si d'autres ne partagent pas la même histoire, les mêmes qualités, les mêmes capacités, les mêmes intérêts.

Face aux « garces »

On n'autorise aux femmes qu'un seul exutoire à leur colère : l'agression indirecte. Cela peut provoquer des situations douloureuses et compliquées. Nous nous souvenons du supplice que fut pour nous deux le fait de voir quatre femmes, associées dans deux entreprises florissantes, se faire une telle guéguerre que non seulement elles rompirent toute relation, mais aussi qu'elles durent fermer leurs entreprises. En tant qu'amies et collègues, ces ruptures nous furent déchirantes, mais le pire fut de se trouver embarquées dans ce conflit en tant que confidentes. Cela coûta à Susan son sommeil, de l'anxiété et de la douleur parce qu'elle avait de l'empathie pour les deux parties. En outre, l'une de ses amies lui interdit carrément par la suite d'avoir le moindre contact avec son ennemie, l'ex-associée.

Pat, quant à elle, se sentait très mal à l'aise avec ses amies en bisbille. C'était comme si un couple en train de divorcer lui avait demandé de prendre parti. Elle ne cessait de se répéter : « Est-ce que j'écoute Françoise, mais pas Tania ? » Quand elle écoutait le point de vue de Tania, elle avait le sentiment d'être déloyale à l'égard de Françoise, et vice versa. Elle était particulièrement gênée lorsque l'une d'elles l'apercevait en compagnie de l'autre : on l'avait démasquée en tant que « traître ».

Parce que les femmes ont tendance à établir des liens en partageant des détails intimes, elles peuvent se sentir plus vulnérables lorsque survient une brouille. Elles savent tout du mariage, des problèmes de poids, de la vie sexuelle des unes et des autres. Savoir garder des secrets est peut-être la principale qualité que les filles recherchent chez leur meilleure amie. Lorsque ces secrets sont divulgués à l'occasion d'un crêpage de chignon, quel que soit l'âge des participants, la trahison peut être dévastatrice. Nous nous surprenons à dire ou à penser des choses comme : « On était si proches, mais voilà que tu m'abandonnes et toutes mes histoires personnelles vont être déballées sur la place publique. Nous ne pourrons plus jamais être proches. »

Une dispute qui se produit au bureau devant tout le monde

peut non seulement être embarrassante ou déstabilisante d'un point de vue émotionnel, mais aussi se révéler destructrice d'un point de vue professionnel. Deux femmes se disputaient constamment. Parfois, elles se cherchaient des poux dans la tête avec subtilité, mais il arrivait aussi qu'elles crient si fort que toutes leurs collègues pouvaient les entendre. Progressivement, l'hostilité gagna leurs subordonnées. Celles-ci coopérèrent de moins en moins. À la fin, c'est la productivité même du service qui chuta.

Prêter l'oreille au point de vue d'une subordonnée appréciée qui est prise dans une dispute avec une collègue d'un autre service est un piège dans lequel on peut facilement tomber. Si vous ne faites pas attention, vous risquez de vous trouver opposée à l'autre femme, à ses collègues et à sa patronne. La confrontation peut dégénérer et s'étendre à l'ensemble des deux services. Des informations vitales peuvent être gardées sous le coude, des collègues et des supérieurs faire preuve d'hostilité et le climat de travail gravement se détériorer.

Susan a travaillé pour une reponsable des ventes absolument délicieuse. Elle s'appelait Caroline, et était attaquée par Betty, l'une des directrices du marketing. Peu après avoir pris ses fonctions, Caroline avait licencié le frère de Betty pour incompétence. À présent, Betty essayait de lui rendre la pareille. Caroline s'adressa à Julie, sa supérieure hiérarchique : « J'ai du mal à être efficace parce que Betty sape mon autorité. » Julie lui répondit de se montrer plus dure. Le problème, c'est qu'ici la dureté n'était d'aucune utilité. Le travail de Caroline était saboté et dénigré. Julie lui refusait son soutien car elle était elle-même surchargée de travail et ne voulait pas se trouver impliquée dans des problèmes de personnes. La patronne de Betty ne fit rien non plus pour mettre un terme à son sabotage, car Betty procédait avec tant d'habileté qu'elle ne se rendait pas compte de la situation.

Caroline avait beau être l'une des meilleures commerciales de la compagnie, elle aurait démissionné si un problème de santé ne l'avait pas obligée à rester pour bénéficier d'une assurance-maladie. Elle se trouvait donc prise dans une situation intenable. Betty rognait le pouvoir de Caroline tout en augmentant le sien.

Susan décida de passer à l'action. Elle demanda un rendez-vous à Julie et lui dit : « Vous devez être un havre de paix pour Caroline. Ce conflit la stresse terriblement et sans votre soutien elle se sent seule et vulnérable. » Cela a eu de l'effet, puisque Julie fit plus attention aux plaintes de Caroline. Au lieu d'essayer de l'empêcher de s'effondrer en larmes, elle l'écoutait avec compassion. Julie ne pouvait pas mettre un terme au comportement destructeur de Betty, mais son implication aux côtés de Caroline redonna des forces à celle-ci, ce qui lui permit de gérer le conflit elle-même.

Zoé, une femme de quarante-huit ans, avait eu une enfance marquée par une grande agressivité, tant directe qu'indirecte, à son égard. Ses « amies » s'étaient si bien conduites comme des garces que cela avait eu un impact durable sur la perception qu'elle avait d'elle-même et sur sa manière de réagir à des agressions indirectes la visant au bureau.

« Quand j'était petite, ma meilleure amie s'appelait Alicia, nous a-t-elle raconté. Son père est mort récemment et, lorsque je l'ai appelée pour lui faire mes condoléances, elle m'a dit que plusieurs anciennes camarades avaient passé un moment à discuter et que mon nom était venu sur la table. Elles se demandaient ce que j'étais devenue. Puis Alicia m'a dit : "Cela m'a refait penser à cette époque et je suis vraiment désolée de ce qui s'est passé.

– Que veux-tu dire ? Quelle époque ? Que s'est-il passé ?

– Eh bien, tu sais, tu étais toujours la plus jolie, celle qui avait les meilleures notes, toujours la meilleure en tout, et nous te détestions à cause de cela. On t'a vraiment rendu la vie impossible. Une fois, on t'a roulée dans un tapis et t'avons donné des coups de pied à tour de rôle. J'en suis sincèrement désolée."

» C'était un cadeau merveilleux. Vous vous rendez compte ? Vivre cela quand vous êtes jeune et impuissante, et que tout échappe à votre contrôle ? Cette révélation a donné un sens a tant de choses que j'ai vécues... Je n'en veux plus à personne. Cela m'a simplement permis de me comprendre moi-même. »

Zoé portait les cicatrices de ces vieux crêpages de chignon depuis près de quarante ans. En explorant leurs conséquences, elle a vu comment ses expériences avaient abouti à son sentiment d'être constamment une victime. « Les gens se demandent toujours comment je fais pour supporter tout ce que je subis. Pour moi, c'était normal ; c'est ce à quoi j'avais été habituée. J'ai fini par atterrir dans une entreprise paternaliste où ma vie a été insupportable pendant des années parce que tout cela me semblait normal. Je ne voyais pas les abus. »

En refléchissant à cet incident dévastateur, nous nous sommes demandés en quoi les intentions de ces filles étaient différentes de celles des femmes que nous avons décrites au début de ce livre – nos collègues qui se sont acharnées sur Christine, la femme la plus haut placée de l'entreprise, et qui ont accumulé les rumeurs sur son compte pour l'abattre. Christine, comme Zoé, avait violé la règle du partage strictement équilibré du pouvoir en étant trop parfaite et en réussissant trop bien. Mais le fait d'avoir vécu cela si jeune avait laissé de profondes empreintes chez Zoé.

Lorsqu'elle s'efforce d'avancer dans sa carrière et dans sa vie, aucune femme n'est à l'abri de ce type d'attaque. Mais en comprenant le fonctionnement des relations féminines, de la Règle et de l'agression indirecte, il est parfois possible de tracer sa route avec plus de sécurité. Nous allons maintenant voir comment on peut transcender les pièges tendus par les « garces » et gérer les relations entre femmes pour transformer les conflits virulents en des rapports collégiaux faits de respect mutuel.

DEUXIÈME PARTIE

Collègues, alliées et amies

CHAPITRE VI

L'objectif, c'est la relation

Dolorès, directrice des opérations d'une petite entreprise manufacturière, avait le plus grand mal à convaincre un conglomérat aérospatial d'accepter sa compagnie en tant que sous-traitant. Ses subordonnés dans le département du développement commercial – tous des hommes – avaient été incapables de donner envie à la femme qui gérait les contrats au sein du conglomérat d'inclure la société de Dolorès dans l'appel d'offres. Les hommes avaient essayé onze mois durant, ils avaient appelé la femme, prénommée Mona, ils lui avaient écrit, ils avaient appelé son supérieur hiérarchique, ils étaient même remonté plus haut dans la hiérarchie : rien n'y avait fait. Lorsqu'ils demandaient : « Où en est le contrat ? », on leur répondait : « Il est sur le bureau de Mona. » Les hommes pestaient et marmonnaient contre cette Mona récalcitrante et évasive parce qu'elle réduisait tous leurs efforts à néant et avait effectivement empêché la compagnie d'engranger des millions de dollars en heures de travail.

Dolorès avait besoin de conseil, elle contacta Susan Heim. Celle-ci lui suggéra l'idée suivante : au lieu de laisser les hommes essayer d'arracher le contrat des griffes de Mona, pourquoi Dolorès ne s'impliquait-elle pas plus directement ? « Appelle Mona. Une conversation amicale avec elle mettra peut-être de l'huile dans les rouages. »

Dolorès y réfléchit pendant quelques jours, puis décida de

téléphoner à Mona. Elles parlèrent du contrat et de ce que la société de Dolorès pouvait offrir à celle de Mona. Et puis, comme c'est souvent le cas entre femmes, la conversation prit une tournure plus personnelle. Mona se plaignit de devoir quitter son travail plus tôt que d'habitude parce que son fils adolescent avait une grippe intestinale. Dolorès lui confia qu'elle-même se remettait à peine de la même maladie et ne se sentait pas très bien. Une semaine plus tard, Dolorès la rappela pour prendre de ses nouvelles ; elle lui demanda si son fils allait mieux et l'invita à déjeuner pour renforcer cette relation naissante.

Pendant le repas, elles parlèrent un peu de leurs sociétés, mais passèrent le reste du temps à faire connaissance en tant que femmes d'affaires. Mona lui apprit qu'elle avait commencé dans cette importante entreprise vingt ans plus tôt comme modeste employée administrative ; elle avait été surprise et ravie de se hisser à un poste aussi important. Elle lui ouvrit son cœur, parla de ses problèmes de couple. Dolorès partagea avec elle ses propres anecdotes sur ce qu'occuper un poste à responsabilités dans un métier dominé par les hommes veut dire.

Deux jours après leur déjeuner, les contrats signés étaient sur le bureau de Dolorès. Les hommes de son département étaient sidérés – mais pas Dolorès. Susan lui avait expliqué combien il était important d'avoir des relations de travail positives entre femmes, et même si Dolorès avait fait le premier pas en direction de Mona pour des raisons strictement professionnelles, les deux femmes avaient maintenant chacune le sentiment d'avoir trouvé une nouvelle amie, une collègue et une alliée. Elles avaient respecté la règle du partage équilibré du pouvoir lorsque la directrice Dolorès avait donné son temps et son attention à Mona, l'ancienne petite employée, en tant que personne vitale de sa compagnie. Cette reconnaissance généreuse avait accru l'estime de soi de Mona et peut-être même son pouvoir. Mona lui avait rendu la pareille en donnant à Dolorès le triomphe professionnel dont elle avait besoin.

Les amitiés sont vitales et répandues dans le travail, surtout parmi les cadres intermédiaires, dont les femmes représentent, tous postes confondus, 45 % aux États-Unis. Et ces relations sont importantes pour les femmes [1]. Selon une étude nationale sur la loyauté chez les employés, elles sont plus susceptibles que les hommes d'attribuer à leurs liens avec des collègues une part de leur succès : 62 % des femmes interrogées pensent que leurs collègues améliorent leurs propres capacités [2]. Le fait d'avoir une « meilleure amie » sur son lieu de travail est apparemment corrélé avec un fort sentiment de satisfaction professionnelle, avec de la productivité et de la stabilité.

Dans une étude sur les employés de télémarketing en Grande-Bretagne, 69 % d'entre eux étaient des hommes, alors que ceux-ci représentent 56 % de la force de travail [3]. Il semblerait que les femmes préfèrent travailler dans un bureau. Même dans les situations de télétravail, elles créent et renforcent les liens avec d'autres femmes : « Je considère une dizaine de mes collègues comme des amies proches, et cela malgré le fait que nous ne nous rencontrerons probablement jamais, explique une employée d'IBM dans un article récent du magazine *Working Woman*. Nous échangeons des histoires par e-mail, nous nous appelons régulièrement. Nous savons lorsque l'une d'entre nous a un enfant malade ou doit subir une intervention. Nous formons un véritable groupe et nous soutenons les unes les autres [4]. » Selon la psychiatre Jean Baker Miller, les liens entre femmes renforcent leur développement intérieur, leur estime de soi et leur pouvoir. Les femmes gagnent en énergie après une bonne conversation avec une proche amie ; elles se sentent plus capables d'entreprendre des actions constructives dans leur vie ; elles clarifient leurs émotions en parlant ensemble de la peur, de la culpabilité, de la colère et d'autres sentiments complexes. Et elles améliorent leur estime de soi si elles pensent que quelqu'un pense que ce qu'elles disent mérite d'être écouté [5].

Comment les femmes construisent leurs interactions

C'est un fait, les amies jouent un rôle central dans la vie des femmes. Mais nous savons aussi, pour en avoir fait la douloureuse expérience, que leurs interactions comportent une face cachée, sombre. Si vous devenez vulnérable aux yeux d'une collègue, elle peut vous faire très mal en cas de rupture ou de conflit. L'intimité que vous partagiez avec elle risque d'être utilisée contre vous. Les femmes offrent le meilleur et le pire visage, mais leurs alliances méritent certainement d'être préservées. Dans ce chapitre, nous explorerons les moyens de les développer et de les renforcer.

Le principal moyen d'y parvenir est de gérer de manière équilibrée le partage du pouvoir. Le plus souvent, les femmes acquièrent et utilisent les jetons de pouvoir grâce à leurs interactions quotidiennes. Les sociologues et les experts en management ont montré que les interactions masculines au travail tournent autour du partage de l'information. Les hommes s'intéressent tout de suite au résultat. Mais l'interaction féminine est un complexe pas-de-deux. Oui, tout comme les hommes, les femmes communiquent et échangent de l'information, mais elles utilisent aussi ces conversations pour développer des liens.

Quand deux femmes discutent, c'est pour maintenir de bonnes relations sociales[6]. Les mots utilisés et les expressions faciales influent beaucoup sur la qualité de ces relations. Pour préserver le partage équilibré du pouvoir, les femmes emploient inconsciemment une foule de « trucs » linguistiques. Ces expressions verbales fonctionnent parfaitement dans la culture féminine, bien qu'elles puissent paraître étranges, voire autodestructrices, aux hommes.

Comment parlent les femmes

Le serment de scout, chez les garçons, commence par : « Sur mon honneur, je ferai de mon mieux... » Lorsque nous demandons, lors de nos ateliers, à des femmes ayant été scouts dans leur jeunesse de nous réciter leur serment, elles commencent par : « Sur mon honneur, je vais *essayer* de... » puis elles s'arrêtent, se mettent à rire et s'exclament : « Je n'arrive pas à y croire ! » Les femmes incorporent de telles expressions circonspectes dans leur conversation. Elles ont développé des mécanismes et des expressions verbales spécifiques et inconscientes qui aident les autres femmes à se sentir à l'aise : des protestations, des précautions, des questions en écho, des expressions comme « je suis désolée », un penchant à vouloir parler des choses plutôt que de se précipiter vers les conclusions, et une attitude tolérante envers les interruptions.

Quand elles emploient ce « parler de femmes », toutefois, nombre d'entre elles reçoivent des remontrances de la part de leurs supérieurs hommes qui leur disent qu'elles n'ont pas l'air sûres d'elles-mêmes. Elles s'efforcent donc de donner à leur conversation un tour plus brusque, plus masculin. Mais si elles ne reviennent pas à leurs habitudes féminines lorsqu'elles discutent avec leurs collègues femmes, elles risquent de provoquer un crêpage de chignon. Anita, une avocate, ne comprenait pas pourquoi ses assistantes démissionnaient l'une après l'autre. « Mes collègues hommes ne connaissent pas ce problème. Pourtant, je ne traite pas mes assistantes différemment d'eux », se plaignait-elle. Anita était une femme très occupée, et dans sa communication avec ses assistantes elle allait droit au but. Lorsque nous lui avons parlé de la conversation relationnelle, elle a soudain compris que c'était son style de communication « efficace » qui était à blâmer.

Penchons-nous donc sur ces dispositifs linguistiques et voyons comment ils permettent aux femmes de consolider leurs relations et de prévenir les crêpages de chignon.

Précautions oratoires, atténuations et questions en écho

Les atténuations, les précautions oratoires et les questions en écho sont différents moyens par lesquels une femme peut sauver la face – la sienne et celle de ses interlocutrices. Elle peut ne pas souhaiter offenser les autres femmes en faisant comme si elles partageaient le même avis sur une question. Ou elle peut utiliser une précaution oratoire pour se ménager une échappatoire si elle aborde un sujet délicat[7].

Les précautions oratoires incluent, en début de phrase, des expressions comme : « Ce que je vais dire va sans doute vous paraître idiot... » ou : « Je n'en suis pas certaine, mais... » Pour les hommes, ces mots signifient en général : « Préparez-vous à entendre des conneries », mais les femmes les utilisent entre elles pour avoir l'air moins autoritaires et plus humbles.

Les atténuations comprennent des expressions comme « en quelque sorte », « peut-être », « un peu », « en un sens ». Par exemple : « Quand elle parle un peu comme ça, elle n'a peut-être pas l'air de savoir de quoi elle parle, en un sens. » Un homme entendant cela aura probablement l'impression que cette locutrice manque cruellement d'assurance, mais ce serait ignorer qu'en adoucissant la force de ses mots, elle fait savoir à l'autre femme qu'elle la respecte et qu'il y a de la place pour un avis différent.

Les questions en écho sont insérées à la fin d'une phrase : « OK ? », « Tu vois ? », « Tu ne trouves pas ? » Les hommes les interprètent souvent comme voulant dire : « J'ai besoin de ton assurance », mais pour les femmes elles signifient : « Je ne me considère pas comme la grande autorité sur cette question », ou : « J'aimerais connaître ton avis », ou encore : « J'ai besoin de ton aide[8]. »

Les femmes utilisent ces expressions pour maintenir une structure de pouvoir plate et respecter la Règle. Si vous dites à Marguerite : « Voici comment on va faire les choses mardi prochain », elle risque de penser : « Mais pour qui se prend-elle, à me dire comment on va faire ? » Votre communication sera plus efficace si vous aplatissez le message : « Je n'en suis pas sûre à cent pour cent, mais je me disais que mardi prochain on aurait pu faire comme cela. Tu en penses quoi ? » Ici, d'un point de vue linguistique, Marguerite se trouve impliquée dans le processus.

Considérons les deux notes suivantes à propos de la même question, que Jessica a envoyées respectivement à Robert et à Laure :

« Robert, j'ai eu des idées après notre réunion. Je pense que ce serait une bonne chose de faire une étude avant de prendre une décision. Un échantillon d'employés ferait l'affaire. J'attends ta réponse. Jessica. »

« Bonjour, Laure. J'ai eu quelques idées après notre réunion d'hier. Je me disais que nous devrions envisager de faire une étude avant de prendre notre décision. Cela pourrait nous éviter des erreurs. Peut-être un échantillon des employés concernés nous permettrait-il de nous faire une idée de ce qu'ils en pensent. C'est une idée comme ça. Qu'en penses-tu ? Bien à toi. Jessica. »

Remarquez l'attitude plus directe envers Robert et les locutions plus conciliatrices dans le message adressé à Laure. Les deux mémos ciblaient efficacement les besoins de leurs destinataires en termes de communication.

Pas « moi » : « nous »

Une femme qui exclut de sa communication les tours interpersonnels risque, si elle s'adresse à une autre femme, de provoquer un crêpage de chignon. Un homme peut hurler à son assistante : « Tapez-moi ce rapport pour trois heures ! » et il obtiendra sans doute ce qu'il souhaite. Mais si une femme emploie la même directive abrupte, le rapport se trouvera relégué en bas de la pile. Une meilleure alternative serait de se concentrer non seulement sur la tâche à accomplir, mais aussi sur l'échange et la relation à l'assistante. Cette femme aura plus de succès si elle lui dit quelque chose comme : « Bonjour, comment allez-vous ? Tiens, vous avez changé de coupe de cheveux ! ça vous va bien. Et votre mère, comment se sent-elle ? Si vous pouviez taper ce rapport pour trois heures, ça me rendrait vraiment service. » Remarquez la différence entre « Tapez-moi ce rapport pour trois heures » et « Si vous pouviez taper ce rapport, ça me rendrait vraiment service. »

Les femmes apprennent aussi à ne pas dire « moi » quand elles parlent de leurs succès. Une éditrice nous a raconté que ses collègues et elle avaient remarqué que pour annoncer qu'elles avaient signé un contrat avec un nouvel auteur, elles disaient : « Nous venons de signer » au lieu de : « La maison a signé. » Ou bien, elles disaient : « Nous avons un projet qui nous vient de cet excellent agent, X. » Un homme éditeur dira plutôt : « Je viens de signer » ou : « J'ai un projet... » Pour éviter de violer la Règle, les femmes se sentent plus à l'aise en faisant partie d'un groupe lorsqu'elles parlent de leurs réussites, de leurs idées, de leurs opinions.

« Je suis désolée »

L'expression d'un véritable regret mise à part, « je suis désolée » a de nombreuses significations et fonctions pour les femmes. En disant cela, on peut par exemple rééquilibrer le pouvoir. Imaginez que vous entrez dans le bureau de votre collègue Lise et que vous la voyez en plein travail. Vous pourrez dire : « Je suis désolée de t'interrompre. Pourrais-tu m'accorder une minute ? » Si vous formulez votre demande de la sorte, c'est que vous ne voulez pas donner l'impression à Lise que votre temps est plus important que le sien. S'il s'agissait d'un collègue homme, en revanche, le fait de dire « je suis désolée » vous placerait aussitôt en position d'infériorité. Vous auriez donc moins de chance de parvenir à vos fins.

Les femmes disent aussi qu'elles sont désolées par empathie. L'empathie est la capacité à se mettre à la place de l'autre et à « sentir » sa douleur. Imaginez que l'une de vos collègues ait un mal de gorge épouvantable. Elle pourra commencer la conversation avec vous en disant : « Je suis désolée de devoir chuchoter comme ça, j'ai une laryngite. » Et vous pourriez répondre : « Oh, je suis vraiment désolée pour toi ! » Un homme qui surprendrait cet échange penserait : « Quelle paire de nouilles ! » Mais pour deux femmes, c'est une forme totalement appropriée de communication parce qu'elles expriment de l'intérêt et de l'attention l'une pour l'autre.

« Je suis désolée » ne signifie pas nécessairement : « Je m'excuse. » Pour les femmes, la seconde expression est une manifestation bien plus sérieuse de repentir après une offense. Elle veut clairement dire : « J'ai fait une erreur et je te demande pardon. » Certains hommes peuvent être totalement insensibles à ces distinctions subtiles mais très importantes ; pour eux, les deux expressions sont synonymes.

« Parlons-en » et « Venons-en au fait »

Vous entrez dans le bureau de Henri pour lui demander son avis sur un dépassement de budget dans un projet qui s'est ensablé. Bien que vous soyez en position de demandeur, Henri ne veut pas que d'autres (dont vous-même) puissent penser qu'il a besoin d'aide pour avoir des idées, ce qui pourrait affaiblir son prestige hiérarchique. Pour cette raison, il risque de ne discuter de ce problème qu'avec lui-même, seul, dans sa tête. Cela le conduira à vous donner la réponse sans autre développement.

Vous demandez : « Que devrait-on faire ? »

Henri répond simplement : « Faites comme ça. »

Reconnaissante, vous lui dites : « Bonne idée. » Et vous sortez du bureau.

Maintenant, supposons que c'est Brigitte dont vous sollicitez l'avis au sujet du même problème, et qu'elle vous réponde : « Faites comme ça. » Vous risquez de penser : « Mouais, pour qui elle se prend ? Elle pense avoir réponse à tout ! »

Comme Brigitte et vous ne vivez pas dans un monde hiérarchique, elle risque moins de voir sa position en pâtir. Elle peut améliorer votre relation en discutant avec vous du problème, au lieu de vous donner directement sa réponse. Il sera donc bien plus intéressant pour elle de vous répondre : « Nous pourrions faire comme ci, mais je ne suis pas certaine que nous ayons assez d'argent pour cela, ce qui me fait pencher pour cette autre solution. Et toi, qu'en penses-tu ? »

Ce type de processus participatif pour aboutir à une décision fonctionne bien entre les femmes. C'est leur manière de faire face à des exigences contradictoires : dire à quelqu'un ce qu'il doit faire (démarche hiérarchique) et respecter le partage équilibré du pouvoir. L'implication dans la prise de décision leur permet simultanément de résoudre le problème et de créer un lien entre elles. C'est pour cela qu'une femme risque davantage de partager le processus et le raisonnement qui lui a permis de parvenir à sa décision. Et vous aurez chacune l'impression d'avoir pris une meilleure décision parce que vous ne l'avez pas fait toute seule.

Alors que nous étions en train d'écrire ce livre, nous avons été confrontées à une situation qui montre combien il est important pour des femmes de prendre part mutuellement au processus. Susan avait travaillé pendant toute la semaine avec des groupes d'hommes et, pour communiquer avec eux, elle s'efforçait chaque fois d'aller droit au but. Pat avait appelé pour discuter d'un problème que posait l'un des chapitres. La réponse directe de Susan fut : « On devrait supprimer ce matériel. » Étonnée, Pat répondit en riant : « Minute, c'est moi ! Je suis une femme ! Il faut que tu me dises comment tu es parvenue à cette décision ! » Avec deux femmes moins proches et moins en confiance que nous, l'interaction aurait pu prendre un tour bien plus déplaisant.

Discuter ou interrompre ?

Regardez des enfants jouer dans une cour d'école. Les garçons n'arrêtent pas de se provoquer verbalement. Quand l'un parle, un autre parle plus fort que lui. On crie beaucoup. Maintenant, observez les filles. L'une parle, puis se tait, puis une autre prend la parole, puis se tait, et la première reprend la parole. Les filles apprennent très tôt à attendre leur tour et à éviter la concurrence frontale, qu'elle soit verbale ou physique.

Dans le contexte du travail, ce comportement acquis peut s'observer dans l'aller-retour conversationnel qui caractérise les discussions entre collègues femmes. Les femmes peuvent développer conjointement un sujet, ajoutant des suggestions et des idées à tour de rôle, et cela peut durer jusqu'à trente minutes. Il finit par émerger un sentiment commun entre elles. Elles utilisent des réponses non invasives comme « Hum », « Ouais » ou « Ah » pour indiquer qu'elles écoutent attentivement et pour encourager la locutrice à continuer. (Il arrive qu'elles interrompent la personne qui parle, de manière enthousiaste. Il est acceptable de s'emballer pour un sujet au point d'interrompre quelqu'un.)

Souvent les femmes construisent une discussion, alors que les hommes ont un dialogue à base d'énoncés de positions. Comme l'explique la linguiste Jennifer Coates, « dans les domaines publics où la norme veut que chacun parle à tour de rôle, lorsque le but recherché est la prise de parole, l'interruption est une stratégie efficace. Dans des conversations privées entre pairs, lorsque le but principal de l'interaction est la préservation de bonnes relations sociales [...] il ne s'agit pas de prendre la parole à quelqu'un d'autre, mais de participer à une conversation avec d'autres locuteurs [9] ». Cette dernière forme est plus typique de la communication de femme à femme.

Les hommes ont tendance à interrompre leur interlocuteur pour modifier le cours de la conversation. Ils peuvent démolir une idée et la remplacer par la leur. Mais si une femme se conduit de la sorte avec une autre femme, elle commet une violation grossière de la Règle. Pour exprimer un point de vue divergeant, le mieux est de demander des clarifications : « Pouvez-vous en dire un peu plus long sur votre idée, pour que je comprenne comment cela pourrait marcher dans notre cas ? » Il peut aussi être utile de lier votre idée à celle de votre collègue. Vous pourriez dire : « J'aime votre idée. Mais si après l'avoir appliquée nous essayions de procéder autrement ? » Ces deux phrases préservent l'égalité tout en vous permettant d'exprimer une idée dissidente.

Les femmes font aussi attention à ce que leurs cohortes ne soient pas blessées par une discussion ou un changement de direction lors d'une réunion. « Cela vous ennuierait de changer de sujet pendant une minute ? », pourrait demander une femme dirigeante. Elle pourra même minimiser ses propres contributions par des expressions comme : « Mais qu'est-ce que je dis-là, moi ? » ou : « C'était vraiment une idée idiote. » Et le retour pourrait être : « Oh non, ça m'a beaucoup aidée dans ma réflexion. » Une femme vient elle-même de rabaisser son estime de soi, et une autre femme vient de la faire remonter.

Le langage du corps en dit plus long que 1 000 livres

Les femmes renforcent également leurs liens par le biais d'indices non verbaux : hochements, sourires, poses, expressions faciales. Elles hochent souvent la tête durant une conversation pour indiquer qu'elles sont d'accord, qu'elles vous encouragent à poursuivre, ou simplement pour affirmer qu'elles font attention à ce que dit l'autre. Les hommes, en revanche, ne hochent la tête que s'ils sont d'accord avec ce qui vient d'être dit. En outre, les femmes sourient bien plus souvent que les hommes[10]. Elles ont davantage tendance à communiquer relationnellement par des expressions faciales qui peuvent imiter les sentiments que d'autres expriment.

Alors que les hommes ont tendance à se tenir côte à côte lors d'une conversation et à regarder dans la même direction que celui qui parle, les femmes se tiennent souvent face à face quand elles interagissent. Elles semblent écouter de tout leur corps : elles se penchent en avant vers le locuteur et augmentent ce mouvement à mesure qu'elles s'impliquent dans la conversation. Cette pose signifie : « Vos mots comptent pour moi. » Le hochement de tête, lui, veut dire : « Je fais attention à vous. Ce que vous dites m'intéresse et vous comptez pour moi. » Les femmes penchent souvent la tête sur le côté durant une conversation. Cette posture communique une certaine vulnérabilité (l'artère carotide se trouve exposée) et peut renforcer la relation entre femmes en tant qu'indication de subordination.

Les différences de personnalité

Comprendre la subtilité des indices verbaux et non verbaux peut vous aider à adapter vos stratégies de communication pour répondre aux besoins de vos collègues, qu'ils soient hommes ou femmes. Outre ces indices conversationnels plus superficiels, la communication interpersonnelle peut être influencée par des styles personnels différents. Les hommes et les femmes ont tendance à avoir des approches spécifiques pour résoudre les problèmes, obtenir de l'information, prendre des décisions et communiquer, qu'il s'agisse d'idées, de plaintes ou de quoi que ce soit d'autre. La compréhension de l'état d'esprit de vos différents collègues peut être un outil essentiel pour vous aider à équilibrer votre pouvoir. Il est en particulier nécessaire de comprendre les différents styles de personnalité des femmes parce que l'équilibre peut être délicat, complexe et facilement perturbé par une mauvaise communication

« Penseuse » ou « sensible » ?

Il existe une importante dichotomie entre les gens dont la personnalité les pousse à prendre des décisions en raisonnant de manière logique et ceux qui préfèrent se fier à leurs sensations et à leurs émotions. Les étiquettes « raisonneur » et « sensible » sont issues des recherches de Katherine Briggs et Isabel Myers, deux psychologues spécialistes des rapports mère-fille qui ont développé à partir des théories de Jung une typologie des personnalités très utilisée aujourd'hui [11]. Selon l'analyse des préférences comportementales à partir de l'échelle Myers-Briggs, 65 à 70 % des femmes américaines préfèrent l'émotion, tandis que 60 % des hommes préfèrent le raisonnement.

Quelqu'un qui prend des décisions en privilégiant le raisonnement risque plus d'utiliser l'analyse logique, de se fonder sur des critères objectifs et impersonnels, d'établir des rapports de cause à effet, de s'en tenir à ses propres décisions, d'aimer l'ordre logique, d'être sceptique. Les « penseurs » ont souvent du mal à manifester leurs sentiments et sont surpris lorsque la prise de décision prend une tournure émotionnelle. Ils ont tendance à prendre des décisions logiques, et un « sensible » pourra penser qu'il ne prête pas assez attention aux préoccupations des autres. Mais ils ont un important besoin d'être traités de manière équitable.

Ceux qui préfèrent prendre des décisions en privilégiant les sensations risquent davantage d'appliquer des priorités personnelles, de soupeser les valeurs et les motivations humaines (les leurs comme celles des autres), d'accorder de l'importance aux relations et de prendre plaisir à être agréable aux gens, d'accorder de l'importance à l'harmonie, de faire facilement confiance aux autres. Les « sensibles » ont tendance à être conscients de leurs émotions et de celles des autres. Parce qu'ils recherchent l'harmonie, leur efficacité peut être troublée par des disputes avec leurs collègues. Leurs décisions sont souvent influencées par les goûts et les désirs personnels, qu'il s'agisse des leurs ou de ceux des autres. Ils détestent annoncer les mauvaises nouvelles et ont tendance à être sympathiques.

Pensez à une décision difficile que vous avez dû prendre. À présent, imaginez que vous devez expliquer à une amie ou une collègue le processus par lequel vous avez abouti à cette décision. Allez-vous détailler les étapes logiques, par exemple : « Quand nous avons décidé d'acheter cette maison, j'ai d'abord vérifié le prix des maisons comparables en vente dans le quartier, puis j'ai considéré l'état de nos finances et enfin nous sommes allés voir l'école pour vérifier qu'elle était de bon niveau. » Si oui, alors vous êtes probablement du genre « penseur ». Si, à l'inverse, vous avez plutôt envie de dire à votre interlocutrice que vous avez pensé à l'impact que votre décision allait avoir sur les autres (« Quand nous avons décidé d'acheter la maison, je me suis dit que les enfants allaient adorer cet immense jardin. J'ai remarqué que nous étions à mi-chemin de la maison de ma mère et de celle de ma sœur, et lorsque nous avons vu l'école, j'ai vraiment bien aimé les professeurs »), alors vous êtes vraisemblablement du genre « sensible ». L'exercice suivant vous aidera à déterminer vos préférences.

TEST : ÊTES-VOUS PLUTÔT « PENSEUSE » OU PLUTÔT « SENSIBLE » ?

Choisissez la réponse qui correspond le mieux à votre style habituel.

1. Vous réorganisez votre service. En réfléchissant aux changements, vous vous demandez :
Penseuse : si la nouvelle structure améliorera vos performances.
Sensible : si Norma sera perturbée par les changements dans son travail.

2. Votre patron vous convoque pour vous faire des remarques positives. Que préféreriez-vous entendre ?
Penseuse : que vous êtes logique et intellectuelle.
Sensible : que vous êtes loyale et attentive aux autres.

3. Pour la troisième fois depuis le début du mois, Cécile est en retard. Vous lui aviez dit que la prochaine fois que cela se produirait, vous feriez un rapport. C'est la troisième fois. Quelle est votre réaction ?

Penseuse : elle était informée des conséquences, donc vous rédigez votre rapport.

Sensible : vous savez qu'elle a des problèmes de couple, en plus elle a les yeux rouges, alors vous ne faites rien.

4. Vous devez malheureusement licencier deux employées et vous vous sentez très mal.

Penseuse : vous choisissez Marjorie et Stéphane parce que leurs compétences de base sont moins utiles à l'entreprise.

Sensible : vous choisissez Brenda et Antoine. Mais vous ne pouvez pas licencier Brenda parce qu'elle est enceinte et vous ne pouvez pas non plus licencier Antoine parce que trois de ses enfants sont à l'université.

5. Vous devez choisir un imprimeur.

Penseuse : vous choisissez la compagnie ABC parce qu'ils sont les moins chers.

Sensible : vous choisissez la compagnie XYZ parce que leur personnel est très sympathique.

6. Vous travaillez sur un projet avec plusieurs collègues. Qu'avez-vous le plus envie de leur dire ?

Penseuse : « J'aime cette manière de prendre des décisions, consciente, réfléchie, en pesant l'impact de chaque suggestion. »

Sensible : « Je suis heureuse que nous nous entendions si bien. Chacun peut faire entendre son avis et personne ne joue au petit chef. »

7. Vous êtes en train de lire les recommandations en matière de gestion des ressources humaines de votre société et vous pensez :

Penseuse : heureusement, il existe des recommandations qui permettent à la compagnie de traiter chacun de manière équitable.

Sensible : les recommandations sont OK, tant qu'on ne les prend pas trop au pied de la lettre. Il y a toujours des exceptions et nous devons traiter chacun avec compassion, parce que chaque employé est unique.

Parce qu'en général les femmes sont plus nombreuses à être du genre « sensibles » que du genre « penseuses », nous nous adaptons aux différences de sexe dans la communication, dans la mesure où nous nous attendons à ce que les hommes et les femmes réagissent différemment. Mais des problèmes peuvent surgir lorsque des femmes « penseuses » et « sensibles » interagissent. Pour une « sensible », une « penseuse » pourra sembler froide et insensible. Elle la trouvera anormale et la dénoncera comme « garce ». Inversement, une femme qui est plutôt du genre « penseuse » trouvera qu'une « sensible » est émotive et illogique.

Dans la lettre suivante, Sarah la « penseuse » râle contre sa patronne « sensible ». « Voici par exemple comment Julie s'occupe des problèmes. Je devais participer à une réunion dont elle était au courant et pour laquelle elle m'avait donné son accord. Lorsque le moment est venu de me rendre à ce séminaire, je ne lui ai pas dit que je partais parce que : 1) elle était elle-même en réunion, 2) je lui en avais déjà parlé et 3) elle m'avait donné son accord de vive voix. En outre, ma collaboratrice, qui devait participer avec moi à la réunion, m'avait dit qu'elle avait prévenu Julie que nous serions absentes. Je pensais avoir fait tout ce qu'il fallait. Lorsque je suis revenue au bureau le lendemain, j'ai découvert que Julie m'avait laissé un message sur ma boîte vocale disant (et je cite textuellement) : "Je sais que tu es en réunion à l'extérieur, mais je suis blessée que tu n'aies pas jugé bon de me prévenir." Vous imaginez le patron (homme) m'appelant pour me dire qu'il a été "blessé" parce que je ne suis pas venue le prévenir personnellement dans son bureau que j'allais à une réunion dont il était au courant ? »

Si vous êtes du genre « penseur », vous vous entendrez sans doute mieux avec des hommes, qui entrent en majorité dans cette catégorie, qu'avec d'autres femmes, qui sont majoritairement des « sensibles ». La correspondance des types de personnalité prendra le dessus sur la correspondance des sexes. Comment faire, donc, pour préserver vos rapports avec les autres femmes si vous êtes une « penseuse » travaillant avec des « sensibles », et vice versa ?

Si le style de votre collègue est l'inverse du vôtre, essayez de faire un pas dans le sens de ses préférences, de sorte qu'elle puisse mieux vous entendre et vous comprendre. Si vous êtes plutôt une « sensible » et que vous travaillez avec une « penseuse », faites un effort concerté pour organiser vos idées et les présenter d'une manière logique. Vous pourrez, par exemple, énumérer les avantages et les inconvénients de telle ou telle de vos propositions, au lieu de dire que « tout le monde va trouver ça génial ». Si, d'un autre côté, vous avez un penchant « penseuse » et vous avez affaire à une « sensible », vous devriez ajouter une touche personnelle et émotionnelle à votre discussion logique. Après avoir présenté vos idées, vous pourriez ajouter : « Au fait, d'ailleurs, Éliane et Laurence sont emballées par cette idée », ou : « Ça va remonter le moral du service. »

Directe ou indirecte ?

Un autre conflit de personnalité peut survenir entre des personnes ayant un style direct (elles vont droit au but) et celles qui sont plus indirectes (elles ont tendance à être circonspectes). Encore une fois, les femmes sont plutôt indirectes et les hommes directs. Mais comme dans le cas des « penseurs » et des « sensibles », des problèmes peuvent vite surgir si des femmes ayant des styles différents interagissent. C'est précisément ce qui est arrivé à Barbara, chef de service dans un hôpital. En tant que présidente de différents comités, Barbara passait beaucoup de temps en réunion. Elle était fière de ses bonnes relations avec ses collègues masculins et de sa capacité à bien répartir sa charge de travail, ses responsabilités de chef et sa vie privée.

Mais un jour elle reçut une lettre de démission de Sandra, la directrice du service commercial de l'hôpital, qui faisait partie du comité d'amélioration de la qualité que présidait Barbara : « En dépit de mes demandes répétées pour changer l'heure des réunions, vous avez refusé de tenir compte de mes besoins. Je ne puis supporter plus longtemps la tension que m'impose le fait d'appartenir à ce comité. »

Barbara était à la fois perplexe et fâchée. De quoi diable Sandra voulait-elle parler ? En réfléchissant à leurs dernières réunions, elle se souvient des rares occasions où Sandra avait marmonné que « ces réunions à sept heures du matin m'obligent à boire deux tasses de café supplémentaires. Il faut que je me lève une demi-heure plus tôt. Et vous ? ». Barbara avait acquiescé en souriant et avait avoué qu'elle aussi avait besoin de davantage de caféine ces jours-là. Est-ce à cela que Sandra faisait allusion lorsqu'elle parlait de ses « demandes répétées » pour changer l'heure des réunions ?

Barbara est une personne directe, alors que Sandra est plutôt indirecte. Hélas, les conflits entre elles sont très probables. Les personnes directes pensent ce qu'elles disent et disent ce qu'elles pensent. Les personnes indirectes trouvent l'approche directe « trop abrasive et dure », et elles abordent les problèmes par des allusions, des suggestions ou en posant des questions à leur sujet. Les gens directs trouvent souvent cette approche manipulatrice et malhonnête.

TEST : ÊTES-VOUS PLUTÔT « DIRECTE » OU PLUTÔT « INDIRECTE » ?

Voici des réponses typiques directes et indirectes dans des situations inconfortables. Quelle est la réponse qui vous viendrait le plus naturellement à l'esprit ?

1. Il fait très chaud dans la salle de réunion
   Indirecte : « Je me demande combien il fait ici. »
   Directe : « Où est le thermostat ? Est-ce que quelqu'un s'oppose à ce que je mette en marche la climatisation ? »

2. Vous êtes en voyage d'affaires et devez payer une grande course de taxi. À votre surprise, le chauffeur n'accepte pas les cartes de crédit. Lorsque vous êtes parvenue à destination, vous dites à un collègue :
   Indirecte : « Vous n'imaginez pas ce que j'ai dû payer comme taxi ! »
   Directe : « Je peux vous emprunter cinquante euros ? »

3. Vous présidez un comité et avez le sentiment de faire le gros du travail. Vous dites à un membre du comité :
   Indirecte : « J'ai dû travailler là-dessus à la maison chaque soir de cette semaine. »
   Directe : « Vous pouvez vous charger de cette partie du projet ? J'en ai besoin pour vendredi. »

4. Vous êtes agacée parce que votre collègue laisse pourrir sa nourriture dans le frigo pendant des semaines. Vous demandez :

   Indirecte : « Tu ne trouves pas insupportable que les gens fassent comme si leur mère allait nettoyer le frigo ? »

   Directe : « Ça t'ennuierait de jeter la nourriture que tu ne comptes pas manger d'ici la fin de la semaine ? »

5. Une femme collègue vous interrompt en plein milieu d'une phrase durant une réunion. Lorsque vous la croisez un peu plus tard dans le couloir, vous lui dites :

   Indirecte : « Je pense que tout le monde n'a pas eu la possibilité de s'exprimer pendant la réunion. »

   Directe : « Tu ne t'en es peut-être même pas rendu compte, mais tout à l'heure j'essayais de donner mon avis quand tu m'as coupé la parole. »

Parfois, le choix du style direct ou indirect dépend du pouvoir de votre interlocuteur. On aura moins tendance à être direct avec quelqu'un qui a plus de pouvoir que soi et on le sera davantage avec un pair (et encore plus avec un subordonné). Si vous avez un message désagréable à transmettre à votre patronne au sujet de la mauvaise idée qu'elle a eue, vous risquez moins de dire : « Ça ne marche pas », que : « C'est intéressant, mais je me demande si ça va marcher. » Les hommes et les femmes ont tendance à être indirects à des moments différents : selon Deborah Tannen, les femmes sont plus évasives lorsqu'il s'agit de dire aux gens ce qu'ils doivent faire (ce serait une violation de la Règle), tandis que les hommes le font quand ils parlent de problèmes, de faiblesses, d'erreurs et d'émotions, toutes choses qui peuvent affecter négativement leur position dans la hiérarchie.

Revenons a Barbara, à son style direct et à ses problèmes de communication avec des femmes plus indirectes. Plus tard ce même jour, elle aborda Sophie, l'un des directrices de l'hôpital, à propos d'un rapport où elle réclamait un nouveau laser pour l'établissement : « Vous ai-je donné tout ce dont vous aviez besoin dans ce rapport ? », lui demanda-t-elle

La réponse vague de Sophie – « Je me demande si les chiffres prévisionnels du budget devraient être inclus » – laissa Barbara frustrée et confuse. Ces chiffres sont-ils ou ne sont-ils pas essentiels pour le rapport ? Comment savoir si une autre partie du texte pose problème ? Une personne plus directe aurait répondu : « Le rapport est complet, mais il manque les chiffres du budget. Il serait utile d'ajouter le volume prévu d'interventions laser et le chiffre d'affaires engendré par le nouveau matériel sur deux années. Cette information nous permettrait de justifier notre retour sur investissement. J'apprécierais que vous puissiez me faire parvenir tout ça pour cinq heures demain, de sorte que je puisse en disposer quand j'irai voir la direction. Vous pensez pouvoir le faire ? »

Mais il serait dangereux de faire un tel discours direct à une femme indirecte, pour qui un ordre précis pourrait représenter une violation de la Règle. Dans ce cas, vous pourriez adoucir votre message à l'aide de quelques précautions oratoires : « Je me disais à l'instant que le rapport m'a l'air complet à part les chiffres du budget. Et si vous y ajoutiez le volume attendu de procédures annuelles et le chiffre d'affaires engendré pour les deux premières années, ça me permettrait de justifier notre retour sur investissement. Qu'en pensez-vous ? De toute façon, et si c'était possible, pensez-vous que vous pourriez me donner ça pour demain cinq heures ? Ok ? »

Les personnes directes comme celles qui ne le sont pas font de leur mieux avec leur propre système de communication. Mais leurs styles divergents peuvent conduire à des malentendus et à de sérieux conflits personnels si ces styles restent invisibles à leurs yeux. À cause de la règle du partage équilibré du pouvoir, il peut être utile aux femmes – même les femmes directes – d'adopter délibérément des techniques indirectes lorsqu'il s'agit de dire à d'autres femmes ce qu'elles ont à faire.

Pour contourner les difficultés potentielles, il est utile de savoir si votre interlocutrice utilise la communication directe ou indirecte, comme dans le cas des « penseurs » et des « sensibles ». Si vous êtes directe comme Barbara et que vous travaillez avec quelqu'un d'indirect, vous aurez besoin de formuler vos besoins, vos problèmes, d'une manière plus indirecte : « Si vous avez une minute, j'aimerais bien avoir votre avis sur cette demande de laser. » Vous devrez aussi faire attention aux problèmes que l'on vous soumettra de manière indirecte. « Mon Dieu, ces réunions sont vraiment matinales » peut très bien signifier : « Je n'aime pas cela, et vous devriez au moins prendre note de mon déplaisir. »

En revanche, si vous êtes quelqu'un d'indirect et que vous devez faire appel à une collègue directe pour obtenir quelque chose, vous devriez mettre un peu plus de punch dans votre manière de vous exprimer. Essayez : « Ces réunions très tôt le matin me causent un tas de soucis. Serait-il possible de trouver un autre moment ? » Et lorsqu'une collègue directe vous dit : « J'ai un problème avec la maquette », vous devez garder à l'esprit que son propos n'est pas de vous agresser, mais de discuter de quelque chose qui lui pose problème.

Quand deux personnes indirectes se trouvent en conflit, elles parviennent à lire leurs signaux indirects respectifs alors que des gens plus directs pourraient passer totalement à côté de l'échange. Prenez l'exemple suivant : vous êtes censée avoir une réunion avec Jeanne ce matin. Vous êtes à l'heure, mais elle ne vient pas. Vous tombez sur elle plus tard dans le couloir et dites : « Tiens, tu es là ? » Vous ne l'avez pas attaquée pour vous avoir posé un lapin, mais Jeanne sait très bien ce que vous voulez dire. Elle répond : « J'ai eu une journée infernale. Je n'avais pas réalisé que je devrais passer tout ce temps supplémentaire sur le projet X. » Elle vous signale indirectement qu'elle a raté votre rendez-vous parce qu'elle avait un délai à respecter. Vous répondez : « Je suis débordée moi aussi, d'autant que ce matin j'ai pris une heure de retard. » C'est votre manière de lui dire qu'elle vous a fait perdre votre temps.

Vous vous éloignez rapidement, prête à un crêpage de chignon, surtout que Jeanne a violé la Règle en ne vous prévenant pas de son absence. C'est un geste de pouvoir, son impolitesse vous communique qu'elle pense que ses problèmes sont plus importants que les vôtres. Vous aimeriez qu'elle s'excuse ou au moins qu'elle rétablisse l'équilibre de la relation. Pour éviter le conflit qui s'annonce, vous pourriez adopter une approche plus directe et demander ce dont vous avez besoin. Vous pourriez, par exemple, dire : « Nous devons reprendre rendez-vous pour la semaine prochaine. Je voudrais être sûre que nous fixions une heure qui vous conviendra. Si vous avez l'impression que vous prenez du retard, rendez-moi service et prévenez-moi à l'avance. »

« Pourquoi ? » et « Aidez-moi à comprendre »

Un point important de conflit entre les gens directs et indirects est celui de l'obtention d'informations. Les personnes directes auront tendance à solliciter de l'information directement, or quel est le moyen le plus direct sinon de demander « pourquoi ? ». L'importance de Barbara dans l'hôpital continuait d'augmenter, et avec elle sa curiosité sur l'organisation du travail. Elle posait donc tout un tas de questions sur les procédures, les politiques et les réunions : « Pourquoi fait-on cela ? », « Pourquoi cela se passe-t-il ainsi ? » Certains de ses collègues étaient heureux de pouvoir répondre à ses questions et appréciaient sa curiosité naturelle, mais Barbara ne put s'empêcher de remarquer que ses « pourquoi » incessants faisaient que d'autres personnes bredouillaient, se raidissaient et donnaient l'impression d'être sur la défensive.

« Pourquoi » est une question qui permet aux personnes directes comme Barbara de comprendre le monde. Comme une fille peut se demander : « Pourquoi le ciel est-il bleu ? », « Pourquoi les oiseaux volent-ils ? », elle se demande à présent : « Pourquoi la réunion du comité a-t-elle lieu le mardi ? », « Pourquoi ces comptes rendus ne sont-ils pas distribués ? » Mais pour les gens indirects, le mot « pourquoi » sert à signaler un problème. Quand elle leur est adressée, cette simple question peut les offenser parce qu'ils y perçoivent un désir de remettre en cause la validité de leur travail ou de leurs actions.

Si vous, qui êtes une personne directe, demandez à un collègue : « Pourquoi es-tu allée à cette réunion ? », vous manifestez peut-être simplement de la curiosité à ce sujet, mais si la question est adressée à une personne indirecte, celle-ci y verra une suggestion qu'elle n'aurait pas dû aller à cette réunion. C'est du moins comme cela qu'elle s'y serait prise pour vous le dire. « Pourquoi ? » peut la pousser à trouver des excuses et des justifications à ce qu'elle a fait. Soudain, elle se retrouve en position d'infériorité, le pouvoir n'est plus équilibré. La personne directe n'aurait pas forcément entendu une critique voilée, mais aurait répondu par une explication.

Lorsque Barbara posait ses « pourquoi ? », ses collègues

indirectes prenaient cela pour des critiques, une manière de souligner des erreurs et des dysfonctionnements. Cela ne pouvait que créer conflits et malentendus.

Il existe une manière simple d'éviter les mauvaises interprétations de « pourquoi ? » : la personne directe les remplace par des « pouvez- vous m'aider à comprendre ? » comme dans « pouvez-vous m'aider à comprendre pourquoi les réunions du comité ont lieu le mercredi ? ». Cette formulation place moins les gens sur la défensive et permet à la personne directe d'obtenir l'information qu'elle souhaite. Au lieu d'être accusatoire, elle demande de l'aide sans perturber l'équilibre de pouvoir entre collègues.

Gérez vos « jetons »

Jusqu'ici, beaucoup des stratégies de construction de relations que nous avons suggérées ont à voir avec votre capacité à préserver l'équilibre du pouvoir vis-à-vis de vos collègues féminines. À un certain niveau, cela pourrait être interprété comme une gestion soigneuse de vos jetons de pouvoir. Vous avez plus de chances d'augmenter vos jetons avec une collègue si vous adaptez votre style pour communiquer avec elle de la manière qui lui convient le mieux, plutôt que de vous en tenir à celle qui vous convient le mieux à vous.

Dans le premier chapitre, nous avons parlé de la « théorie des jetons », qui est fondée sur un sentiment d'équité : chacun de nous est dotée d'un certain nombre de « jetons » de pouvoir – des attributs ou des actions positifs – que nous échangeons sans cesse avec les autres. Les jetons fonctionnent bien entre les femmes parce que la réciprocité est une composante essentielle de l'amitié féminine. Je vous écoute et vous m'écoutez, je vous donne et vous me donnez. C'est ce sens de la réciprocité, l'échange positif de jetons, qui préserve l'équilibre du pouvoir entre femmes. Dolorès se rapproche de Mona et l'invite à déjeuner, Mona lui rend la pareille et signe les contrats.

Les jetons que s'échangent les femmes ne sont pas nécessairement matériels. Dans des entretiens avec 204 filles et femmes âgées de huit à quatre-vingt-dix ans, la journaliste Sandy Sheehy a montré que « la réciprocité en temps et en attention comptait bien plus pour les femmes que la réciprocité en termes matériels ». Les femmes sont touchées par des jetons relationnels comme les compliments sur leur sens des affaires ou leur tenue. Elles veulent que les autres femmes leur demandent si les gens qui comptent pour elles sont heureux et en bonne santé. Ce type d'attention leur donne le sentiment que l'on tient à elles, et elles sont flattées qu'une femme occupée se souvienne des détails de leur vie. Une femme particulièrement avisée dans la gestion de ses jetons pourrait même noter dans son carnet d'adresses les noms des membres de la famille d'une collègue ou de son assistante, des événements récents comme un mariage ou un décès, ou encore un succès professionnel, de manière à pouvoir utiliser ces détails dans la conversation.

Les femmes ont plus tendance que les hommes à rechercher et à offrir du feedback positif. Et elles veulent connaître les détails, pas seulement savoir si vous avez apprécié l'exposé, mais quelles parties en particulier et pourquoi. « Vous avez vraiment été très bonne dès le départ quand vous avez énuméré tous ces chiffres spectaculaires... » Les femmes veulent savoir pourquoi elles étaient bonnes, pour pouvoir recommencer. Cela leur permet de gagner en assurance et d'améliorer leur estime de soi.

Les jetons peuvent être de petits cadeaux comme une carte en remerciement d'une belle interview, pour de l'aide apportée à un moment de crise, ou pour avoir placé un mot en votre faveur auprès de la direction. Susan a reçu un bref e-mail qui peut être pris comme un jeton de la part d'une femme qu'elle avait rencontrée lors d'un congrès : « J'ai été très heureuse de vous rencontrer. C'est toujours un plaisir de se retrouver assise à côté de quelqu'un avec qui on peut discuter. Appelez-moi ou envoyez-moi un mail à l'occasion, qu'on puisse se revoir. » Une communication simple comme celle-ci met de l'huile dans les rouages. Tout comme des paroles d'encouragement ou les augmentations et les promotions – ce n'est pas surprenant – et les occasions de donner à quelqu'un de la visibilité aux yeux des gens qui comptent.

Partager quelque chose de personnel avec une autre femme

peut être une autre manière d'échanger un jeton. Les événements douloureux sont sans doute plus importants que les bonnes nouvelles. Parler de votre divorce peut être un jeton parce que vous dévoilez quelque chose d'intime ; c'est un signe de confiance que d'ouvrir son cœur. Vous êtes en train de dire : « Je vous raconte cela parce que je pense que vous me traiterez d'une manière conforme à mes intérêts. » En vous montrant sous un jour vulnérable, vous faites un beau compliment à votre confidente.

Il existe quatre clés pour gérer et administrer vos jetons.

Clé n° 1 : tout le monde est un comptable. Votre collègue est peut-être infirmière, ingénieure, secrétaire, mais elle est aussi expert-comptable. Sachez que vos collègues femmes tiennent le compte de ce que vous leur devez et ce qu'elles vous doivent. Les gens ne tiennent pas le compte explicite des services rendus et dus, mais nous avons une estimation interne de l'équilibre des relations. Et nous sommes souvent plus exigeantes vis-à-vis de nos collègues femmes que des hommes. Lors d'une conférence, nous avons demandé à un groupe d'infirmières pourquoi elles critiquaient les femmes médecins lorsque celles-ci laissaient leurs tasses à café sales derrière elles. Elles nous ont répondu : « Parce qu'elles sont bien placées pour savoir qu'elles ne devraient pas ! »

Clé n° 2 : respectez la loi de l'offre et de la demande. Différentes personnes apprécieront différents types de jetons, et il est important de comprendre et d'honorer ces différences. Dans les premières années de sa carrière, Pat est passée d'un environnement universitaire dominé par les femmes à un environnement dominé par des statisticiens. Elle a vite compris que si elle interagissait beaucoup avec ces collègues, au lieu d'améliorer son compte en jetons, cela lui nuirait. Les statisticiennes trouvaient pénible la conversation triviale que les femmes dans son précédent travail appréciaient tellement.

Pour comprendre le type de jeton que chacun apprécie, observez attentivement et parlez avec vos collègues. Notez les styles d'interaction. Si vous essayez de bavarder avec une collègue et qu'elle répond sèchement, vous y gagnerez à faire bref et à ne pas insister avec ce qu'elle pourrait considérer comme des futilités.

Vous pouvez aussi gagner des jetons en faisant appel aux intérêts de vos collègues. Demandez-leur sincèrement ce qu'elles font pendant le week-end. Si elles répondent de manière enthousiaste par des récits de leurs parties de tennis ou leur jardinage, cela vous indiquera quels sont leurs intérêts et leurs valeurs. Si une collègue a des photos de chats dans son bureau, vous pouvez parier qu'elle aime ses animaux. Lorsque vous lui demanderez comment se portent ses petites bêtes, vous gagnerez beaucoup de jetons à ses yeux.

Clé n° 3 : créez un excès de jetons. La meilleure patronne que vous ayez eue avait sûrement un compte excédentaire de jetons auprès de vous. Cela veut dire qu'au fil du temps elle avait su multiplier les occasions de favoriser votre bonne volonté en vous donnant des occasions de montrer votre talent, d'être sur le devant, ou d'obtenir des primes. Votre patronne a pu également accumuler un excès de jetons en vous donnant un feedback positif qui vous faisait du bien parce qu'il était sincère ou public. Avec ce surplus, elle n'avait sans doute pas de souci à se faire lorsqu'elle vous demandait de faire quelque chose rapidement, que cela vous ait enthousiasmée ou non.

Il est important que vous rendiez activement service aux personnes qui comptent dans votre vie, en vertu de ce qu'elles apprécient individuellement. Et cela ne veut pas simplement dire les gens qui sont puissants au sens habituel (le patron et ses supérieurs). Il faut développer un excès de jetons avec des secrétaires et des employés administratifs. Ceux-ci peuvent rendre votre vie supportable ou intolérable, selon votre manière d'interagir avec eux. Et les gens que vous traiterez bien auront peut-être envie de vous aider lorsque votre climatisation sera en panne.

Si une collègue n'a pas obtenu l'avancement auquel elle s'attendait, vous pourrez dire : « Je suis navrée, parce que tu le méritais. » Cela vous donnera du pouvoir parce que vous aurez aidé cette femme à améliorer son estime de soi et que vous lui aurez accordé de la reconnaissance. Si elle respecte la Règle, dans le futur elle fera sans doute ce qu'elle pourra pour vous aider.

Dans vos efforts pour créer un surplus de jetons, vous ne

devez donner que des jetons authentiques. Ne faites jamais de faux compliments, vos véritables sentiments ne manqueront jamais d'être connus, verbalement ou non, et les gens détestent avoir le sentiment qu'on les a utilisés. La bonne gestion de vos jetons de pouvoir ne doit être ni calculatrice ni factice.

Clé n° 4 : évitez les déficits en jetons. Même l'individu le plus terne peut manifester du génie lorsqu'il s'agit d'égaliser le score en jetons. Cette personne peut faire de la rétention d'informations, « oublier » de vous dire que le grand manitou a appelé, perdre des documents dont vous avez besoin, vous laisser tomber en cas de crise, ou faire très, très exactement ce que vous lui avez demandé – toutes plaintes que nous avons entendues des centaines de fois.

Comme nous venons de le voir, il n'y a pas que la différence des sexes qui compte dans le travail, mais aussi les différences entre personnes d'un même sexe. Il faut peut être que vous preniez conscience de votre comportement, non seulement selon que vous interagissez avec un homme ou une femme, mais aussi selon que vous interagissez avec une « penseuse » ou une « sensible », avec une femme directe ou une femme indirecte. Cela est typique des pièges contradictoires auxquels les femmes doivent faire face dans le contexte professionnel.

Vous aurez beau utiliser toutes les stratégies que nous vous avons expliquées dans ce chapitre – le « parler femme », le langage corporel, l'attention aux différences de personnalité, la gestion des jetons –, le risque existera toujours pour vous de vous trouver prise dans un crêpage de chignon.

La raison en est qu'un niveau de complexité supplémentaire pourrit les relations entre femmes : les nombreuses « doubles contraintes » qui sont produites par des violations délibérées ou accidentelles de la Règle. Nous allons les examiner attentivement, surtout dans le contexte d'une promotion, au cours du prochain chapitre.

CHAPITRE VII

Les contradictions de la Règle

Donna était stupéfaite. Elle s'imaginait qu'elle allait vivre le plus beau moment de sa carrière et qu'en outre cela marquerait une étape importante pour les femmes dans son entreprise. Au lieu de quoi, cela avait été un cauchemar. Comment peut-on se trouver au sommet et, l'instant d'après, être au fond du gouffre ? Quelle avait été la cause de ce changement ?

C'est, voyez-vous, qu'elle avait été promue.

Peu de temps après être devenue la première femme à atteindre les plus hautes sphères du pouvoir dans sa compagnie, les rumeurs avaient commencé à courir sur son compte. D'abord, on a dit qu'elle ne méritait pas cette promotion. Puis, on a dit que quelqu'un d'autre était plus qualifié qu'elle. On lui colla ensuite une étiquette de snob – elle était devenue trop bien pour ses vieilles copines. Mais le plus effroyable de tous les commentaires fut qu'« elle avait couché pour grimper tout en haut ». Elle savait que ce poste de vice-présidente, elle l'avait obtenu en se tuant littéralement au boulot, et elle pensait que cela aurait dû être évident pour tout le monde. Ça ne l'était pas. Au lieu de la jubilation, Donna connut la colère et la dépression. Le pire dans cette histoire, c'est que les attaques les plus tordues émanaient d'autres femmes, des collègues qu'elle avait jusque-là considérées comme des amies.

Comment était-ce possible ?

Facile. Donna avait violé la Règle – dans les grandes largeurs. Quand une femme reçoit de l'avancement, la réaction de ses collègues féminines est rarement neutre. Comme nous l'avons vu, le type de revendication publique qui accompagne nécessairement toute promotion professionnelle évoque potentiellement des sentiments de trahison, de jalousie, de rancœur, de colère et de vengeance chez les femmes qui restent derrière. Dans un effort pour se sentir mieux et préserver leur estime de soi, celles qui n'ont pas été choisies pourront se vanter, raconter des histoires, faire du sabotage, utiliser la calomnie ou constituer une clique pour isoler et cibler la femme qui a été promue – toutes ces formes d'agression indirecte étant destinées à l'abattre.

Les promotions sont l'un des meilleurs exemples de « double contrainte », ces violations par inadvertance de la Règle auxquelles vous êtes condamnée quoi que vous fassiez. On peut distinguer deux catégories de double contrainte. La première surgit lorsque des femmes sont en compétition les unes avec les autres. Vous aurez peut-être l'occasion de rencontrer celles-ci à mesure que vous progresserez dans votre carrière puisqu'elles concernent la manière dont vous gérerez vos promotions et d'autres succès. Des doubles contraintes de ce type peuvent se produire lorsque vous recevez une récompense ou que l'on vous félicite publiquement, lorsqu'on vous attribue la direction d'un projet aux dépens d'une autre femme ou que vous récoltez une promotion très importante. Des comportements à première vue innocents – manifester votre joie, assumer la responsabilité de votre réussite, accepter des compliments – peuvent vous placer en danger de crêpage de chignon, et ce, bien que toutes ces situations soient apparemment positives.

La seconde catégorie de double contrainte découle de la tendance féminine à l'amitié et à la connexion. Les relations intimes sont parfois lourdes de conséquences dans un contexte professionnel. Le problème se pose quand vous avez sur votre lieu de travail des amies proches, avec qui vous avez partagé de nombreux secrets, ou bien lorsque vous êtes obligée de « jouer le jeu » et protéger les confidences qu'on vous a faites, ou encore si vous vous trouvez aspirée dans le conflit d'une copine avec une autre femme, ou enfin lorsque vous suscitez la colère des autres femmes parce que vous vous entendez bien avec les hommes.

Dans ce chapitre, nous allons étudier ces situations, leur survenue, leurs conséquences, et ce que vous pouvez faire pour court-circuiter celles-ci lorsqu'elles sont néfastes. Commençons par les doubles contraintes qui résultent de la compétition entre femmes. Nous allons énumérer les dilemmes, donner des conseils pratiques pour les éviter, puis nous expliquerons comment échapper aux coups de poignard dans le dos et aux commérages qui risquent de se déchaîner si vous vous apprêtez à promouvoir une certaine femme ou si vous venez d'être recrutée de l'extérieur.

La commotion des promotions

Écoutons Patricia nous raconter sa « plus belle » semaine. « Je suis juriste dans une compagnie multinationale. Récemment, j'ai eu un problème avec une collègue dont je considérais qu'elle était mon amie. Marianne est entrée dans notre service en tant que secrétaire après que son patron avait été licencié. J'avais pesé de tout mon poids et convaincu mon patron de l'embaucher parce qu'elle était très compétente. Nous avons travaillé ensemble pendant plus de deux ans et nous nous entendions à merveille. Puis j'ai été promue et on m'a signé un contrat à durée indéterminée. Cela a été une surprise pour moi : je n'avais jamais rien demandé, et je n'étais pas au courant.

» Tout de suite après avoir appris la bonne nouvelle, un vendredi, j'en ai fait part à Marianne. Je pensais qu'elle serait heureuse pour moi. En tout cas, elle en avait l'air, et elle m'a félicité et on a même plaisanté là-dessus. Mais le lundi, elle est venue me dire de ne plus jamais lui adresser la parole. Elle a aussi fait le tour de bureau en racontant à tout le monde que je la traitais avec mépris. Lorsque je suis allée chercher des fournitures, elle m'a suivie jusqu'à mon bureau et a jeté des dossiers sur la table. Elle m'a dit que les fournitures, c'était son domaine et que je ne devais plus y mettre les pieds, même si la photocopieuse se trouvait là. J'ai décidé de désamorcer la crise en lui proposant de discuter. Je lui ai dit : “Si j’ai fait quoi que ce soit qui ait pu te blesser, je suis sincèrement navrée. C’était totalement involontaire.” Elle m’a alors dit en haussant la voix qu’elle refusait de me parler en l’absence de témoins, car j’étais “méchante” avec elle. Nos deux patrons ont certainement entendu cet échange, mais ils sont restés dans leur bureau, plongés dans leurs dossiers, et n’ont jamais dit un mot.

» Depuis, Marianne a été transférée dans un autre département, mais elle continue de casser du sucre sur mon dos. »

Comme tant d’autres femmes, Patricia avait sans le faire exprès violé la Règle. Sa promotion a exercé une pression vers le bas sur son amitié avec Marianne. Mais les problèmes ne s’arrêtaient pas là. Les femmes qui reçoivent de l’avancement doivent non seulement faire face à ce genre d’attaques de la part de personnes située en dessous d’elles dans la hiérarchie, mais elles peuvent aussi rapidement se rendre compte que dans le même temps le soutien des supérieurs s’érode. Le tout précisément au moment où l’on prend de nouvelles responsabilités dans son travail. Lorsqu’une femme est promue pour la première fois à un poste de direction dans une entreprise, souvent l’homme qui l’a désignée entendra dire du mal d’elle. Un P-DG nous a raconté qu’une femme qu’il venait de nommer vice-présidente s’est soudainement vue décrite comme étant « ivre de pouvoir », et il en a déduit que soit il avait choisi la mauvaise personne, soit elle venait de se transformer en démon.

La Règle permet de comprendre comment votre élévation subite peut perturber l’équilibre préexistant entre vous et vos collègues femmes. Que ce soit de manière subtile ou spectaculaire, votre pouvoir augmente avec toute promotion, et cela suffit à dérégler la balance. C’est la transition qui est la coupable ici. Aux yeux de celles qui jusque-là étaient vos paires, vous montez d’un ou plusieurs crans en termes de pouvoir et d’estime de soi. Ce changement, positif à vos yeux, déclenche l’hostilité et le comportement agressif des autres femmes – avec qui vous avez justement besoin d’interagir pour avoir une bonne opinion de vous-même –, ce qui vous met dans une situation de « double contrainte ».

Mais il y a plus. En vous mettant à la place des autres, vous imaginerez sans difficulté comment vous vous seriez sentie si, au lieu de vous, c'était une des vos amies et collègues qu'on avait choisie. La psychologue Joyce Brothers, qui tient une chronique dans un magazine féminin, a reçu la lettre suivante d'une lectrice : « Ma meilleure amie a obtenu un poste que je désirais fortement et je ne le supporte pas. Je ne savais même pas qu'elle avait candidaté. Je me sens trahie. Nous avions l'habitude de nous voir en dehors du travail. Maintenant, je n'y arrive plus. Et je ne peux pas lui dire pourquoi je la déteste. Que puis-je dire, et que puis-je faire pour me sentir moins mal ? »

Qui n'a jamais connu la douleur de se sentir rejetée ! Nous-mêmes sommes passées par là. Deux mois après l'embauche de Pat dans une grande société, deux autres femmes ont rejoint l'entreprise au même niveau. Toutes trois avaient le même type de position, mais elles habitaient et travaillaient dans des régions différentes. Après environ deux ans, les deux autres femmes ont été promues au poste de vice-présidentes adjointes, mais pas Pat. Si ces deux collègues n'avaient pas existé et si Pat n'était pas passée à côté de cette promotion, cela aurait été sans importance pour elle. Mais cela semblait vouloir dire haut et fort qu'elles étaient « bonnes » et que Pat ne l'était pas. Furieuse, blessée et déçue, mais consciente de ce que sont les crêpages de chignon, Pat ne s'est pas laissé emporter par ses émotions. Bien que cela fût très pénible pour elle, elle a appelé ses deux collègues le lendemain pour les féliciter.

Cela dit, dans ces circonstances, le désir de se comporter de manière destructrice est très fort et peut vous laisser frustrée et insatisfaite si vous n'en êtes pas consciente.

Les trompettes de la renommée

Souvent, les femmes sont « sœurs dans la douleur ». Nous prêtons l'oreille aux soucis des autres et nous nous entraidons en cas de coup dur. Nous préférons peut-être écouter les problèmes d'autrui car cela nous donne l'occasion de réconforter, de cajoler cette personne et de partager son intimité. En fait, quand nous faisons part de mauvaises nouvelles, nous n'imaginons pas que nos amies puissent nous laisser tomber. Mais qu'en est-il lorsque quelque chose de *bien* nous arrive ? Eh bien, si nous claironnons la bonne nouvelle à la manière des hommes, nous violons la Règle.

Pour éviter de telles transgressions, nous faisons parfois exprès de minimiser notre chance. L'une de nos amies, journaliste économique indépendante, a été recrutée par un quotidien national. Non seulement elle « oubliait » de nous appeler lorsque son nom apparaissait en « une », mais quand nous lui téléphonions pour la féliciter elle nous répondait avec beaucoup de modestie : « Oh, ce n'était pas grand-chose ! »

Parfois, cette incapacité à faire retentir les trompettes de la renommée peut jouer des mauvais tours. Un jour, Susan faisait une conférence sur la Règle devant un groupe de femmes dirigeantes, lorsqu'une des participantes s'est écriée : « Maintenant je comprends pourquoi j'ai fait ce que j'ai fait la semaine dernière ! » Paula, qui dirige la plus grosse usine de fabrication de chaussures du pays, était en vacances avec sa famille dans une ferme. Paula adore les chevaux. Un matin, elle nettoyait les écuries avec Nicole, une jeune femme qui passait également ses vacances là-bas, lorsque celle-ci lui a demandé : « Que fais-tu dans la vie ?

– Oh, je travaille dans l'industrie vestimentaire.

– Tu es dans le marketing ?

– Pas exactement, non.

– Tu es dans la création, alors ?, poursuivit Nicole, intriguée par la réaction gênée de Paula.

– Non plus », répondit cette dernière, et elle changea de sujet de conversation.

« Vous savez, a-t-elle dit à Susan, je n'arrivais pas à comprendre pourquoi j'avais tant de mal à dire à Nicole que j'étais le P-DG d'une marque de chaussures. Au fond, l'une des meilleures choses que j'aurais pu faire aurait été de servir de modèle et de lui dire ce que je faisais. J'aurais pu lui parler de ce qu'avoir une telle position veut dire, et elle aurait ainsi eu un modèle de femme dans une situation comme celle-là. » Ce fut certainement une occasion ratée pour les deux femmes.

D'un autre côté, si nous ne faisons pas attention à la manière dont nous nous réjouissons de notre bonne fortune, les autres femmes – y compris nos bonnes amies – peuvent se sentir offensées. Maria, un très bon courtier en bourse, appela sa plus ancienne et meilleure amie, Prune, pour lui annoncer la bonne nouvelle : on venait de lui verser une énorme prime de fin d'année. « Je n'arrive pas à y croire, je vais me payer des vacances à Tahiti ! » Prune, qui est assistante sociale, avait l'air ravie pour elle au téléphone. Mais peu de temps après, les deux amies de lycée se sont brouillées. Prune en voulait à Maria de ne pas la rappeler suite à ses coups de fil. Soudain, elle avait l'impression de ne plus compter dans la vie de son amie, alors que celle-ci, en dépit du bond dans ses revenus, était encore très attachée à elle et n'avait nullement l'intention de la laisser tomber. Les problèmes n'ont été résolus qu'après de longues soirées passées à sonder leur âme, et beaucoup de coups de fil entrecoupés de sanglots.

Revendiquer son dû

Pat faisait des achats dans un entrepôt de fournitures de bureau. En faisant la queue devant les caisses, elle a remarqué un mur recouvert des photos des membres du personnel. Il y avait celles des chefs de rayon, du gérant du magasin, tous des hommes. Mais il y avait une place vide là où aurait dû se trouver la photo de la responsable des services, au-dessus du nom Alyssa Meyers. Curieuse de cette disparité, Pat demanda à la caissière : « Qu'est-il arrivé au portrait d'Alyssa Meyers ? Pourquoi n'est-elle pas là-haut avec les autres ? » La caissière répondit : « Elle ne voulait pas qu'on voie sa tête. » Pat imaginait trop bien les problèmes qu'Alyssa aurait pu rencontrer si elle avait manifesté son pouvoir de manière si patente. Et pourtant, en minimisant leur pouvoir, les femmes peuvent devenir invisibles. Cette double contrainte se manifeste aussi dans la manière dont nous faisons connaître nos succès.

Par exemple, l'apparente autosatisfaction qui accompagne le fait de bien parler de son propre travail peut se retourner contre vous si vous candidatez pour un poste, alors même que c'est sans doute la situation par excellence où vous êtes parfaitement en droit de faire valoir votre talent et votre réussite. Hélas, quand les femmes paraissent trop sûres d'elles lors d'un entretien d'embauche, et même si elles sont très compétentes, elles risquent d'enfreindre la Règle avec l'intervieweuse. Encore une double contrainte ! L'information même que vous avez besoin de communiquer pour obtenir un travail peut finalement vous empêcher d'y parvenir !

Différentes études ont démontré ce point. L'une d'elles utilisait des simulations d'entretien d'embauche. Lorsqu'une femme disait du bien d'elle-même et avait la capacité de valoriser la position de son interlocuteur (un homme), celui-ci avait plus de chances de « l'embaucher ». Mais si elle ne parvenait pas à le valoriser, alors, quelles que fussent ses compétences, il avait plutôt tendance à embaucher une femme d'apparence plus modeste. La situation était encore plus pénalisante si l'interlocuteur était une femme. Dans ce cas, lorsque la « candidate » disait du bien d'elle-même, l'influence qu'elle pouvait ou non avoir sur la position de son interlocutrice n'entrait plus du tout en ligne de compte : dans tous les cas elle avait moins de chances d'être « embauchée ». La psychologue Laurie Rudman a conclu à partir de ces études que « les femmes punissaient davantage que les hommes les femmes mettant l'accent sur leur propre réussite ». Et les femmes « effacées » en sortaient gagnantes avec les deux sexes [1].

Lorsqu'elles violent, même involontairement, la Règle, les femmes en payent le prix. Mais comment faire si vous devez avoir un entretien avec une femme ? Vous humilier devant elle ? L'offenser en dressant la liste de vos succès ? Comment obtenir un boulot sans expliquer que vous êtes très bonne dans votre domaine ?

Accepter les compliments

Et imaginez ce qui va se passer quand vous serez la *destinataire* de compliments ! Lors d'une réunion de l'équipe dirigeante, le P-DG a applaudi un projet dont Rebecca assumait la responsabilité depuis des années. Celle-ci était flattée qu'il ait cité son travail préféré et heureuse qu'il lui ait fait tant de compliments en public.

Nous pouvons imaginer les hommes assis autour de la table, se demandant ce qu'ils auraient dû faire, eux, pour mériter une telle avalanche de louanges. Ils se fichent sans doute pas mal de Rebecca et de ses résultats, mais ils aimeraient bien recevoir la même attention. Elle n'a pas vraiment de souci à se faire à leur sujet. Par contre, elle devrait faire attention aux autres femmes assises autour de la table de conférence. Ce moment de joie pourrait lui causer bien des problèmes. Elle peut être certaine qu'au moins une partie de ses collègues auront été profondément irritées par tous ces compliments à son égard.

Lorsque nous avons demandé à Rebecca quelle avait été la réaction de ses collègues femmes, elle a dit : « Je venais de me faire couper les cheveux et Lola, l'une de mes subordonnées qui a des problèmes au travail en ce moment, m'a dit : "Vos cheveux sont très beaux comme ça. J'espère que vous les appréciez." Je n'ai pas pu m'empêcher d'y voir une pique à double sens. Pendant que le P-DG parlait de moi, Lola me regardait de l'autre côté de la table, le visage de marbre, comme si la vie l'avait quittée. »

Aïe, aïe, aïe...

Comment se dépêtrer des situations impossibles générées par une promotion ou un succès

Les patrons des deux sexes sont souvent mis à l'épreuve. Les hommes sont jugés pour leur compétence et leur capacité à gérer leurs services, surtout pour ces parties du travail qui ne leur plaisent pas. Les femmes, elles, sont jugées selon deux axes différents. D'abord sur leur travail, comme les hommes ; ensuite sur leurs rapports avec les autres femmes.

Si vous avez l'impression que votre réussite a ou va froisser les ailes des femmes autour de vous, il vous incombe de les mettre à l'aise. Par exemple, si vous savez que vous allez être promue ou recevoir une autre récompense, vous devez non seulement vous préparer à assumer de nouvelles et excitantes responsabilités qui vous attendent, mais aussi à faire face à une nouvelle réalité.

Cela peut ne pas poser de problèmes aux hommes, mais comme vous êtes une femme vous ne pouvez pas vous contenter d'accepter vos résultats et laisser toutes vos collègues derrière vous. Parce qu'elles sont peut-être déjà derrière vous, prêtes à vous plonger un couteau entre les omoplates. Vous avez intérêt à avoir un plan. Ce n'est peut-être pas juste, les hommes n'ont pas à s'occuper de ce genre de problèmes lorsqu'ils réussissent. Mais c'est le prix que nous, les femmes, devons payer pour les puissantes alliances que nous établissons avec d'autres femmes.

Il est possible d'éviter les situations destructrices en s'y préparant. Considérons ensemble les mesures préventives et protectrices que vous pouvez prendre à l'encontre d'une possible hostilité de vos collègues parce que vous aurez involontairement violé la Règle.

ÉVALUEZ LA SITUATION

Il est essentiel que vous ayez une conscience aiguë de votre comportement. Celui-ci peut-il involontairement être interprété comme une violation de la Règle ? Une dirigeante d'entreprise interrogée par la journaliste Carol Gallagher[2] a décrit un phénomène qui la gêne vraiment : le « syndrome de l'épouse de Dracula ». Voici la définition qu'elle en donne : « Des femmes dont j'espérais depuis des années qu'on reconnaîtrait enfin leur talent sont finalement promues et se transforment du jour au lendemain en sorcières affamées de pouvoir avec de la fumée qui sort par les oreilles. J'ai juste envie de leur en coller une et de leur dire : “Mais que sont donc devenues ces talentueuses joueuses en équipe que j'admirais tellement ?” »

C'est une chose que les autres, dépitées, se plaignent que vous soyez une « sorcière assoiffée de pouvoir » quand cela n'est pas vrai. C'en est une autre lorsque vous jouez de votre pouvoir et arborez ostensiblement votre bonheur. Examinez votre comportement et votre attitude. Y a-t-il quoi que ce soit de vrai dans ces accusations ?

À présent référez-vous à vos scores aux tests de pouvoir et d'estime de soi figurant dans le premier chapitre de ce livre pendant que vous visualisez les cercles intérieurs et extérieurs du modèle du partage équilibré du pouvoir. Votre pouvoir ou votre estime de soi ont-ils augmenté en conséquence de votre changement de statut ? Y a-t-il des personnes qui pourraient avoir l'impression que leur pouvoir ou leur estime de soi ont été amoindris à cause de votre réussite ? Existe-t-il un déséquilibre entre vous et ces femmes ? Bien évidemment, il ne s'agit pas de réduire votre pouvoir ou votre estime de soi pour remettre la relation sur les rails (et vous ne voulez certainement pas reculer par rapport à la position que vous avez atteinte), mais vous pouvez prendre certaines mesures pour faciliter la transition.

APLANISSEZ LES INTERACTIONS

Vous pouvez utiliser à votre avantage la dynamique des interactions féminines. Vous voulez que l'on reconnaisse vos résultats, mais vous détestez la souffrance qui peut accompagner la violation de la Règle. Parfois, pour votre propre tranquillité d'esprit, il peut s'avérer utile de minimiser votre pouvoir quand vous vous trouvez en compagnie d'autres femmes.

Il est important d'aplanir vos conversations avec vos collègues femmes, surtout si vous anticipez une promotion ou d'autres manifestations de reconnaissance. Si, par exemple, l'une de vos collègues vous dit : « Tu dois être tout excitée à cause de ta nouvelle nomination », une réponse comme celle-ci : « J'espère simplement que ce sera la première d'une longue série pour les femmes qui travaillent ici » vous fera gagner des points. Si c'est un homme, vous pourriez dire : « Merci, j'ai hâte de me mettre au boulot », mais une telle réponse pourrait sembler trop arrogante à une femme qui est sous surveillance étroite pour des violations potentielles de la Règle.

La meilleure solution de ce dilemme est de compter sur le langage du corps et les nombreuses possibilités qu'offre le « parler des femmes » (voir chapitre VI). Pendant un entretien d'embauche, par exemple, vous pourriez dire : « Ce n'était pas grand-chose, mais... », puis décrire le gros contrat que vous avez conclu. Vous pourriez aussi ajouter : « Je n'étais pas la seule impliquée, j'ai eu la chance de diriger une équipe très motivée. »

Ce type de précaution vous permettra de ne pas avoir l'air d'en faire des tonnes dans le registre de l'autosatisfaction. Avant même de commencer à parler de votre réussite sur un projet, vous signalez linguistiquement : « Mais je n'ai pas la tête qui a gonflé à cause de ce que je vais te raconter... » Vous pourrez alors parler haut et fort de ce que vous avez fait, même si, lors d'un entretien d'embauche, nous vous conseillons d'être plus circonspecte et pas prétentieuse dans la manière de vous présenter. (Bien sûr, il ne serait pas bon d'être trop effacée si votre interlocuteur est un homme, car cela pourrait avoir l'effet inverse.)

GÉREZ VOS JETONS DÈS LE DÉBUT DE LA PARTIE

Si vous avez un peu de temps avant l'annonce d'une récompense ou d'une promotion, il est sage de vous occuper intensivement de la gestion de vos jetons de pouvoir, surtout auprès des femmes dont vous pouvez craindre qu'elle ne vous attaquent ou cherchent à vous miner. Vous devrez en faire deux fois plus pour renforcer ces relations en créant une dette en jetons à leur égard, dès que possible. Proposez de l'aide, faites-les participer à des activités dont vous pouvez penser qu'elles souhaiteront être informées, trouvez des compétences et des capacités au sujet desquelles vous pourrez sincèrement les complimenter.

Vous aurez peut-être le sentiment d'être totalement débordée, mais vous serez récompensée du temps passé simplement à demander à vos collègues comment vont leurs familles, à souligner leurs récents succès comme leur capacité à gérer les clients difficiles. Souvent, les femmes qui réussissent se lamentent : « Je n'ai plus de temps pour ces bavardages. » Notre réponse est : vous pouvez payer maintenant en faisant le boulot relationnel, ou vous pouvez payer plus tard quand vous devrez faire face au sabotage. La question n'est pas de savoir si vous allez payer, mais quand.

MINIMISEZ SYMBOLIQUEMENT VOTRE POSITION

Si vous vous retrouvez subitement avec plus de pouvoir que les femmes de votre entourage, l'une des meilleures manières d'éviter un crêpage de chignon est de mettre vos subordonnées à l'aise en minimisant symboliquement votre position. Vous pouvez faire cela par de petits gestes. Par exemple, alors que vous auriez demandé auparavant à quelqu'un de faire une photocopie ou de faxer un document, ce serait peut-être une bonne idée que de le faire vous-même, au moins pendant plusieurs semaines, jusqu'à ce que la situation se stabilise et que tout le monde soit soulagé de constater que vous ne vous êtes pas transformée en « fiancée de Dracula ».

AFFIRMEZ VOTRE AUTORITÉ, AIMABLEMENT MAIS FERMEMENT

Un des meilleurs moyens de surmonter la situation contradictoire dans laquelle vous place une promotion est d'organiser des réunions de planification de carrière avec vos nouvelles subordonnées directes. Demandez-leur quels sont leurs objectifs et leurs ambitions. Commencez à identifier des moyens utiles pour les aider à atteindre ces objectifs et mettez rapidement en œuvre certaines de ces stratégies. Par exemple, si Mégane a besoin d'être plus visible aux yeux de la direction et que l'occasion se présente pour elle de faire un exposé devant des dirigeants, vous pouvez lui dire : « Nous avons discuté de votre visibilité. Voici votre chance. Je vais vous aider à vous préparer pour que vous puissiez les clouer sur place. » Ou bien si une autre vous dit : « Je ne suis pas très douée pour les budgets », trouvez-lui une formation d'une journée sur le sujet, faites en sorte qu'elle y assiste et que votre service prenne en charge les frais.

Vous êtes passée du fait d'aider ces femmes à celui de démontrer par des comportements directs que vous êtes disposée à aller jusqu'au bout. C'est un moyen formidable d'asseoir une relation et de montrer à vos collaboratrices que vous vous intéressez à elles. Cela leur permet de comprendre qu'elles sont importantes, ce qui améliorera leur estime de soi. Cela vous aidera à rétablir l'équilibre du pouvoir entre vous. Lorsque vous donnez à vos collaboratrices ce qu'elles demandent et ce dont elles ont besoin pour leur développement personnel, vous leur montrez que vous les respectez, que vous croyez en leur avenir professionnel et que vous êtes toutes du même côté.

En outre, ce type de planification de carrière est un des meilleurs moyens dont vous disposez pour affirmer votre autorité en douceur, sans manifestations de puissance, en tant que nouvelle cheffe de service. Vous prouvez que vous vous intéressez au bien-être et à la carrière de vos collaboratrices, mais il est néanmoins clair que vous êtes la personne responsable. Si vous y réussissez et si vous gérez bien vos relations, nous vous garantissons que vos collaboratrices vous seront dévouées et qu'elles vous soutiendront, vous et vos objectifs. Si vos collaboratrices ont le sentiment que votre intérêt pour elles est authentique – parce qu'il l'est –, elle vous le rendront au centuple.

Cela dit, vous devez aussi tenir vos collaboratrices pour responsables de leur travail. Nous voulons toutes être aimées, mais la productivité et la responsabilité ne doivent pas en pâtir pendant que vous êtes en train de prendre les commandes. Souvent, vous devrez faire le choix entre rester « populaire » et être le chef, c'est-à-dire la personne qui a une vision globale et formule des objectifs clairs.

SOYEZ PROFESSIONNELLE ET POSITIVE DANS VOS INTERACTIONS

Que faire si, en dépit de tous vos efforts, vous êtes la cible d'agressions indirectes de la part d'autres femmes ? Une fois que les hostilités ont commencé, ne laissez pas voir que cela vous atteint. Si vous saignez en public, cela encouragera et renforcera d'autres attaques. Vous devez ignorer les coups et les trahisons, et rester professionnelle. Ce n'est pas facile, surtout si d'anciennes amies vous ont blessée. Mais en refusant de vous laisser entraîner dans le tourbillon émotionnel, vous pouvez, en tant que leader, vous concentrer sur les objectifs et la stratégie de votre département et entraîner tout le monde dans votre sillage.

À peine sortie de l'école d'infirmières, Susan fut engagée

pour superviser une unité de réanimation dans un grand hôpital. Elle avait vingt-deux ans et c'était son premier véritable emploi. La plupart des infirmières de son unité étaient respectueuses et professionnelles, sauf Louise. Elle n'avait pas les mêmes qualifications que Susan et semblait constamment irritée par sa position supérieure, surtout parce qu'elles avaient le même âge. De manière prévisible, Louise s'est efforcée de miner l'autorité de Susan à la moindre occasion. Elle racontait des histoire sur son compte à quiconque voulait bien l'écouter, elle l'ignorait, elle refusait de la regarder dans les yeux ou de reconnaître tout simplement son existence, elle cachait des informations cliniques sur les patients, elle faisait comme si Susan n'était pas la responsable et refusait de lui communiquer quoi que ce soit concernant les médecins ou les patients.

En raison de l'état des patients dans son service, il était essentiel que Susan soit au courant de ce qui se passait. Au lieu de rendre coup pour coup, elle a décidé qu'elle concentrerait ses communications avec Louise sur les patients. Elle se composa une figure en gardant la tête haute, en prenant une respiration profonde avant d'aborder Louise, en faisant en sorte que la conversation demeure toujours professionnelle. « Le Dr White a-t-il dit s'il fallait changer les médicaments de Mme Jones ? » ; « La température de Mme Simpson a-t-elle baissé ? » Elle recevait des réponses sèches, en un ou deux mots, mais au moins cela lui permettait d'affirmer sa position de chef. Et jour après jour, Susan répétait que le rôle du département était d'offrir des soins de la plus haute qualité : « La seule raison pour laquelle nous sommes ici, c'est pour les patients et leurs familles ainsi que pour aider les médecins à obtenir la meilleure information pour qu'ils puissent mieux prescrire les soins appropriés. »

Plus Susan se concentrait sur la mission des infirmières du service de réanimation, mieux les autres pouvaient s'occuper de leur travail. En fait, elle faisait très attention à ne pas se plaindre de Louise aux autres membres de l'équipe, ce qui était assez tentant parce qu'elle se sentait isolée et dénigrée par son attitude. Même de subtiles expressions du visage peuvent communiquer des émotions durant des réunions, et Susan faisait beaucoup d'efforts pour se contrôler. En fait, elle ne tarissait pas d'éloges sur les compétences de Louise, et le lui disait de vive voix, ainsi qu'aux autres infirmières.

Intuitivement, Susan avait compris qu'il est utile de donner à la personne qui vous attaque un feedback véridique, positif. Ça la désarme. Comment continuer de condamner quelqu'un qui vous dit que vous êtes compétente et capable ? Cela sert aussi à renforcer l'idée que c'est vous la patronne après tout, c'est vous qui avez le pouvoir de juger la performance d'une subordonnée.

AFFRONTEZ CELLE QUI VOUS AGRESSE

Quand Susan se remémore aujourd'hui cette expérience, elle se dit qu'il aurait mieux valu pour elle comme pour le service qu'elle affronte directement Louise au sujet de son insubordination. Nommant des incidents précis, elle aurait pu dire : « Ça ne va pas du tout. Je t'ai donné du temps. J'ai été la première à te féliciter pour tes contributions au travail dans le service, mais il faut que nous parlions de ce qui est à mes yeux une tentative délibérée de ta part de miner mon autorité et le rôle qui est le mien ici. Cela nuit au travail d'équipe et à la mission du service, qui est d'assurer la plus haute qualité de soins. Nous devons trouver un plan pour faire changer ton attitude. » En disant cela, Susan aurait pu mettre un terme plus rapidement à ce comportement destructeur. Au chapitre IX, vous trouverez des idées pour affronter efficacement les gens difficiles.

FAITES APPEL À L'AIDE DE VOTRE SUPÉRIEUR

Si après tout cela vous êtes toujours la cible de vos collègues, vous devez aussi envisager de demander à la personne qui vous a choisie pour ce travail d'expliquer aux autres membres de votre service les raisons pour lesquelles il a pris cette décision. Demandez à votre supérieur de parler en tête-à-tête avec les collègues qui ont candidaté au même poste et de leur dire sans détour pourquoi elles n'ont pas été choisies et ce qu'il faut qu'elles fassent pour avoir des chances de l'être la prochaine fois. Vous pouvez aussi demander du soutien à votre département de ressources humaines ou à un consultant spécialisé dans ces problèmes.

QUE FAIRE EN CAS DE PROMOTION INTERNE ?

Soyez prête à des secousses, mais comprenez qu'il ne s'agit pas de vous personnellement, même si vous pouvez en avoir le sentiment désagréable. C'est à cause de la Règle.

Créez un excès de jetons de pouvoir avant d'assumer vos nouvelles fonctions.

Veillez à aplanir encore plus votre comportement tout de suite après la promotion (allez chercher vous-même votre café et passez vos propres fax).

Ne changez pas votre comportement envers les autres. Si vous demandiez des nouvelles des enfants avant votre nomination, continuez de poser exactement les mêmes questions.

Ayez des entretiens en tête-à-tête avec les membres de votre équipe pour discuter des objectifs, des attentes, des aspirations professionnelles et du comportement de l'équipe.

Si l'on vous attaque, ne donnez pas à vos agresseurs l'impression qu'elles vous atteignent.

Soyez toujours strictement professionnelle avec ceux qui vous attaquent, et donnez-leur du feedback positif sur leur performance.

Attendez-vous à l'éventualité d'un affrontement direct avec votre agresseur à propos de son comportement.

Si les attaques deviennent insupportables, envisagez de demander de l'aide à votre supérieur, au département de ressources humaines ou à un consultant.

Comment donner une promotion à une femme

Alors qu'elle effectuait une mission auprès de la direction d'une société centenaire, Pat apprit de la bouche du P-DG qu'aucune femme n'avait jamais fait partie de l'équipe de direction, mais qu'il avait l'intention d'en promouvoir trois au cours des quatre prochaines années. « La première femme sera attaquée, l'avertit-elle. Vous entendrez dire qu'elle est devenue “assoiffée de pouvoir” et que c'est une “garce”, surtout dans la bouche d'autres femmes. Soyez donc prévenu.

Planifions un peu comment vous allez gérer cette situation et la soutenir. » Elle lui conseilla de ne pas croire sur parole tout ces racontars. Elle lui suggéra de ne pas manquer d'interroger la plaignante sur le comportement « offensant » et de lui faire remarquer que les hommes se comportent tout le temps comme ça. Elle conseilla en outre à l'équipe dirigeante de faire bloc pour protéger les nouveaux membres féminins : ils devaient anticiper les attaques et s'en méfier à cause de l'influence puissante de la Règle.

De même que vous avez la possibilité de vous libérer des situations contradictoires où vous placent les violations par inadvertance de la Règle, comme lorsque vous êtes promue ou que vous recevez une récompense, vous devriez vous efforcer d'aider d'autres femmes à ne pas tomber dans ces pièges. L'un des domaines où vous pouvez exercer le plus d'influence est celui de la promotion d'une collègue. Encore une fois, il existe des mesures préventives que vous pouvez prendre si vous voulez éviter les retombées destructrices qui ne manqueront pas de suivre toute promotion féminine.

La première chose dont vous devez vous rappeler, c'est que vous placez une femme issue d'un monde où les relations et l'égalité sont essentielles dans un autre environnement, hiérarchique celui-là, qui récompense la combativité et la domination. Puisqu'elle va travailler dans une culture étrangère, ne vous étonnez pas si elle rencontre quelques problèmes.

En privé, félicitez-la d'avoir obtenu le poste. Puis expliquez-lui qu'elle peut s'attendre à une certaine dose de sabotage de la part de ses collègues femmes. Vous pourriez lui dire : « Cette promotion risque de modifier vos rapports avec certaines de vos anciennes collègues, qui pourraient en être troublées. Je m'attends à ce qu'elles vous attaquent. Cela ne signifie pas qu'elles soient méchantes, mais que c'est ainsi que les choses se passent. Je veux que vous sachiez que si elles vous contournent et viennent se plaindre directement à moi, je les renverrai vers vous. Mais vous devez accepter de leur parler. Je vous incite à avoir des entretiens en tête-à-tête avec les membres de votre équipe. »

Ensuite, rencontrez chacune des candidates au poste qui n'auront pas été choisie. Vous pourriez leur dire quelque chose comme : « Alice a eu le job. Je sais que vous êtes déçue, mais j'ai besoin de votre aide. » Puis organisez une réunion de tout le service, y compris Alice, et expliquez pourquoi vous l'avez choisie : « Vous êtes une équipe formidable. Je n'avais vraiment pas envie d'un recrutement extérieur pour trouver votre responsable, j'ai donc pris la décision de choisir quelqu'un parmi vous. Et croyez-moi, ça n'a pas été facile ! Au bout du compte, j'ai choisi Alice, et c'est elle qui vous dirigera à partir de maintenant. Ce service a toujours été l'un des plus compétents de notre division et je crois qu'il continuera de l'être. »

Ne vous attendez pas à ce que cela résolve tous les problèmes, le risque de sabotage est encore réel. L'un de vos premiers défis sera peut-être une femme qui viendra se plaindre de la soif de pouvoir d'Alice. Ne laissez passer aucune remarque sur son comportement. Si Leslie vous dit : « Je n'aime pas Alice, elle se conduit comme une garce », vous devez aussitôt demander : « En quoi ? » Voici comment une telle conversation pourrait se dérouler :

« Elle se conduit comme un petit chef.

– Et en quoi se conduit-elle comme un petit chef ?

– Elle n'arrête pas de me dire ce que je dois faire.

– Tu veux dire qu'elle t'assigne des tâches ?

– Oui, je suppose.

– Eh bien, c'est son boulot. Sa nouvelle position comporte de nouvelles responsabilités et des objectifs à respecter. Une partie de son travail consiste à assigner des tâches et à s'assurer qu'elles sont bien effectuées. Il te faudra sans doute un peu de temps pour t'y habituer, mais je suis sûre que tu y parviendras. »

Si Leslie n'a pas commencé en se plaignant directement d'Alice, il est important de l'interrompre aussitôt et de la renvoyer sur Alice. Il faut lui faire comprendre qu'elle ne peut pas contourner celle-ci, et que le patron, c'est Alice. Et n'oubliez pas de vérifier quelques jours plus tard avec Leslie qu'elle a bien fait ce que vous lui avez dit. Si elle vous répond : « Ça n'a plus vraiment d'importance maintenant », ne la croyez pas. Elle s'est sans doute déjà plainte auprès de tout le monde. Dans ce cas, vous pourriez dire : « Je suis un peu troublée parce que ce problème avait vraiment l'air important quand tu m'en as parlé la première fois. Aide-moi à comprendre pourquoi il n'a plus aucune importance à présent. »

Selon sa réponse, vous pourriez l'encourager à parler avec Alice en lui fixant un délai. « J'aimerais que tu lui parles avant la fin de la semaine. Et tiens-moi au courant de la manière dont les choses se seront passées. » Si Leslie ne revient pas vers vous, ne laissez pas tomber. Cela peut sembler représenter beaucoup d'efforts, et ce n'est pas faux, surtout si plusieurs femmes se plaignent. Mais considérez qu'il s'agit d'un investissement pour obtenir un service apaisé et performant. Le ressentiment peut s'accumuler rapidement et se solder par une explosion si vous ne prenez pas les devants.

En outre, à la différence du patron de cette femme qui regardait ailleurs pendant qu'elle se faisait agresser verbalement, il est imprudent d'éviter le problème et de laisser les femmes se débrouiller entre elles. Parfois elles ne peuvent pas y arriver sans aide extérieure, et dans ce cas l'hostilité peut atteindre des niveaux insupportables. En tant que supérieure hiérarchique d'Alice, vous pourrez déduire du ton de sa voix et de ses signaux non verbaux s'il existe des tensions. Nous vous recommandons de la voir pour lui demander comment se passent les choses. Si elle admet l'existence de tensions, demandez-lui pourquoi cela se produit à son avis. Vous pouvez lui expliquer la Règle et les raisons pour lesquelles celle-ci est à l'origine de ses problèmes. « Avec cette promotion, nous t'avons donné plus de pouvoir que les femmes avec qui tu travailles et qui sont tes amies depuis des années. J'espère que cela ne sera pas source de problèmes, ce n'est pas obligatoire. Il faut que tu gardes ton pouvoir pour faire ton travail, mais il faut aussi que tes collaboratrices t'acceptent en tant que chef. Il y a deux aspects en jeu. D'un côté, je dois te soutenir et faire clairement passer le message que le patron du service, c'est toi. Et de ton côté, tu dois aider tes collègues à ne pas se sentir menacées dans leur pouvoir et leur estime de soi. Si tu exerces trop de pouvoir en agissant comme un petit chef, la situation ne fera qu'empirer. Je te propose de voir ensemble comment tu peux manœuvrer dans cette passe potentiellement difficile. »

L'important, c'est qu'Alice ait le sentiment que vous êtes de son côté, et non pas qu'elle perçoive chez vous des critiques sur le mode : « Comment ? Tu as déjà un problème dans ton service ? » (Alice peut effectivement avoir un problème de performance dans son service, mais si c'est le cas il faut le régler en tête à tête avec elle, car vous devez présenter un front uni face à ses collaboratrices.) Faites attention à ce que votre comportement et vos remarques lui manifestent votre soutien. Si les femmes jalouses voient une faille, elles vont essayer de s'y engouffrer. C'est son point faible. Par exemple, si Leslie vient se plaindre en vous disant : « Alice n'y connaît rien en présentation de budgets, elle n'en a jamais fait une seule. Je ne peux pas lui demander de m'aider là-dessus », et que vous répondez : « Tu as raison. C'était une de mes préoccupations lorsque je l'ai nommée », vous venez de donner à Leslie des munitions pour attaquer encore plus Alice. À la pause déjeuner, Leslie pourra dire à Gina : « Le patron est inquiet qu'Alice n'y connaisse rien en budget. Je me demande pourquoi on l'a promue. Si tu deviens responsable, il faut avoir ces compétences ! »

Vous voyez les problèmes que vous venez de créer... Lors de la prochaine réunion de service, lorsqu'Alice demandera : « Où on en est pour le budget ? », Leslie risque de répondre : « Eh bien, s'il y avait quelqu'un capable de m'aider je serais peut-être plus avancée. » Et Gina, Franck et Robin hocheront de la tête. Et Alice rougira. Et alors, chacun saura quel est son talon d'Achille et les attaques pourront se concentrer dessus.

Il vaudrait donc mieux répondre aux plaintes de Leslie de cette façon : « Alice ne s'est pas beaucoup occupée de budgets jusqu'ici, mais elle est rapide et je suis certaine qu'elle apprendra en un rien de temps. » Puis vous devriez suggérer à Alice de se mettre à niveau question budget, et peut-être prévoir une formation spécifique sur le sujet.

CE QU'IL NE FAUT PAS OUBLIER SI VOUS VOUS APPRÊTEZ À PROMOUVOIR UNE FEMME

Attendez-vous à ce que ses anciennes collègues ruent un peu dans les brancards.

Sachez que ce type de réaction est normal.

Informez les autres des raisons pour lesquelles la personne a été promue, et dites que vous comptez bien qu'on la soutiendra.

Si d'autres personnes avaient candidaté pour le poste, recevez-les en tête à tête et expliquez-leur pourquoi elles n'ont pas été choisies, et ce qu'elles peuvent faire pour avoir de l'avancement.

Préparez l'employée promue à ce qui l'attend peut-être.

Si quelqu'un vient se plaindre à vous directement, commencez par renvoyer les gens sur leur nouveau patron.

Si les plaintes continuent, demandez des explications et aidez l'employée à envisager le problème dans le cadre de la Règle.

Ne fléchissez jamais dans votre soutien. Présentez un front uni.

Le cas des recrutements externes

La plupart des situations évoquées jusqu'à présent concernaient des violations de la Règle lorsque des femmes bénéficient d'une promotion interne. Il y de bonnes raisons à cela. Il est sans doute plus facile d'occuper un nouveau poste de pouvoir si vous venez de l'extérieur. Les autres femmes ne verront pas en vous une ex-collègue. Pour elles, vous serez dès le départ le « patron », et même si vous avez plus de pouvoir que dans votre situation précédente, votre statut n'est en rien changé auprès de vos nouvelles subordonnées. N'oubliez pas que ce sont les transitions entre les niveaux de pouvoir qui empoisonnent les relations.

Lors des entretiens d'embauche, demandez à rencontrer les membres les plus importants de votre future équipe, mais prenez bien soin de passer du temps avec toutes les femmes, même si c'est seulement au téléphone. Vous devez les connaître avant votre arrivée. Tant que vous n'êtes qu'une candidate, vous n'avez pas encore le pouvoir qui pourrait perturber une relation entre femmes. Il vous sera plus facile d'établir ces premiers contacts avec elles tant que la dynamique de pouvoir n'est pas enclenchée. Si les gens vous rencontrent et vous apprécient, ils sont davantage susceptibles de vous apporter leur soutien. Vous voulez aussi leur donner l'opportunité d'en savoir plus long sur vous.

Lorsque vous assumerez vos nouvelles fonctions, veillez à organiser une réunion pour expliquer votre vision du travail et votre plaisir d'avoir rejoint cette équipe. Puis organisez des entretiens individuels pour évoquer les perspectives de carrière de chacun, comme nous l'avons expliqué plus haut. Veillez à ce que vos collaborateurs et collaboratrices comprennent clairement vos attentes et vos objectifs, ainsi que votre vision du service. Et apprenez à connaître les personnes de manière informelle, elles s'attendent sans doute à une relation plus proche avec vous parce que vous êtes une femme. Vous pourriez leur demander ce que vous pouvez faire pour les aider à travailler plus efficacement.

Il est également avisé de rencontrer les autres chefs de service de votre niveau : vous aurez besoin de leur soutien. S'ils ne viennent pas à vous, adressez-vous à eux directement, puisqu'ils sont vos pairs. L'une des plus graves erreurs commises par des femmes occupant des postes de responsabilité est de croire que leurs subordonnées sont leurs pairs, avec qui elles veulent être « amies » alors qu'elles ne sont pas dans la même situation de pouvoir. Dans votre nouvelle situation, vous avez besoin de vous affirmer en tant que chef, en énonçant clairement ce que vous attendez de chacun, en donnant des instructions, en accordant (ou en refusant) des augmentations ou des primes. Ce sont des choses impossibles à faire avec des amis intimes.

Cela nous amène à la deuxième catégorie de doubles contraintes : celles qui découlent de la tendance féminine à créer des liens.

Les liens féminins qui nous piègent

Comme chacun le sait, il est possible d'avoir des rapports merveilleux avec ses collègues femmes, mais les pièges ne sont pas moins nombreux, dont le risque que vous encourez en dévoilant des secrets, des sentiments que vous pouvez heurter si vous préservez un certain degré d'intimité dans votre vie privée, et la possibilité de confondre amitié et relation professionnelle. Tout cela découle de notre tendance spontanée à établir des liens intimes avec d'autres femmes.

Comment avoir des amies intimes au travail

Commençons par le dilemme du partage des secrets. Le fait de vous confier à une autre femme peut vous rapprocher d'elle (et vous devez ouvrir votre cœur pour créer de l'intimité), mais les conséquences en termes de crêpages de chignon peuvent rendre problématique ce comportement. Vous pouvez vous retrouver prise dans le monde des secrets d'une manière qui vous en coûtera beaucoup. Si le pouvoir se déplace en votre faveur et qu'une amie se sent atteinte par cette violation de la Règle, alors vous êtes vulnérable. C'est pourquoi, à mesure qu'elles grimpent dans l'échelle hiérarchique, les femmes ont de plus en plus de mal à faire à leurs amies des confidences sur leur vie privée.

Puisque vous passez la plus grande partie de vos journées au travail et que vous vous sentez limitée dans ce qui vous reste de temps – la maison, les enfants, la famille, tout cela peut occuper tous vos loisirs – il arrive que l'ensemble de vos amies potentielles se limite à vos collègues. Mais à mesure que vous gravissez les échelons, il devient de plus en plus difficile de vous faire des amies au travail. On se sent seul au sommet, surtout si vous êtes vulnérable au sabotage ou à la révélation de vos secrets. Pourtant, le fait de ne pas se livrer peut engendrer des sentiments blessants et même des conflits ravageurs, surtout si vous montez dans la hiérarchie et ne pouvez plus vous livrer à vos amies comme avant. Nous passons notre temps à redéfinir notre niveau d'amitié. « Je pensais qu'Anne était une bonne amie, mais elle ne m'a rien dit de sa promotion (ou de son nouveau petit ami, ou de son hystérectomie, etc.). Peut-être que je me faisais des idées sur la force de notre relation. » L'information, c'est le pouvoir. En gardant secret ce que des amies et des collègues estiment être des faits personnels importants, il est possible que vous transgressiez la Règle.

Parce que la Règle vous impose de vous comporter comme si vous aviez le même pouvoir que l'autre, même si elle est votre subordonnée, celle-ci pourra s'estimer blessée lorsque vous chercherez à préserver un certain niveau d'intimité. Quand Pat était à la fac, elle travaillait avec Corinne, une enseignante d'une trentaine d'années qui avait des rapports chaleureux d'amitié avec les thésards de son département. Corinne était toujours invitée aux soirées et aux brunchs du dimanche. Les filles connaissaient aussi son mari, Daniel, qui était toujours de la partie.

Un jour que Pat se trouvait dans le bureau de Corinne, elle remarqua que celle-ci ne portait pas son alliance. Pat s'étonna gentiment. « Je suis navrée de dire que Daniel et moi allons divorcer », répondit Corinne. C'était bien évidemment de très mauvaises nouvelles pour elle, et pourtant c'est Pat qui a ressenti une douleur ! Elle avait été exclue d'un événement important de la vie de Corinne. Tout d'un coup, il était évident que Corinne ne s'estimait pas aussi proche de Pat que celle-ci le croyait. Rétrospectivement, Pat comprit parfaitement que Corinne ne lui devait aucune explication sur ses problèmes conjugaux, mais à partir de ce moment, elle se sentit plus éloignée d'elle.

Enfin, les femmes peuvent réagir négativement si elles ont l'impression que quelqu'un s'est servi du penchant féminin pour l'amitié à des fins strictement personnelles. Comme l'explique la journaliste Sandy Sheehy, « loin d'être des exemples d'activités amicales, les réseaux et autres stratégies de réussite professionnelle ont rendu opaque et corrompu la notion d'amitié[3] ». La tendance existe de prendre les tentatives pour obtenir des faveurs comme une manifestation d'amitié, et vice versa. Par exemple, si vous êtes P-DG et que vous recevez l'appel d'un autre dirigeant d'entreprise qui veut faire des affaires avec vous, il ne fait pas de doute dans votre esprit que s'il vous invite à une partie de golf, c'est parce qu'il espère que vous conclurez un accord lucratif. La plupart des hommes sont habitués à la pratique du « si tu me grattes le dos, je te gratterai le tien ». Des budgets sont même spécifiquement prévus pour ce type d'activité.

Mais si c'est Samantha qui vous invite à une partie de golf ou à passer une journée dans un centre de thalasso avec elle, les choses seront plus compliquées : les femmes obéissent à des règles différentes en matière de convenance relationnelle. Vous vous demanderez donc peut-être si c'est un appel du pied pour le développement d'une relation amicale. Ou vous pourriez vous offusquer des cette tentative de vous « acheter ». Vous pourriez avoir l'impression qu'elle « frime », ce qui est un déséquilibre du pouvoir. Le tout peut devenir une question de gestion de jetons de pouvoir, et vous pourriez commencer à vous demander si Samantha dépense plus d'argent sur vous que vous sur elle. S'attend-elle à quelque chose en échange ? Est-ce une proposition candide ? Essaye-t-elle d'acheter votre amitié ? Et du point de vue de Samantha, votre réponse froide à une invitation dépourvue d'arrière-pensées pourrait-elle être mal interprétée comme une tentative de la rabaisser ? Pourrait-ce être un obstacle à sa réussite ?

Comment jouer le jeu

L'authenticité joue un rôle essentiel dans les rapports entre femmes. Elle crée pourtant une autre exigence contradictoire. Chaque fois que nous avons l'impression qu'il existe une divergence de points de vue, nous avons tendance à ne pas dire ce que nous pensons pour préserver la relation. Cela peut produire l'effet contraire et nuire à la relation, à cause de nos indices non verbaux (que le radar des femmes détecte très bien) qui conduiront notre collègue à penser que nous ne sommes pas sincères. Comme l'explique Sandy Sheehy, « si nous ne sommes pas fidèles à nous-mêmes ou n'exprimons pas nos sentiments pour préserver une amitié à laquelle nous tenons, nous pouvons détruire par inadvertance ce qui fait précisément que cette relation a tant de valeur pour nous [4] ».

Cela peut créer une exigence contradictoire dans le cadre professionnel. En général, les hommes n'attendent pas de leurs pairs une relation authentique. Ils ont plutôt tendance à supposer que chacun veille à ses propres intérêts. Les affaires, c'est un peu comme le poker. Ils savent que c'est un jeu et qu'il serait idiot de révéler leur main. Mais les femmes ne conçoivent pas le travail comme un jeu, plutôt comme un réseau de relations. Si une autre femme bluffe ou cache la vérité, vous vous demanderez ce que vaut votre relation. Pouvez-vous lui faire confiance ? Est-elle de votre côté ? Tient-elle à vous ? Les femmes sont assez exigeantes les unes envers les autres. Quand elles ont l'impression que les paroles ne viennent pas du cœur, elles se mettent à douter de la relation même si elles sont obligées de « jouer le jeu » pour protéger leur travail ou leur entreprise.

Les problèmes peuvent aussi surgir lorsqu'il s'agit de garder des secrets professionnels. Imaginez qu'en tant que DRH vous déteniez des informations confidentielles sur le licenciement de certains employés. Supposez que l'une des personnes concernées soit une de vos proches amies. Comment ne pas lui divulguer une information aussi vitale ? Et comment la licencier sans détruire en même temps la relation ?

Rechercher la relation, mais être obligée de « jouer le jeu », tel est le dilemme. Vous pouvez applaudir la franchise totale, mais vous devez comprendre, surtout à mesure que vous avez plus de pouvoir et que vous devez garder certaines informations confidentielles, qu'il y a un prix potentiel à payer. Y êtes-vous prête ?

Que faire si on se fait piéger dans un crêpage de chignon ?

Il est déjà assez difficile d'affronter ses propres dilemmes, mais puisque les femmes, lorsqu'elles souffrent, se tournent souvent vers celles qui sont les plus proches d'elles, elles peuvent se trouver embarquées dans les tentatives d'agression masquées d'une amie. Imaginez, par exemple, qu'Allison a finalement été promue au comité de direction. C'est la première fois que cela arrive à une femme. Vous tombez sur Patricia, une copine d'un autre service. Elle vous dit, l'air narquois : « Avec tout le mal qu'Allison a eu pour faire aboutir son dernier projet, c'est étonnant qu'on lui ait donné cette promotion, tu ne trouves pas ? » Il ne s'agit pas ici d'une attaque frontale du genre : « Tu ne trouves pas qu'Allison est une vraie garce ? » Mais vous avez une idée de la tournure que cette conversation va prendre, et vous savez que ce ne sera pas en faveur d'Allison. Comment devez-vous réagir ?

Vous ne pouvez malheureusement pas dire : « Patricia, arrête de casser du sucre sur le dos d'Allison. Le fait qu'elle ait eu de l'avancement ne te donne pas le droit de la dénigrer. » Cela pourrait nuire à votre relation amicale avec Patricia, et la faire se retourner aussi contre vous. Mais pour le bien de chacun, y compris de Patricia elle-même, il faut que ce comportement cesse. Que faire ?

Bien s'entendre avec les hommes

Les impératifs contradictoires générés par les transgressions de la Règle ne se limitent pas aux interactions féminines. Curieusement, lorsqu'une femme s'entend bien avec les hommes, ses collaboratrices peuvent penser et agir comme si elle avait violé la Règle. « J'aime énormément travailler avec des femmes, explique l'une d'elles, mais beaucoup se sentent menacées par ma capacité (ou mon désir) de m'adapter à l'environnement social masculin. J'ai souvent l'impression d'être perçue par les autres femmes comme une traîtresse quand je m'entends bien avec les types au boulot. Je ne parle pas ici de traîner à la cafétéria pour discuter du championnat de foot, mais du fait que j'ai réussi à trouver un terrain d'entente pour créer des liens. Que je puisse partager quelque chose avec les mecs semble être menaçant pour les femmes. Je suis tout le temps en train de faire de l'équilibrisme parce que j'apprécie vraiment le soutien que les femmes s'apportent mutuellement (surtout dans le domaine informatique, presque exclusivement dominé par les hommes). » Il est formidable qu'une femme parvienne à s'adapter et à se sentir à l'aise avec les hommes, mais elle doit aussi savoir que son comportement lui fait courir le risque de violer la Règle.

Gérer les impératifs contradictoires liés à l'amitié

Les femmes accordent beaucoup de valeur à la franchise. Plus vous serez sincère, plus vous aurez donc de succès auprès de vos collègues. Mais il y a des limites, et plus vous grimpez haut dans la hiérarchie, mieux il vaut garder vos problèmes pour vous. C'est triste, mais c'est la vie, et vous devrez peut-être avoir des relations strictement professionnelles avec les autres femmes au travail plutôt que des relations d'amitié. Voici quelques stratégies qui pourront vous être utiles pour vous sortir des impératifs contradictoires issus de vos relations amicales.

NE PAS DÉVOILER DE SECRETS

Les gens parlent. Si vous partagez une information confidentielle avec une femme, d'autres seront au courant. Ce qu'elles diront, elles ne le diront pas par méchanceté, mais un peu à la façon des adolescentes dont nous avons parlé au chapitre V, qui souhaitent accroître leur aura de pouvoir en partageant les secrets de femmes importantes. Vous devez néanmoins vous efforcer de percevoir si une personne est digne de confiance, et donc soyez très attentive à votre choix. N'oubliez jamais la Règle. Evaluez qui a le plus à perdre ou à gagner en révélant des informations à votre sujet.

Deborah, l'une des clientes de Susan, s'est trouvée dans une situation difficile concernant des secrets qu'elle avait soigneusement réussi à contourner. Son mari et elle dînaient en compagnie de son patron, Cécile, et de son mari. Tout se passait merveilleusement bien. Puis Cécile à pris Deborah à part et lui glissa à l'oreille, d'un ton conspirateur : « Pourquoi on ne sort pas entre filles un jour pour parler de la manière dont nos maris sont dans la réalité ? »

Deborah eut peur, surprise par cette manifestation soudaine d'amitié. Elle répondit vaguement : « Pourquoi pas ? Essayons de trouver un moment. » Lorsqu'elle demanda à Susan ce qu'elle en pensait, celle-ci lui dit : « Votre réaction instinctive a été formidable. Vous pourriez être flattée par les attentions de Cécile, son désir apparent de se rapprocher de vous, mais je vous suggère de vous tenir aussi loin que possible d'un tel déjeuner. » Sage précaution. En moins d'un an, Cécile avait décidé que le mari de Deborah était trop bien vu des grands pontes de la boîte et menaçait sa position. Elle décida donc de « l'avoir » en disant du mal de lui à tort et à travers. Heureusement, Deborah n'avait fourni à Cécile aucune information personnelle sur son mari qui aurait pu lui nuire. La campagne de dénigrement échoua.

NE PAS MÉLANGER VIE PRIVÉE ET VIE PROFESSIONNELLE

La grande majorité des femmes dirigeantes sont capables d'avoir des relations professionnelles fortes sans pour autant mélanger vie privée et vie professionnelle. Sur une échelle de 1 à 10, où 10 signifiait que l'on pouvait « confier ses secrets les plus profonds et les plus sombres à un individu », et 1 que la personne en question « ne sait rien de votre vie », les femmes interrogées par Carol Gallagher rapportent que seulement 10 % de leurs relations se situent au-dessus de 6. « Ces femmes gardent leurs cartes bien serrées contre leur poitrine », écrit-elle[5]. L'une d'elles, Gale Duff Bloom, présidente d'une importante division dans une multinationale, s'explique : « Je n'amène rien de très personnel avec moi au bureau. Je ne l'ai jamais fait. Je suis marié, tout le monde sait ça. Chacun connaît mon mari. Mais je ne parle pas trop de ma vie privée. J'aime bien les autres, et autrefois j'allais beaucoup sur le terrain. J'avais des relations bien plus proches avec les managers, mais plus on gravit les échelons, plus il devient difficile de gérer l'information que vous partagez avec ces relations professionnelles privilégiées. Vous commencez à ne plus rien raconter. C'est une sensation bien différente, beaucoup moins détendue[6]. » Comme d'autres femmes dirigeantes, Bloom est devenue de plus en plus réservée à mesure que sa carrière avançait.

ÊTRE PARFAITEMENT CLAIRE DANS SES INTENTIONS

La frontière entre le personnel et le professionnel peut se brouiller si vous faites professionnellement la cour à une autre femme en lui offrant des « gâteries ». Si vous devez faire tout votre possible pour séduire une femme et la convaincre de faire des affaires avec vous, il vaut mieux que vos intentions soient parfaitement claires dès le départ. Quand vous l'inviterez, employez des formulations comme : « Voyons-nous vendredi. Apprenons à nous connaître un peu mieux, et peut-être en route y trouverons-nous quelque avantage pour nos deux sociétés. J'aimerais vous présenter un nouveau produit. » La question peut prendre pour vous de plus en plus d'importance à mesure que vous progresserez professionnellement et qu'il y aura de plus en plus de pressions sur vous pour amener des contrats à la manière dont les hommes s'y prennent traditionnellement.

Si vous êtes la destinataire de ce type d'invitation et que vous n'avez pas de problème pour l'accepter, alors allez-y. Mais si vous n'êtes pas à l'aise, la meilleure solution sera de refuser courtoisement et peut-être de suggérer quelque chose de plus approprié et de moins compliqué pour vous. Par exemple, vous pourrez dire : « Quelle merveilleuse idée. J'adorerais pouvoir venir, mais je suis vraiment trop occupée pour prendre une journée. Pourquoi ne pas plutôt déjeuner ? »

FAIRE CESSER EN DOUCEUR UN COMPORTEMENT DESTRUCTEUR

Il est essentiel, lorsque vous entendez une amie attaquer quelqu'un qui a eu de l'avancement, de réagir immédiatement de manière positive en lui faisant savoir que vous trouvez cela inacceptable. (En outre, si une amie vous dit du mal d'une autre femme, il y a de fortes chances pour que vous soyez sa cible dans le futur.) Pour l'essentiel, vous voulez donner le modèle du comportement dont vous espérez que les autres femmes s'inspireront dans le futur, y compris votre amie. La meilleure manière de procéder est de changer de conversation pour montrer que vous refusez de vous laisser embarquer dans des commérages destructeurs. Soutenez la femme qui a réussi.

Supposons que Pascale soit à présent le superviseur de ses ex-camarades. Véronique, « l'ex-amie » de Pascale, pourrait se tourner vers Denise et dire : « Tu peux croire ça, qu'elle a été promue et pas nous ? Elle n'est même pas allée à l'université ! » Si Denise est une garce, elle répondra quelque chose comme : « Je me suis toujours posé des questions sur ses études... J'en avais entendu parler, mais je n'y croyais pas, et je ne suis pas surprise. » Mais comme Denise à appris le fonctionnement de la Règle, elle répond : « Étant donné qu'elle a quinze années d'expérience derrière elle, je pense que c'est vraiment la plus qualifiée de nous. Je suis contente qu'il y ait enfin eu une promotion au mérite dans cette boîte. Ça donne de l'espoir à tout le monde, non ? En outre, elle sait quelle est la situation de notre service. Je pense que cela aurait été bien pire si on avait recruté quelqu'un à l'extérieur. »

Ne vous laissez jamais embarquer dans la dispute d'une amie avec une autre femme. Nous pensons que notre responsabilité est de suivre leur chemin lorsque des femmes réussissent, et de laisser derrière nous celles qui n'ont envie que de se crêper le chignon. Nous sommes ensemble dans cette barque, le management est l'un des outils les plus importants pour la promotion des carrières tant des hommes que des femmes. Mais comme nous ne savons pas bien gérer les conflits directs, nous devons faire particulièrement attention à nos stratégies de résolution de conflits. Les deux chapitres suivants exposent quelques techniques utiles pour que les conflits avec d'autres femmes soient productifs.

CHAPITRE VIII

Quand les conflits sont féconds

« Ces frais généraux sont dingues !, s'exclame Geneviève, debout devant la porte grande ouverte de son vaste bureau, avec en main les derniers chiffres de son service. Les heures supplémentaires sont en augmentation de 10 % et le téléphone et les fournitures de 20 % ! » Jeanne se raidit aussitôt : « Minute ! Je n'y suis pour rien. Pourquoi vous me cherchez des poux avec des chiffres ? J'ai travaillé dur là-dessus, vous savez ? »

Dans le couloir, les oreilles se dressent.

Geneviève est prise de court. Son problème est un problème de gestion, elle a besoin d'aide pour réduire les frais généraux. Mais Jeanne prend ses remarques comme une attaque personnelle. Elle est sur la défensive. « Vous ne me soutenez jamais ! s'écrie-t-elle. Vous êtes toujours sur mon dos, quoi que je fasse. Si vous étiez une meilleure gestionnaire, peut-être qu'on n'en serait pas là !

– C'est totalement faux ! rétorque Geneviève qui sent le sang lui monter aux joues. Et en plus, pour qui vous prenez-vous, à me parler comme ça ? »

Elle tourne brusquement les talons et Jeanne sort de son bureau en claquant la porte, marmonnant qu'on ne sait vraiment pas l'apprécier. Des jours durant, elle traîne dans les couloirs et cherche des complices pour conspirer contre

« cette garce de Geneviève », semant les graines du méga-crêpage de chignon qui va suivre.

En moins de trois semaines, le département est submergé de factures mal établies, de dossiers mal classés. Jeanne raconte à qui veut l'entendre pis que pendre sur le service. Et elle fait courir des rumeurs – fausses – sur Geneviève et sa famille. Sa fille serait une ratée (Geneviève n'a pas d'enfants), elle aurait hérité une fortune de sa mère (celle-ci est encore en vie), son mari serait un oisif (il a deux emplois différents).

Maintenant, non seulement Geneviève n'a pas réglé son problème de frais généraux, mais en plus son service est totalement désarçonné. Et, pour comble, on dit du mal d'elle dans son dos. Elle se demande quand les choses ont commencé à clocher avec ses plus fidèles collaboratrices.

Il n'en faut pas beaucoup pour qu'un conflit entre deux femmes prenne une vilaine tournure. Mais les conflits ne sont pas forcément des histoires à la « si tu t'approches de moi je t'arrache les yeux, ne m'adresse plus jamais la parole ». Exécutés et résolus de manière constructive, ils peuvent vous fournir l'occasion, à vous et à la personne avec qui vous êtes en désaccord, de sortir de la pièce en ayant trouvé ensemble un terrain d'entente. Contrairement à une idée largement répandue, les conflits ne sont pas forcément une mauvaise chose. En fait, ils sont même indispensables à la préservation de liens étroits. Comme dans un couple, ce n'est pas la dispute en soi qui est importante, mais la manière de la gérer.

Conflit productif et coopération

Le plus souvent, les conflits naissent d'un manque de communication, d'une différence de points de vue ou de valeurs, d'un désaccord sur les résultats attendus et, entre femmes, d'une transgression de la Règle. Mais tous les conflits ne se ressemblent pas. On peut les classer en deux catégories : les conflits destructeurs, comme celui de Geneviève et Jeanne, et les conflits productifs qui se soldent par une avancée. Les premiers nuisent aux relations et rendent tout progrès ultérieur difficile. À l'inverse, un conflit productif résout le problème et permet de préserver les relations.

Imaginez que vous abordez l'une de vos collègues pour lui dire : « J'aimerais te parler de la réunion d'hier. Je ne suis pas d'accord avec l'orientation que prend le projet et j'aimerais en discuter avec toi. » Il n'y a rien d'effrayant là-dedans, non ? C'est un exemple de la manière dont on peut voir un conflit ou un désaccord comme un moyen d'atteindre un but. Ce type de rencontre directe, substantielle, peut stimuler le développement et renforcer les relations. Si vous parlez avec votre supérieur du problème et parvenez à résoudre celui-ci, vous vous sentirez plus proche d'elle parce que vous avez réglé la question ensemble.

Pour que les conflits soient sains, productifs, il faut maîtriser l'art de la coopération. Et la coopération repose sur le respect de l'opposition, la valorisation du rapport avec ceux qui ont une opinion divergente, la reconnaissance du fait que vous avez besoin de l'opposition pour mettre en œuvre le résultat recherché, le renforcement de l'estime de soi et du sentiment de pouvoir de votre adversaire, l'augmentation de votre propre estime de soi et de votre sentiment de pouvoir.

Hélas, beaucoup de femmes ne connaissent pas ce type de conflit productif. Nous pouvons trouver l'idée de toute confrontation désagréable parce que nous ne sommes pas sûres de nous-mêmes quant à la manière de gérer un désaccord et nous pouvons faire de grands efforts pour l'éviter. Une participante à l'un de ses ateliers a dit un jour à Susan : « Je ne suis vraiment pas douée pour ces histoires de conflit, alors je les évite, tout simplement. » Susan lui a répondu : « Bien sûr, nous passons toutes notre temps à éviter ce que nous ne savons pas bien faire, mais ce n'est pas la meilleure des réactions. Voilà pourquoi il est si important d'apprendre les techniques productives de gestion des conflits. »

Une autre raison pour laquelle il est important de bien savoir gérer les conflits tient au fait que vous ne pouvez pas vous sentir proche de quelqu'un si vous n'êtes pas capable de lui parler de tous vos sentiments – y compris de ceux avec lesquels elle risque d'être en désaccord. Pensez à votre meilleure amie, celle à qui vous pouvez tout dire. Elle ne sera pas nécessairement d'accord avec vous, mais au moins elle essaiera de comprendre votre point de vue. Pour avoir un rapport ouvert, vous devez avoir des conflits – et savoir les résoudre. Le conflit ne signifie pas que vous vous entre-déchirez, parfois c'est juste qu'on ne voit pas les choses du même œil.

De plus, si vous ne savez pas comment résoudre les désaccords de manière productive, les ressentiments vont s'accumuler et finir par exploser. Outre qu'ils vous permettront d'éviter les effets négatifs patents de l'amertume ressassée, les conflits productifs peuvent être utiles à votre travail. Parfois ils sont indispensables si vous ne voulez pas stagner ; si personne ne s'aventure à formuler des idées neuves, potentiellement risquées, de celles qui donnent lieu à des discussions animées, il n'y aura jamais de progrès.

Les crêpages de chignon sont un comportement acquis. On nous a appris à être indirectement agressives lorsque nous ne sommes pas d'accord avec une autre femme. Mais nous pouvons tout aussi bien apprendre à nous comporter de manière plus productive pour le bien de notre carrière et pour préserver nos alliances avec d'autres femmes. Dans ce chapitre et le suivant, nous vous présenterons différents outils qui vous aideront à reformuler et à résoudre les conflits entre femmes pouvant survenir dans le travail de manière à ce que vous parveniez à transformer les crêpages de chignon en une relation collégiale. L'une des techniques les plus efficaces consiste à reconnaître la différence entre un conflit de contenu et un conflit relationnel. Nous vous montrerons également comment éviter les attitudes défensives, tant les vôtres que celles de la femme avec qui vous êtes en désaccord, et aussi comment structurer l'environnement de vos conflits de sorte que le résultat soit positif pour tout le monde. Commençons donc par analyser ce qui se passe réellement entre Geneviève et Jeanne.

CONFLIT DE CONTENU CONTRE CONFLIT RELATIONNEL

Geneviève était-elle incompétente ? Jeanne était-elle responsable de l'envolée des frais généraux ? En fait, ces femmes avaient deux conflits différents, mais elles ne le savaient pas. L'une des raisons les plus courantes pour lesquelles les désaccords entre femmes deviennent rapidement explosifs, c'est que nous confondons des conflits ayant à voir avec des contenus réels – une question réelle, si vous voulez – et ceux qui ont à voir avec la relation entre les deux personnes.

Le problème de Geneviève était factuel et spécifique. Elle était inquiète de l'évolution des frais généraux de son service : une question de contenu. Un conflit de contenu concerne un désaccord au sujet de quelque chose de tangible – un fait mesurable et spécifique comme la distance qui sépare deux villes, le nombre de kilos dans une tonne, ou le montant de la facture de téléphone. Le problème de Geneviève n'avait rien à voir avec la compétence de Jeanne.

Mais pour Jeanne les paroles de Geneviève n'avaient rien à voir avec une discussion factuelle. En fait, elle comprenait plutôt que Geneviève pensait qu'elle faisait mal son travail. Jeanne se sentait mal-aimée par Geneviève. C'est une question relationnelle, où le problème concerne ce qui se passe entre deux personnes à un niveau interpersonnel : leurs émotions, leurs sentiments, leurs perceptions. Les conflits relationnels se produisent lorsqu'une personne pense qu'une autre personne sabote son travail, profite d'elle ou manque de considération à son égard.

Cette confusion entre conflit de contenu et conflit relationnel cause de grands dommages à la communication entre femmes. Plus de 60 % des femmes comptent sur leurs sentiments, l'harmonie et les valeurs humaines quand elles prennent des décisions plutôt que sur la logique et les principes. Cela fait que de nombreuses femmes ont l'impression qu'un conflit est d'ordre relationnel alors qu'il ne concerne qu'une question de contenu. Et lorsque cela se produit, elles finissent pas se sentir victimes de sabotage, de mépris, d'insultes. C'est peut-être à cela que les hommes font référence lorsqu'ils disent que les femmes prennent toujours tout personnellement. Si on interprète un conflit de contenu comme touchant à une relation, il est normal de se sentir personnellement blessé.

Parce que les disputes dans le travail ont le plus souvent à voir avec des questions de contenu – conflits autour des objectifs poursuivis, limitation de ressources et points de vue opposés sur les questions de qualité – que des questions relationnelles, il est essentiel que vous sachiez déterminer avant toute chose le sujet d'un conflit avant de vous atteler à sa résolution. Deux femmes aux prises avec un conflit relationnel auront du mal à transformer leur discussion dans un sens constructif si elles ne parviennent pas à communiquer au même niveau, c'est-à-dire tant qu'elles ne seront pas toutes les deux à parler de la même chose, qu'il s'agisse du contenu ou de la relation. Pour que cela ait lieu, il faut qu'au moins l'une d'entre elles comprenne la distinction.

Imaginons, par exemple, que Geneviève se rend compte que la réaction de Jeanne se situe au niveau relationnel plutôt qu'au niveau du contenu qui est le sien. Après la réaction émotionnelle de Jeanne, Geneviève peut faire marche arrière et dire : « Minute, je ne suis pas en train de te critiquer. Tout ce que je veux c'est que tu me conseilles pour m'aider à régler ce mic-mac budgétaire. Parce que tu es vraiment douée pour la résolution de problèmes. » De cette manière, Geneviève rassure Jeanne quant à l'état de leur relation, et désamorce par la même occasion la réaction défensive de Jeanne, tout en réitérant sa demande d'aide *en rapport avec le contenu*.

Nous avons nous-mêmes rencontré ce type de conflit avec une cliente. Lorsque quelqu'un souhaite travailler avec nous, nous lui envoyons un contrat d'une page pour être sûres que tout le monde s'attend à effectuer le même travail, le même jour, au même endroit. Nous n'avions pas reçu en retour le contrat de Laurence, et quelqu'un d'autre a demandé nos services pour le jour prévu pour Hélène. Quand Hélène, qui travaille avec nous, a demandé à Laurence si elle avait reçu le contrat, elle a sèchement répondu : « Oui, je l'ai bien reçu.

– Parce que nous ne l'avons pas encore reçu en retour. Vous êtes toujours intéressée par cette date ?

– Qu'est-ce qui vous fait penser le contraire ? (Le ton de voix de Laurence était glacial.)

– Comme nous n'avions pas reçu le contrat et que quelqu'un d'autre était intéressé par cette date, je voulais vérifier. » Silence. « Quand pensez-vous pouvoir nous le renvoyer ?

– Je ne sais pas. »

Hélène ne savait que penser, mais de toute évidence quelque chose clochait, alors elle n'insista pas. Après plusieurs coups de fil tendus, elle comprit enfin ce qui se passait. Nous n'avions pas travaillé avec Laurence depuis deux ans, et à l'époque notre cabinet était plus modeste, alors nous n'avions pas l'habitude d'envoyer un contrat. Et quand Laurence a reçu le contrat, elle s'est sentie insultée. Elle pensait que nous étions « amies ». Pourquoi un contrat, alors ? Sa parole ne suffisait donc pas ? Elle nous faisait confiance, pourquoi pas nous ?

Tout comme dans le cas de Geneviève et Jeanne, pour nous le conflit concernait le contenu et non pas la relation. Notre point de vue était assez simple : cette procédure impliquait un échange de contrats. Pour Laurence, par contre, c'était un conflit relationnel : elle pensait que nous ne lui faisions plus confiance et, de son point de vue, cela sabotait notre amitié. Nous continuons d'envoyer les contrats à Laurence lorsqu'elle prend une date avec nous, de sorte qu'il existe une trace écrite de notre transaction, mais nous n'insistons pas si elle ne les retourne pas.

Lorsqu'un conflit concerne le contenu pour une femme et la relation pour une autre, il vaut mieux commencer par s'occuper du conflit relationnel. Sinon, toutes les autres solutions qui pourraient être trouvées ne seront pas optimales, car l'une des parties peut rester blessée, méfiante ou rancunière. Si vous savez ce que sont les conflits de contenu et relationnels, l'un de vous peut dire : « Minute. Est-ce un problème de personne ou un problème réel ? » Si la dispute concerne une question de contenu et que vous découvrez qu'il s'agit d'une question relationnelle, alors occupez-vous tout de suite de la relation.

Même si une seule d'entre vous est consciente de la distinction entre les deux types de conflits, elle peut encore régler le désaccord de manière productive si elle se sert de son savoir dans la discussion. Par exemple, vous abordez Francine à la cafétéria et lui dites : « Je ne suis pas d'accord avec ce que tu as dit en réunion hier, je pense que cela coûtera trop cher et prendra trop de temps. Je ne pense pas qu'on puisse se permettre de le faire. »

Supposons que Francine réponde : « Tu m'en veux ? Pourquoi m'attaques-tu ? » Vous avez présenté à Francine un problème de contenu, et elle l'a transformé en une question relationnelle. C'est à vous de clarifier la question autour de la relation et de ramener la discussion au niveau du contenu, en disant quelque chose du type : « Je t'apprécie vraiment en tant que collègue, et comme je te fais vraiment confiance j'aimerais te parler de ta proposition. » Vous devez rassurer Francine sur l'importance de votre relation, faute de quoi elle aura du mal à surmonter sa réaction initiale de défense – ce qui est tout à fait normal quand nous nous sentons critiquées – et à résoudre le contenu de votre désaccord.

COMMENT ABORDEZ-VOUS LES CONFLITS ?

Il est important pour vous de comprendre comment vous percevez instinctivement les conflits. Si un problème surgit, cherchez-vous automatiquement son origine dans un problème de contenu ou dans un problème relationnel ? Considérez les dix situations suivantes. Dans chaque scénario, la réponse A correspond au point de vue relationnel, et la réponse B au point de vue du contenu. Laquelle avez-vous tendance à choisir spontanément ?

1. Une collègue vous déclare qu'elle trouve votre suggestion d'organiser un pique-nique d'entreprise trop chère et futile au moment où la productivité est un problème essentiel.
   A. Vous vous demandez ce qui l'a poussée à dire cela. Vous ne comprenez pas pourquoi elle est si insensible au besoin qu'a tout le monde d'un peu de détente dans cette passe difficile.
   B. Vous prenez ce qu'elle dit « littéralement » et réfléchissez à nouveau à votre proposition pour voir si ses idées ont du mérite.

2. Votre patronne, qui sait que vous avez des problèmes domestiques, vous informe qu'un client important demande à vous rencontrer la semaine prochaine pour vous parler d'un important projet qu'il souhaite confier à votre société. Cela veut dire que vous serez en déplacement pendant trois jours.
   A. Vous vous demandez pourquoi elle vous demande de faire cela. Elle sait que vous avez des soucis familiaux. Vous ne comprenez pas parce que vous pensiez que vous étiez amies.
   B. Vous réservez votre billet d'avion parce que vous savez que ce contrat pourrait donner une grande visibilité à votre compagnie.

3. Une de vos amies qui travaille pour une autre société doit déjeuner avec vous aujourd'hui. Il est midi vingt et elle n'est toujours pas là.

A. Vous êtes blessée qu'elle vous traite de la sorte. Vous vous dites qu'elle pourrait au moins avoir l'amabilité d'être à l'heure.

B. Vous appelez son bureau pour vous assurer qu'il n'y a pas d'erreur sur la date ou l'heure. Une fois cela réglé, vous commandez une tasse de café et vous préparez à passer commande si elle n'arrive pas dans un quart d'heure. Elle doit être coincée dans un embouteillage ou avoir eu un autre problème imprévu. Vous espérez que tout va bien pour elle.

4. Vous avez travaillé dur sur une présentation que vous devez faire devant le conseil municipal dans l'espoir d'obtenir que l'on mette un panneau de stop devant l'école primaire. Vous demandez à votre meilleure amie de vous aider à répéter votre speech. Après vous avoir écoutée, Joanne vous dit que vous seriez plus convaincante si vous changiez l'ordre de certaines sections et mettiez un peu plus de punch dans la conclusion.

A. Vous êtes blessée qu'elle ne semble pas apprécier le temps et les efforts que vous avez consacrés à cet exposé. Vous ne lui avez pas demandé de faire des suggestions, vous vouliez juste répéter votre présentation. Vous vous demandez pourquoi elle est si critique.

B. Vous êtes heureuse de constater que votre idée de faire installer un panneau est une bonne idée. Vous écoutez ce qu'elle a à dire et tenez compte de ses suggestions. Elle a toujours été de bon conseil.

5. Vous avez invité l'une de vos meilleures amies à un concert à plusieurs reprises, mais elle n'a jamais pu venir parce qu'elle est souvent en voyage d'affaires. Vous appelez donc Rita une nouvelle fois aujourd'hui pour lui demander si elle est libre mercredi prochain. Mais elle sera à nouveau absente.

A. Vous vous demandez si Rita essaye de vous faire passer un signal au sujet de votre relation.

B. Vous avez de la peine pour elle parce que son travail l'empêche de prendre part à toutes ces activités qu'elle aime tellement. Vous lui dites que vous lui achèterez un enregistrement du concert et le lui apporterez la prochaine fois que vous déjeunerez ensemble.

6. Votre patronne vous convoque pour vous dire que votre chemisier est trop provoquant et qu'il influe négativement sur la manière dont vos collègues masculins vous considèrent.

A. Vous êtes furieuse. Comment ose-t-elle vous parler de la

sorte après toutes les fois où vous l'avez défendue face aux gens qui contestaient ses compétences ?

B. Vous vous rendez compte qu'elle s'est toujours efforcée de vous aider et de vous conseiller. Peut-être a-t-elle raison ?

7. Aujourd'hui votre patronne vous a fait des reproches. Elle a dit que votre travail laisse à désirer dernièrement.

A. Vous vous demandez si elle a mal pris la remarque que vous avez faite l'autre jour sur son fils.

B. Vous considérez objectivement votre performance pour estimer si ses critiques sont fondées.

8. Christine continue de ne pas faire ce que vous lui avez suggéré. Vous vous demandez ce qui explique son comportement, qui vous paraît incompréhensible.

A. Vous commencez à vous demander si vous avez dit ou fait quelque chose qui a pu l'offenser.

B. Vous évaluez objectivement les faits et votre analyse de la situation.

9. Catherine doit vous fournir les informations dont vous avez besoin pour vos rapports hebdomadaires. Ces derniers temps, vous avez dû les lui réclamer à plusieurs reprises, et elle met du temps à vous les donner.

A. Vous lui demandez s'il y a un problème entre vous.

B. Vous lui demandez si elle a une surcharge de travail en ce moment.

10. Carla vous a dit ce matin qu'elle déteste lorsque les filles qui utilisent la photocopieuse ne remettent pas du papier dans le chargeur.

A. Vous vous demandez si elle pense à vous.

B. Vous êtes d'accord avec elle, parce que cela vous exaspère également.

Si vous avez choisi la réponse « A » dans la plupart de ces situations, alors vous êtes vraisemblablement quelqu'un qui voit les conflits d'un point de vue relationnel plutôt que de contenu. Si vous avez plutôt choisi « B », vous voyez les conflits plutôt sous l'angle du contenu. Mais quels que soient les choix que vous avez faits, prenez bien soin de ne pas mal interpréter un conflit en raison de votre propension à les voir sous un angle plutôt qu'un autre.

Contrôlez votre susceptibilité

Lorsqu'on est sur la défensive, qu'il s'agisse de vous ou de la personne avec qui vous êtes en désaccord, cela fait obstacle à toute discussion productive et sous-tend bien des conflits entre femmes. Si vous ne maîtrisez pas bien cela, vous pouvez passer 90 % de votre temps à vous en occuper au lieu d'affronter les vrais problèmes qui demandent à être résolus.

Vous vous trouvez à votre bureau lorsque Florence fait irruption et déclare sur un ton fiévreux, accusateur : « Tu avais promis que tu me donnerais ces informations avant quinze heures, pour ma réunion de cet après-midi. Tu ne l'as pas fait, et je me suis fait incendier. » Vous aviez tout à fait l'intention de donner ces informations à Florence, mais au dernier moment votre patron vous a donné quelque chose à faire de toute urgence, et vous n'avez pas pu vous occuper de Florence.

Comment réagiriez-vous face à quelqu'un qui vous saute dessus de la sorte ? Les êtres humains font des choses pour des raisons qui nous paraissent sensées. Notre penchant naturel lorsqu'on nous attaque, c'est d'expliquer notre comportement. Nous nous défendons. Mais cela crée un cercle vicieux. Florence vous attaque, alors vous vous défendez, donc elle vous attaque encore plus durement, et vous vous défendez encore plus. Au lieu d'apaiser Florence, votre explication défensive ne fait qu'exacerber le conflit.

Notre capacité à résoudre des problèmes de manière efficace est grandement diminuée lorsque nous sommes sur la défensive. Mais la plupart d'entre nous chercherons quand même à nous défendre activement lorsque quelqu'un s'en prend à notre estime de soi. En fait, l'une des clés de la gestion des conflits est d'apprendre à maîtriser notre tendance à la défensive, et à gérer celle de la personne qui nous fait face. Si nous parvenons à désarmer notre attitude défensive, nous n'aurons peut-être pas résolu le conflit, mais nous aurons au moins changé de manière fondamentale et pour le mieux le ton général de l'interaction. Les étapes suivantes peuvent s'avérer utiles :

PRENEZ CONSCIENCE DU PROBLÈME

Souvent, nous ne nous rendons pas compte de nos propres réactions de défense jusqu'au moment où quelqu'un nous le fait remarquer. Nous protestons alors : « Mais je ne suis pas sur la défensive ! Je ne faisais que corriger certaines erreurs factuelles. » Ce manque de conscience peut être source de difficultés durables avec vos collègues. Demandez-vous ce qui se passe mentalement, physiquement et émotionnellement lorsque vous êtes sur la défensive. D'abord, vous constaterez que vous cessez d'écouter l'autre. Au lieu de quoi vous entreprenez un dialogue interne qui vise à vous faire sentir mieux. Vos pensées défensives peuvent être : « J'ai fait de mon mieux, tu ne me comprends pas », ou bien : « Tu n'est pas si géniale toi-même, je t'ai vue commettre des erreurs. » Vous pourrez aussi reconnaître les signes qui accompagnent la réaction de stress : votre respiration et votre pouls s'accélèrent, vous devenez tendue, votre température augmente, votre bouche s'assèche, et ainsi de suite. Peut-être croiserez-vous et décroiserez-vous vos jambes ou vos bras. Vous vous sentirez peut-être aussi blessée et incomprise, et méprisée.

En devenant davantage consciente de vos réactions lorsque quelqu'un vous attaque, vous pouvez transformer votre compréhension en une action stratégique, en termes de gestion de conflit. Au lieu d'en faire une question autour de vos sentiments meurtris, vous pouvez vous dire : « Que vais-je faire pour régler ce problème ? »

DÉTENDEZ-VOUS

L'expert en communication Albert Mehrabian estime que seulement 7 % de l'impact émotionnel d'un message est véhiculé par les mots que vous employez, et 93 % par le langage du corps et l'intonation[1]. Si vous dites : « Je me sens bien », alors que ce n'est pas vrai, des indices non verbaux inconscients vous trahiront très certainement. Pour vous désarmer, il vaut mieux se détendre. Commencez par prendre des inspirations profondes, lentement. Vérifiez que votre mâchoire n'est pas crispée. Si c'est le cas, détendez-la. Faites attention à votre posture et à votre langage corporel. Vos bras ou vos jambes sont-ils croisés ? Si oui, décroisez-les. Si vos poings sont serrés, ouvrez les mains. Écoutez le ton de votre voix. Est-il cassant ? Colérique ? Haut perché ? Faites un effort pour moduler votre manière de parler pour qu'elle ressemble à votre voix habituelle.

CHANGEZ DE POINT DE VUE

Une attitude défensive découle essentiellement du fait que vous vous concentrez exclusivement de ce qui vous arrive au lieu de réfléchir à ce que dit la personne avec qui vous êtes en conflit. L'un des meilleurs moyens de vous libérer d'une attitude défensive est de se concentrer sur ses mots et gestes. Vous devez faire cesser votre dialogue intérieur pour écouter véritablement l'autre personne. Faites un effort conscient pour prêter attention à ce dont elle se plaint. Cela peut être difficile, surtout si elle est en train de vous dire que vous êtes épouvantable. Notre réaction humaine naturelle est de justifier ce que nous avons fait par des raisons qui nous semblaient valables au moment où nous l'avons fait. Mais au lieu de continuer à défendre coûte que coûte ce que vous avez fait, vous devez vous mettre à la place de l'autre et essayer de comprendre comment *elle* voit le monde, pas pourquoi vous avez trouvé cela normal de faire ce que vous avez fait, pas pourquoi elle n'a pas raison dans ses critiques, mais quel est le problème de *son* point de vue. Vous ne pouvez pas comprendre sa réalité si vous ne vous taisez pas pour l'écouter.

LAISSEZ-LA S'EXPRIMER

Il est particulièrement important de ne pas interrompre quelqu'un qui est en train de vider son sac. Il est plus que probable qu'elle a répété ce qu'elle est en train de vous dire de A à Z, et si vous l'interrompez, elle risque de tout vouloir reprendre depuis le début parce qu'elle aura le sentiment que vous n'avez pas fait attention à ce qu'elle a dit. En fait, elle va même sans doute se sentir obligée à présent de parler plus lentement et plus fort. Faites attention à l'écouter calmement. Rappelez-vous que vous aurez l'occasion de parler lorsqu'elle aura fini de dire ce qu'elle a à vous dire.

UTILISEZ DES TECHNIQUES D'ÉCOUTE ACTIVE

Après que votre collègue vous a incendiée pour toutes vos terribles transgressions et qu'elle vous a montré toute sa colère à ce propos, l'étape suivante est de paraphraser sa perspective. Par exemple, vous pourrez dire à Florence, que vous avez si cruellement déçue : « Donc, tu dis que parce que tu es allée à la réunion sans les infos dont tu avais besoin, tout le monde t'a critiquée et tu t'es sentie comme une conne. »

La paraphrase est un moyen de prouver à Florence que vous avez compris ce qu'elle disait. Si vous la prenez de haut ou si vous faites comme si cela n'avait pas d'importance, en disant par exemple : « Je sais, je sais », ou « Ça ne pouvait pas être totalement négatif », votre collègue n'aura pas l'impression que vous saisissez vraiment son problème. Même un « je suis désolée » honnête pourrait être inadéquat parce qu'elle redoute que vous ne recommenciez et qu'elle se retrouve dans la même situation. Tant qu'elle ne sera pas certaine que vous comprenez le problème qu'elle vous pose, elle aura l'impression d'avoir raison de vous répéter et vous répéter encore combien vous lui avez pourri la vie. En la paraphrasant, vous lui montrez que vous l'avez écoutée et comprise.

LÉGITIMEZ SES SENTIMENTS

Ensuite, vous pourriez dire : « Si j'étais à ta place, j'imagine que je ressentirais la même chose. » Gardez à l'esprit que vous n'êtes pas en train de dire à l'autre femme qu'elle avait raison et vous tort : vous n'êtes pas en train de céder. Vous faites simplement preuve d'empathie, vous lui montrez que vous comprenez ses sentiments. Vous lui dites que si vous voyiez le monde comme elle le voit, vous auriez sans doute la même réaction.

ÉVITEZ DE VOUS EXPRIMER DE MANIÈRE OFFENSANTE

Au milieu d'une dispute, votre collègue utilise certaines expressions que vous trouvez offensantes : « salope », « fais chier », « va te faire foutre ». L'utilisation de ces expressions insultantes peut être ressentie comme une critique frontale et peut facilement provoquer une réaction défensive de votre part. Que faire ? Ici vous devez faire un choix. Vous pouvez ou bien répondre aux paroles insultantes, ou bien vous pouvez continuer à vous occuper du conflit en cours. Vous ne pouvez pas faire les deux choses en même temps. En général, nous choisissons d'ignorer les invectives et de chercher à résoudre le conflit. Nous devrions laisser un désaccord de côté et aller au lit, plutôt que de nous retrouver dans un concours d'engueulades avec noms d'oiseaux et autres joyeusetés. En outre, vous pouvez retourner voir la personne le lendemain, une fois que vous vous serez calmées toutes les deux et lui dire : « Si jamais nous nous disputons à nouveau comme hier, je préférerais que tu n'utilises pas les mots que tu as employés. »

Si vous essayez de répondre à ses paroles au cours d'une dispute, vous risquez de renforcer leur utilisation. C'est comme la petite fille de cinq ans qui revient à la maison avec son premier gros mot. Au milieu du repas de famille, elle dit « merde ! » et la réaction de ses parents est si violente qu'elle se dit : « Je ne dois pas oublier ce mot. C'est le mot le plus puissant que j'aie rencontré jusqu'ici. » La même chose est vraie des conflits entre adultes. Si l'autre femme vous lance une invective à laquelle vous réagissez, elle continuera sans doute à appuyer sur ce bouton-là, parce que cela lui donne le contrôle de la situation. Inversement, si vous ignorez le mot, elle l'utilisera à nouveau, mais si elle n'obtient pas la réponse qu'elle attend, elle abandonnera et laissera tomber les insultes.

N'oubliez pas que c'est un choix de valeurs. Mais ce n'est peut-être pas le bon choix pour vous.

Accepter la critique

L'élément provocateur le plus important du comportement défensif est la critique. Le fait d'être critiquées nous donne envie de nous défendre, surtout lorsque cela nous arrive par surprise. La critique est parfois justifiée, et elle peut conduire à une grande amélioration tant personnelle que professionnelle, si le feedback est valable. Mais c'est votre droit d'évaluer les critiques pour voir si elles sont légitimes ou injustifiées et faire valoir votre point de vue si vous estimez avoir été attaquée injustement.

Voici quelques conseils pour accepter les critiques sans ciller et sans réagir si on vous atteint. Ces suggestions peuvent vous aider à contrôler vos réactions défensives lorsque vous sentez que vous ne dominez pas la situation. Lorsqu'on vous critique :

– Demandez un exemple précis de ce qui est critiqué.

– Décidez par vous-même si la critique est fondée. Est-elle vraie ? S'agit-il d'une situation que vous êtes capable et disposée à changer ?

– Si la critique est juste, ne vous excusez pas. Demandez-vous comment vous pouvez redresser la situation. Demandez : « Que puis-je faire pour corriger ce problème ? »

– Si la critique est injuste, utilisez des phrases comme : « J'ai l'impression de ne pas être comprise », ou « J'ai l'impression que je ne pourrai pas atteindre tes objectifs. » N'utilisez pas des phrases avec « tu », qui accusent ou insultent : « Tu n'as rien compris à la situation », ou : « Tu es déraisonnable », ou encore : « Comment oses-tu me parler de cela ? Tu ne sais même pas de quoi tu parles. »

Les critiques peuvent déclencher chez vous une réaction de représailles. Modérez cette impulsion. Si vous avez l'impression que vous allez perdre les pédales, faites une pause. Reprenez la discussion à un moment où vous vous maîtriserez et serez capable de traiter l'information avec plus d'objectivité. Remerciez votre collègue pour ses critiques. Si dans le futur elle a un nouveau conflit avec vous, elle risque plus de venir vous voir directement dans l'espoir de le résoudre. Que la critique soit ou non valable, vous avez plus de chance d'éviter les conflits destructeurs et de pouvoir préserver un environnement de travail sain si vos collègues ont l'impression qu'ils peuvent calmement discuter de leurs différends avec vous.

Lorsque vous écoutez des critiques, faites attention à être assise dans une pose droite et ouverte. Si vous pensez que les critiques ne sont pas justifiées, cela communique non verbalement que vous vous estimez inébranlable. Si vous estimez que les critiques sont justifiées, cela communique que vous n'allez pas avoir une attitude défensive vis-à-vis de votre interlocuteur.

Si l'on vous critique pendant que vous parlez lors d'une réunion, dirigez-vous avec une posture droite vers votre attaquant. En règle générale, cela suffit à mettre un terme à l'agression parce que, essentiellement, vous êtes en train de dire : « Cela ne m'atteint pas, et je vais t'avoir. » C'est peut-être l'inverse de ce que vous avez envie de faire – peut-être avez-vous envie de partir en courant de la pièce – mais c'est une manière très efficace de mettre un terme à une attaque.

Comment empêcher l'autre d'être sur la défensive

Vous pouvez vous retrouver dans une situation où vous mettrez une autre femme dans une attitude défensive. Vous soulevez un problème que vous avez sur un projet commun, et ce que Linda entend, c'est que vous pensez qu'elle n'en fait pas assez de son côté. Encore une fois, il est utile d'analyser s'il s'agit un conflit de contenu ou relationnel. Si dans l'esprit de votre collègue il s'agit d'un problème relationnel, vous devez l'assurer qu'il n'y a pas de problème au niveau de votre relation, mais que vous souhaitez régler un problème de contenu avec elle.

Les signaux non verbaux de Linda vous aideront à reconnaître si elle est défensive : elle peut physiquement s'éloigner, se tourner de côté et/ou croiser ses bras et/ou ses jambes. Elle peut éviter de vous regarder. Elle peut avoir une expression faciale figée : des yeux serrés, les lèvres pincées, comme si elle portait un masque. Ses sourcils peuvent se relever. Bien sûr, ses paroles la trahiront aussi. Elle pourra se défendre activement avec des phrases comme : « Tu ne me comprends pas... », « J'allais faire cela, mais... », « Pourquoi ne m'as-tu pas appelée pour me dire... » Il se peut que sa voix change aussi, qu'elle devienne stridente et hachée. Aucun de ces indices ne veut rien dire en soi, mais si à la minute même où vous abordez un sujet avec une autre personne elle vous bloque physiquement ou verbalement, c'est un signe clair que vous avez touché un point sensible pour elle.

Lorsque vous reconnaissez qu'une collègue devient défensive, il est sage de mettre un terme à la discussion et faire un effort pour réduire sa tension. Parce que votre stratégie de base est de désarmer sa défensive, tout ce que pourrez faire pour faciliter la conversation sera essentielle pour la résolution du conflit. Voici quelques conseils qui vous aideront à communiquer avec une collègue sur la défensive.

NE JUGEZ PAS SON COMPORTEMENT, MAIS DÉCRIVEZ-LE

Le fait de juger le comportement de quelqu'un (au lieu de se contenter de le décrire) peut provoquer une réaction de défense. Par exemple, si vous dites : « Tu es paresseuse » ou « Ton attitude est déplorable », non seulement votre collègue se sentira-t-elle personnellement attaquée, mais en plus elle n'aura pas la moindre idée de ce qu'elle peut faire pour vous plaire. Elle ne sait pas quels comportements ou incidents spécifiques vous avez en tête, et donc n'a aucun moyen de remédier à la situation. Sa réaction spontanée sera donc de se défendre.

Il est bien plus efficace de décrire son comportement : « Je croyais que ce rapport allait être prêt pour moi vendredi à dix-sept heures. Nous sommes mardi, je ne l'ai toujours pas. Pour cette raison, je ne vais pas avoir le temps de le relire comme il faut, et cela donnera une mauvaise image de notre service. » Maintenant, elle sait que vous n'êtes pas contente – et pourquoi.

Pat a rencontré une situation où la description d'un comportement a permis rapidement de résoudre ce qui aurait pu devenir un problème majeur entre deux collègues. Le président d'une compagnie d'assurances avait fait appel à Pat pour l'aider à résoudre le problème de Claudia et Michèle, qui lui étaient toutes directement subordonnées et travaillaient ensemble sur un projet important. Malheureusement, elles étaient tout le temps en conflit, et le projet n'avançait pas. Pat a rencontré chacune des deux femmes en tête à tête et leur a expliqué la stratégie de gestion de conflits. Puis elle les a réunies, s'est tournée vers Claudia et lui a demandé : « S'il vous plaît, dites à Michèle quel est de votre point de vue le problème. »

Claudia a dit simplement : « Tu ne me soutiens pas. » En dépit du travail de préparation, Claudia avait quand même émis un jugement sur le comportement de Michèle.

Mais cette dernière avait reçu le message : « Qu'est-ce que je fais qui te donne l'idée que je ne te soutiens pas ? » Pat se dit que c'était formidable. Le jugement de Claudia aurait pu déclencher chez Michèle un comportement défensif, au lieu de quoi Michèle lui avait demandé une description de son comportement « problématique ».

Claudia lui a répondu : « Je vais te le dire. Lorsque nous sommes ensemble dans une réunion et que je lance des idées, tu ne dis jamais rien pour me soutenir. »

« Mon Dieu, s'exclama Michèle. C'est pour cela que nous formons une équipe géniale. Tu es celle qui a les idées, et moi celle qui les met en œuvre. Lorsque tu sors une idée à la suite de l'autre, je suis assise là, et je me demande : “Comment je vais faire pour mettre celle-ci en œuvre ? et celle-ci ?” »

Le visage de Claudia changea lorsqu'elle reconnut leur dynamique. Le conflit s'évapora instantanément.

Si, au lieu de demander une description lorsque Claudia a formulé sa plainte, Michèle s'était contentée de se défendre, la conversation aurait pu se dérouler comme suit :

« Ce n'est pas vrai, je te soutiens.

– Non, tu ne me soutiens pas.

– Si, je te soutiens. »

Et ainsi de suite. Il n'y a pas moyen de résoudre le conflit si l'on s'en tient aux jugements.

CHERCHEZ DES SOLUTIONS OÙ TOUT LE MONDE GAGNE

Les femmes ont plus de facilité pour trouver des solutions gagnantes pour tout le monde que les hommes, parce qu'on leur a appris à les chercher, alors que les hommes ont plus l'habitude de situations où il y a toujours un perdant. Dans une solution « gagnante pour tous », chacun obtient une partie de ce qu'il recherche. Cela permet de préserver l'estime de soi et le pouvoir des deux femmes. Alors qu'une solution avec un gagnant et un perdant affaiblirait très certainement les sentiments d'estime de soi d'au moins une des parties. Et les perdants ont la mémoire longue. « Tu m'as eue, mais je te le ferai payer. »

La solution « tout le monde gagne » vous permet de préserver des jetons de pouvoir avec vos collègues. Elle vous permet d'éviter les crêpages de chignon. Ce sont des solutions coopératives et elles préservent les relations. La plupart des femmes utilisent les solutions « tout le monde gagne » sans même y réfléchir parce que la Règle sous-tend leurs actions.

Comment marchent les solutions de ce type ? Karen, directrice des opérations d'une grande entreprise, avait grandement besoin de Nathalie, une de ses adjointes très appréciée, pour l'aider à faire son travail. Mais Nathalie avait de longs trajets jusqu'à la maison, deux enfants, et un travail prenant. Elle a décidé qu'elle devait changer quelque chose parce que sa vie devenait trop stressante. Elle a demandé à Karen un emploi du temps plus souple – elle souhaitait travailler chez elle deux jours par semaine. Mais Karen estimait qu'elle avait besoin de Nathalie au bureau, et elle n'était pas prête à la laisser modifier sa routine. La solution de Nathalie ? Elle démissionna. C'est cela une solution « qui gagne perd » : Karen avait gagné la bataille, mais perdu la guerre.

Tout ce que Karen aurait eu besoin de faire, c'est de tenir compte de certaines suggestions de Nathalie. Elle aurait pu dire : « J'ai besoin de toi au bureau pour notre budget hebdomadaire et nos réunions de production. Tu devras passer du temps avec chaque membre de l'équipe durant la semaine et il faudra aussi que tu organises toujours les réunions hebdomadaires de ton service. Si il y a un problème imprévu, tu devras aussi être ici pour t'en occuper. Y a-t-il moyen de faire tenir tout cela dans ton nouvel emploi du temps ? » Si Nathalie avait été capable de tenir compte des besoins de sa patronne, elles seraient toutes les deux sorties de ce conflit avec ce qu'elles recherchaient : une solution où tout le monde gagne.

PARLEZ À LA PREMIÈRE PERSONNE

Chaque fois que le premier mot à sortir de votre bouche durant un conflit est « tu » ou « vous », l'autre personne érigera une barrière mentale pour se protéger des accusations. « Tu ne m'écoutes jamais ! » risque de provoquer une réaction de défense. En outre, vous n'avez aucun moyen de savoir si elle vous écoute ou non. Dans la mesure où vous devez chercher à éviter autant que possible les réactions de défense, il vaut mieux parler à la première personne pour exprimer votre réalité, comme dans « j'ai l'impression... », « je pense... », « je crois... ». L'énoncé : « J'ai l'impression de ne pas réussir à me faire entendre » est véridique et moins susceptible de rendre l'autre défensive. Vous parlez de votre propre réalité au lieu de dire à l'autre femme à quoi ressemble sa réalité à elle.

ÉVITEZ LES « TOUJOURS » ET LES « JAMAIS »

Le conflit suivant vous a-t-il l'air familier ?

« Tu es toujours en retard aux réunions.

– Mardi dernier, j'étais à l'heure pour la réunion de quinze heures.

– C'était la première fois du mois.

– C'est totalement faux ! J'étais à l'heure à la réunion de huit heures de jeudi dernier ! »

Il est rare qu'une personne fasse vraiment « toujours » quelque chose. En conséquence de quoi, si vous accusez quelqu'un d'être toujours en retard ou de toujours vous interrompre, parce que cela n'est pas vrai, cela déplace la question : il ne s'agit plus de faire face au vrai problème mais de démontrer la fausseté de votre accusation. La même remarque vaut pour « jamais » comme dans « tu ne prends jamais ma défense ». Au lieu d'utiliser « toujours » ou « jamais », vous pourriez dire : « J'ai remarqué que tu étais une nouvelle fois en retard à la dernière réunion. Il me semble que cela devient habituel. Il est vraiment important que tout le monde soit là à l'heure, car cela nous évite de devoir répéter ce que nous avons dit lorsque les gens arrivent en retard. Je ne sais pas quelle est la cause de ton retard, mais comment pourrait-on faire pour y remédier ? »

ÉVITEZ D'EN RAJOUTER

Rien ne suscite plus vite une réaction de défense qu'une affirmation comme : « J'allais oublier, en plus... » Si vous avez plusieurs problèmes avec une collaboratrice, il vaut mieux les aborder un par un. Réglez le premier conflit avant de passer au suivant, même si cela impose d'étaler la discussion sur plusieurs rendez-vous. Si vous accumulez les critiques, vous risquez d'emmêler les questions, ce qui peut aggraver le conflit et laisser chacune des parties encore plus en colère et frustrée.

Par exemple, vous commencez par vous plaindre à Samantha de la question A. « J'ai dû réécrire tout le rapport moi-même, mais ton nom est quand même apparu dessus ! » À ce moment-là, vous vous rappelez une offense antérieure : « Et il y a aussi la fois où on avait rendez-vous lundi matin à sept heures et demi, et tu t'es pointée tranquillement à huit heures. » Et puis vous ajoutez d'autres transgressions. « Et tu te rends compte des tonnes de parfum que tu mets ? Ça me donne mal à la tête. » Au bout du compte, aucun des problèmes ne peut être abordé de manière efficace parce que Samantha, qui se sent piégée dans une situation où elle ne peut pas avoir le dessus, peut devenir défensive.

Réglez les questions les unes après les autres !

SACHEZ MANIER L'HUMOUR

L'humour, tant qu'il n'est pas sarcastique ou grinçant, et qu'il vous vise vous-même ou la situation, mais pas la personne avec qui vous êtes en conflit, est un de moyens les plus efficaces pour désamorcer les conflits et réduire la tension, éviter les attitudes défensives et établir une relation. La psychologue Barbara Mackoff décrit ainsi, dans un livre, un responsable arrivant à une réunion de collaborateurs mécontents avec une cible collée sur la poitrine comme moyen d'ouvrir la discussion sur leurs doléances.

L'autodérision peut faire chuter la température. Une fois, alors que deux femmes avec qui nous travaillions étaient très remontées l'une contre l'autre, la première s'est tournée vers l'autre et a dit : « J'ai gagné ! Je suis plus fâchée que toi ! » Elle a ri d'elle-même et désamorcé le conflit si efficacement que les deux femmes ont ensuite pu rapidement régler leurs conflits.

FAITES ATTENTION À VOS INDICES NON VERBAUX

Nous utilisons toutes des gestes – que nous appelons des « indices de confort » – pour nous faire sentir mieux lorsque nous sommes stressées. Ce sont des gestes comme se frotter, se caresser, et se gratter. Certaines femmes tripotent leurs cheveux. Vous vous dites peut-être : « Je ne fais jamais cela en public », mais vous serez surprise d'apprendre que vous n'arrêtez pas de le faire. La prochaine fois que vous vous retrouvez dans un embouteillage, regardez les voitures autour de vous et vous verrez ces comportements de réconfort partout.

Si vous êtes en conflit avec quelqu'un, commencez par observer si elle s'apaise de cette manière. Vous pouvez vous servir de cette information pour savoir si elle est stressée, et si elle risque d'être sur la défensive. Vous pouvez aussi modifier votre propre comportement sur ce point parce que vous ne voulez peut-être pas que la personne avec qui vous avez cette discussion sache combien cela vous est pénible.

Faites attention à ne pas montrer du doigt. Le fait d'agiter votre doigt sous le nez de quelqu'un peut exacerber un conflit. Une infirmière a dit un jour à Pat : « Je parlais au Dr Brown, et je lui ai dit ceci, et je lui ai dit cela... » Tout en parlant, elle agitait son doigt. La réponse de Pat a été : « J'espère que vous n'aviez pas dégainé votre doigt, parce que cela n'aurait fait qu'irriter encore plus le Dr Brown. » Manifester votre excitation et votre plaisir en pointant votre doigt lorsque vous racontez vos dernières vacances n'a rien d'offensant. C'est un ton accusateur qui, ajouté à ce geste, est considéré comme une manifestation de pouvoir dans notre culture.

Les expressions faciales peuvent aussi exacerber un conflit. Les roulements des yeux, les moues sardoniques ou le froncement accentué des sourcils peuvent tous communiquer le mépris ou le dédain, et ils peuvent sans nul doute contribuer à aggraver la réaction défensive et le conflit. Parfois, vous n'aurez peut-être pas envie que votre collègue sache qu'elle vous atteint. Vous pouvez communiquer du pouvoir avec une mine imperturbable – ce que nous appelons un « visage de marbre » – qui semble communiquer une absence totale d'empathie. Les femmes dans des positions de pouvoir adoptent souvent cette expression parce qu'elles doivent communiquer le pouvoir de cette manière aux autres hommes. L'utilisation d'un visage de marbre avec d'autres femmes, par contre, peut conduire à des réactions défensives, parce que les femmes s'attendent à de l'empathie dans leurs rapports.

À l'inverse, les expressions ouvertes, agréables, peuvent calmer les sentiments blessés. Comme les femmes sont particulièrement douées pour la communication par des indices non verbaux, nous pouvons utiliser notre attitude pour montrer à quelqu'un que nous sommes touchées par ce qui s'est passé, et que nous sommes navrées de ce qu'elle vit. Un bon contact visuel avec une expression de sympathie peut aider une collègue à se sentir écoutée et comprise.

CONCENTREZ-VOUS SUR LE FUTUR

Le passé a beau être mort et enterré, bien des gens adorent se concentrer dessus. Souvent nous ressuscitons de vieilles rancœurs et avons du mal à tourner la page et passer à autre chose. Mais si nous continuons à ressasser le passé, nous ne pouvons pas aller de l'avant.

Ressasser le passé est certainement un bon moyen pour placer les gens sur la défensive. Comment réagiriez-vous si quelqu'un vous disait : « Tu m'as laissé tomber l'année dernière, et ça a foutu en l'air ma vie depuis. Je t'en veux vraiment. Tu n'aurais pas dû faire cela. »

Si on vous reproche une offense passée, il vaut mieux se tourner vers le futur et formuler un accord sur ce que vous (ou votre agresseur) ferez différemment. Si, par exemple, vous n'avez pas donné à Florence l'information dont elle avait besoin et si elle continue à vous dire combien vous l'avez mise dans une situation gênante, vous pouvez lui dire : « Mon patron m'a donné quelque chose de très urgent à faire à la dernière minute, et je ne pouvais pas tout faire. Mais j'aimerais prendre l'engagement que dans le futur, si cela se produit, je t'appellerai dans la minute qui suit pour que nous puissions discuter ensemble de la meilleure manière de procéder. Est-ce que cela te va ? » Florence s'inquiète peut-être de voir la même situation se reproduire. En proposant un accord sur une nouvelle manière de procéder la prochaine fois, elle se sentira peut-être rassurée, et sera davantage disposée à faire cesser ses attaques.

BIEN RÉSOUDRE LES CONFLITS
EN 7 ÉTAPES

1. Déterminez s'il s'agit d'un conflit de contenu ou d'un conflit relationnel. Réagissez au niveau approprié.

2. Observez vos collègues et déterminez qui est direct et qui est indirect. Adaptez-vous.

3. Observez de près l'expression du visage de votre collègue et son ton de voix lorsqu'il y a un désaccord. Si vous remarquez qu'elle croise les bras, essayez de la décoincer. Si vous remarquez que sa voix devient stridente, prenez un ton de voix plus calme et rassurant.

4. Diminuez les attitudes défensives (les vôtres autant que les siennes) en utilisant des expressions de sentiment plutôt que des expressions affirmatives « tu es... ».

5. Utilisez de bonnes techniques de communication comme l'écoute active, la paraphrase et la validation des sentiments de votre collègue. Au lieu de dire : « Pourquoi as-tu... », dites : « J'aimerais que tu m'aides à comprendre... »

6. Ne perdez jamais votre sens de l'humour. Prenez vos responsabilités très au sérieux, mais ne vous prenez pas vous-même trop au sérieux ! Riez avec vos collègues femmes à propos de la culture des femmes.

7. Lorsque les désaccords ont été réglés et que la partie est finie, serrez-vous la main, félicitez-vous et passez au défi suivant.

La zone de sécurité

La prévention des réactions défensives est un élément essentiel de la gestion productive des conflits. Cela vous permettra aussi de créer une zone de sécurité, un environnement protégé pour les conflits productifs. En créant un tel espace, vous éliminez une source potentielle d'escalade des conflits tout en valorisant le sentiment de confiance de votre collègue et son ouverture d'esprit. Voici comment vous pouvez faire de la place autour de vous pour vous concentrer sur un conflit et le résoudre de manière constructive.

FAITES UN BREAK

Dans de nombreuses situations, la stratégie proverbiale qui consiste à compter jusqu'à dix peut être utile. Dans certains conflits, vous pouvez être tellement en colère que vous pourriez aggraver les choses si vous confrontiez votre collègue à cet instant précis. Ou peut-être êtes-vous incapable de discuter d'un conflit au moment précis où il se produit parce que vous avez un délai à respecter et ne pouvez vous occuper d'autre chose. Ou peut-être votre collègue a choisi d'aborder la question en public et vous ne voulez pas que d'autres soient impliqués dans votre discussion. Ou peut-être êtes-vous tellement surprise par ce qu'elle vient de dire que vous ne savez pas trop quoi lui répondre. Autant de bonnes raisons de faire un break.

Pour ce faire, annoncez clairement que vous aimeriez discuter du problème, mais pas tout de suite. Dites très exactement à quel moment vous serez libre pour reprendre la discussion. Par exemple, vous pouvez dire : « Élisabeth, pouvons-nous en parler dans quinze minutes. Je dois finir ce que je suis en train de faire. » Ou alors : « Pourquoi ne nous retrouvons-nous pas dans mon bureau a treize heures trente pour que nous puissions régler la question ? » Soyez ponctuelle !

Évitez les réponses vagues du type « je ne peux pas parler maintenant, on verra ça plus tard ». Votre collègue y verra un geste de pouvoir, avec en sous-titre : « C'est moi qui déciderai du moment où nous parlerons, ou pas. » Votre collègue pourra y voir une violation de la Règle, et sa réaction sera peut-être encore plus brutale, pas seulement maintenant, mais par la suite. Si Élisabeth sait exactement à quel moment vous aurez cette conversation, elle risque bien plus de se calmer.

N'ÉTALEZ PAS VOS AFFAIRES EN PUBLIC

En évitant de rendre publiques vos divergences, vous éviterez de troubler votre bureau et de rendre les choses encore plus compliquées en impliquant d'autres personnes. Si vous vous disputez en public, vous aurez un public, et soudain la question sera de ne pas perdre la face, et aucune des deux parties ne risque de vouloir faire le premier pas vers la réconciliation.

Une dispute publique peut aggraver un problème bien au-delà de ce qu'il mérite. Dans une histoire, un vieux conflit entre deux femmes dans le département du marketing d'une entreprise s'est transformé en une dispute personnelle d'une rare violence au milieu de l'étage. Un jour, Robert, incapable de se retenir, hurla à sa collègue et voisine de bureau : « La raison pour laquelle ton mari est au chômage, c'est parce que c'est un gros lard paresseux. » Liliane répondit : « Et toi tu es tellement immature que tu habites encore chez ta mère ! »

Tout le service fut témoin de cette explosion. Certaines prirent parti, et la dispute finit par diviser et paralyser tout l'étage. Susan intervint en tant que médiateur, et commença par faire un cours au chef de service, puisqu'elle aurait dû intervenir bien avant que la tension entre Robert et Liliane n'atteigne de tels sommets. Si elle était incapable de trouver une manière coopérative de faire fonctionner la relation, elle aurait dû les séparer.

Si vous avez l'impression que la tension monte entre une autre femme et vous, demandez-lui de vous retrouver dans un lieu clos. Cherchez une pièce discrète, où l'on ne risque pas de vous entendre ni de vous voir. Une discussion émotionnellement chargée doit se dérouler en l'absence de témoins.

NE CONDUISEZ JAMAIS UN CONFLIT PAR ÉCRIT

Si vous discutez d'une situation difficile avec une collègue et qu'elle réagit négativement, vous reconnaîtrez ses indices non verbaux et ferez un effort pour conduire la conversation vers des eaux moins dangereuses. Vous direz peut-être : « Je suis désolée, je ne voulais pas te vexer. Ce que je viens de dire ne reflétait pas le fond de ma pensée ». Même au téléphone, vous pouvez souvent déceler dans le ton de voix de votre interlocutrice qu'elle a réagi négativement à quelque chose que vous avez dit.

Mais si l'échange se passe par écrit, cela peut prendre des proportions insoupçonnées. La communication écrite ne connaît pas les nuances de la communication verbale et/ou visuelle. En l'absence des subtils signaux de l'intonation ou de l'expression faciale, il est facile de se méprendre sur les véritables intentions d'une personne. Il est donc indispensable de ne pas mener des conflits par écrit – et cela englobe des formes « high-tech » comme le courrier électronique.

Tout en accélérant l'échange des idées, l'utilisation d'Internet a ajouté un niveau supplémentaire de complexité à la résolution des conflits, transformant quelque chose qui jusque-là était privée en quelque chose d'assez publique. La plupart d'entre nous avons fait l'expérience d'envoyer un e-mail assez inoffensif a quelqu'un qui, malheureusement, a mal pris les choses. Elle peut répondre par une réponse cinglante, envoyant copie de son mail à plusieurs autres personnes en passant. Des gens qui n'avaient pas à être impliqués se trouvent pris dans la mêlée. Si vous répondez par e-mail, le conflit peut dégénérer sérieusement.

Si vous avez un problème à régler avec quelqu'un, vous devez résister à la tentation d'envoyer ipso facto un e-mail énonçant votre plainte. C'est difficile, parce que c'est précisément ce type de communication en apparence directe mais en fait indirecte dans laquelle les femmes excellent, et qui nous cause tant de soucis. De même, si quelqu'un vous envoie un e-mail qui vous fait bondir ou vous fait mal réagir, ne vous empressez pas d'expédier une réponse par retour de mail. Si vous avez besoin de régler la question, prenez votre téléphone ou rendez-vous dans le bureau de la personne qui vous a envoyé le mail. Vous pouvez dire quelque chose comme « J'ai eu l'impression que tu étais en colère à cause de la situation. Est-ce bien le cas ? Si oui, parlons-en. »

Dans ce chapitre, nous avons envisagé les manières d'avoir des conflits sains avec d'autres femmes, des conflits qui ne dégénèrent pas nécessairement en crêpages de chignon, en identifiant le type de conflit dans lequel vous vous trouvez impliquée, en réduisant les réactions défensives et en créant un environnement sûr, protégé. Au chapitre suivant, nous allons poursuivre notre discussion, cette fois en nous intéressant plutôt aux styles de conflits, aux diverses façons dont des femmes avec des personnalités différentes gèrent les problèmes. Nous verrons comment faire pour les affronter, car ce sont souvent elles que l'on trouve impliquées dans les querelles de femmes.

CHAPITRE IX

Comment gérer les conflits avec élégance

Un conflit se produit quand les besoins ou les préoccupations de deux individus (y compris leurs valeurs, leurs opinions, leurs buts et leurs comportements) semblent incompatibles. En général, nous gérons nos conflits de manière spécifique, avec un style que nous préférons à d'autres, auquel nous faisons couramment appel et qui nous paraît le mieux adapté à notre tempérament, à nos compétences sociales et à nos dispositions personnelles. Certaines femmes préfèrent collaborer pour résoudre des problèmes et des désaccords. D'autres sont plus agressives dans leur approche. Certaines vont jusqu'à acquiescer et/ou reculer lorsque le conflit touche aux besoins et aux biens.

Notre style instinctif peut soit nous aider soit nous nuire, selon le type du conflit et le style propre à l'adversaire. Chaque manière d'aborder les conflits a ses avantages et ses inconvénients. Telle attitude, appropriée pour la résolution d'un conflit avec votre compagnon ne sera peut-être pas aussi efficace dès lors qu'il sera question de régler un conflit avec votre patron ou votre voisine de bureau. Et vous ne procéderez sûrement pas de la même manière avec votre supérieur qu'avec une employée comme vous. Parce que les rapports entre femmes dans le travail sont particulièrement complexes, les conflits peuvent être le point de départ du sabotage et des trahisons.

Nous sommes toutes capables de changer de style à volonté. Nous devrions donc aussi pouvoir modifier notre approche selon les exigences de la situation. Une fois que vous aurez compris vos préférences en matière de style ainsi que celles de vos collègues, ainsi que les circonstances dans lesquelles ces styles sont le plus efficaces, vos relations s'amélioreront et les risques de voir se déclencher des comportements destructeurs diminueront. Dans ce chapitre, vous allez déterminer votre préférence en matière de style de résolution de conflits, puis vous étudierez ce que vous pouvez faire pour maximiser son efficacité, ou même choisir un style différent, plus adapté à la situation et à la personne avec laquelle vous vous trouvez en désaccord.

Sans savoir à l'avance quels sont les différents styles de conflit, répondez au questionnaire suivant. Cela devrait vous permettre de vous décrire honnêtement, mais aussi sans idées préconçues qui pourraient influer sur votre réponse.

TEST : QUEL EST VOTRE STYLE CONFLICTUEL ?

Voici dix situations pouvant donner lieu à un conflit violent avec une autre femme. Lisez chaque scénario puis décidez laquelle des cinq options proposées décrit le mieux la manière dont vous feriez face à la situation. Pour chaque scénario, il y a donc cinq possibilités. Répartissez entre elles sept points, en attribuant au moins quatre points à votre option préférée, et tracez un cercle autour de celle-ci. (N'attribuez pas de points aux options que vous ne considéreriez même pas.)

Exemple :
Votre collègue d'à côté parle trop fort au téléphone et vous rend dingue.

.... **A.** Vous ne dites rien. Après tout, elle a le droit de parler comme elle l'entend.

......1.... **B.** Vous évitez de vous trouver dans le coin lorsqu'elle est au téléphone.

....(4)... **C.** Vous lui dites de baisser le volume.

....2..... **D.** Vous lui promettez de l'aider dans son travail si elle veut bien parler moins fort.

.... **E.** Vous faites un brainstorming avec elle sur les problèmes acoustiques dans le bureau.

*
**

1. Votre travail exige que vous et d'autres dans votre service travailliez un week-end sur deux. Vous étiez là le week-end dernier. Vous n'avez rien de particulier prévu pour le week-end suivant, et vous pensez avec plaisir à ce que vous allez faire de votre temps libre. Cynthia, votre collègue, vous demande si cela vous ennuierait de la remplacer le week-end prochain pour qu'elle puisse sortir avec son nouveau petit ami. Par le passé, Cynthia a toujours accepté de vous rendre service lorsqu'il s'est agi de la remplacer.

.... **A.** Vous lui dites que vous allez y réfléchir, puis vous vous cachez chaque fois qu'elle est dans les parages.

.... **B.** Vous lui dites d'accord, même si vous n'en avez pas vraiment envie.

.... **C.** Vous lui dites : « Désolée, ce n'est pas possible, j'ai vraiment envie de prendre mon week-end. »

.... **E.** Vous lui dites : « J'avais vraiment envie de prendre mon week-end, mais si tu veux je peux venir un des deux jours à ta place. »

.... **E.** Vous lui proposez d'organiser une réunion de service pour mettre au point un système qui permette aux employés que cela ne dérange pas d'être les premiers approchés lorsqu'il s'agit d'échanger des horaires. Pendant cette réunion, vous pouvez évoquer le dilemme de Cynthia et trouver quelqu'un pour la remplacer.

2. Vous êtes candidate pour un poste qui semble vous convenir à la perfection. Le problème, c'est que vous venez de découvrir que l'une de vos amies les plus proches est aussi intéressée.

.... **A.** Vous n'en dites rien à votre amie, en espérant qu'elle n'évoquera pas la question.

.... **B.** Vous parlez avec elle de la situation et essayez de trouver un moyen pour que chacune puisse avoir un job génial comme celui-là.

.... **C.** Vous dites à votre amie que si elle souhaite que vous vous retiriez, vous le ferez.

.... **D.** Vous dites à votre amie que vous vous retirerez si elle se retire aussi.

.... **E.** Vous pensez qu'elle essaiera de décrocher le boulot, tout comme vous.

3. Vous et votre collègue Aurore venez de terminer un travail difficile, et maintenant vous devez écrire un rapport pour votre patron commun. Le rapport est d'une importance secondaire parce que votre patron a suivi votre travail étape après étape. Vous n'êtes pas d'accord sur la manière de rédiger le rapport parce que vous, vous préférez que l'information soit présentée sous forme de graphiques, alors qu'Aurore préfère une forme narrative.

.... **A.** Vous dites ok à l'approche narrative. Le rapport n'est pas vraiment important.

.... **B.** Vous vous accrochez et insistez pour les graphiques.

.... **C.** Vous ne lui en parlez même pas.

.... **D.** Vous vous vous réunissez avec Aurore pour trouver un compromis.

.... **E.** Vous suggérez que vous utilisiez des graphiques pour la partie dont vous vous occupez, et qu'Aurore utilise la forme narrative pour sa partie.

4. Votre patron vient de mettre en place un nouveau programme de motivation. Le mois prochain, lorsque des clients appelleront ils vous noteront, vous et vos collègues. La personne avec la plus haute note gagnera un week-end dans un hôtel de luxe. Cela vous gêne d'être en concurrence avec des collègues que vous considérez comme de bonnes amies.

.... **A.** Vous n'en dites rien.

.... **B.** Vous acceptez de participer mais annoncez dès le départ que vous refuserez le prix si vous gagnez.

.... **C.** Vous foncez. Ce week-end, ce serait génial pour vous.

.... **D.** Vous faites part à votre patron de l'effet négatif que cela risque d'avoir selon vous.

.... **E.** Vous faites semblant de jouer le jeu, mais seulement semblant.

5. Votre patronne veut vous voir pour discuter de ce qu'il faut ajouter au rapport que vous avez rédigé pour demander de nouvelles fournitures de bureau. Vous pensez qu'elle en fait trop.

.... A. Vous faites ce qu'elle vous dit de faire.

.... B. Vous rasez les murs en espérant qu'elle vous oubliera.

.... C. Vous la rencontrez pour essayer de comprendre pourquoi elle pense que ces informations supplémentaires sont nécessaires et lui expliquer votre point de vue.

.... D. Vous lui faites savoir qu'elle vous fait perdre votre temps et lui demandez de revenir sur sa demande.

.... E. Vous faites exactement ce qu'elle vous demande, mais pas plus.

6. Carole est chargée d'organiser les réunions mensuelles nécessaires pour préparer un changement de système informatique. Vous avez remarquez que vous êtes toujours la dernière à prendre la parole pour faire le point sur la situation dans votre domaine. À ce moment, beaucoup de gens sont déjà partis, et les autres s'ennuient tellement qu'ils pensent à autre chose. Et votre secteur passe toujours à la trappe. Vous avez entendu dire que Carole va quitter la société le mois prochain.

.... A. Vous n'évoquez pas la question avec elle.

.... B. Vous demandez un rendez-vous pour essayer de trouver une autre possibilité qui réponde aux besoins de vous et d'elle.

.... C. Vous lui dites que vous en avez assez d'être la dernière à prendre la parole et que vous voulez que cela cesse.

.... D. Vous essayez de faire en sorte qu'elle vous fasse parler pendant la première moitié de la réunion au moins une réunion sur deux.

.... E. Vous serrez les fesses pour le mois qui reste.

7. Vous travaillez avec Félicie sur un projet. Elle est assez jeune et a beaucoup moins d'expérience que vous, mais elle est créative et connaît bien son sujet. Elle ne cesse de vous dire comment il faut procéder. Pour l'instant tout se passe bien, mais vous êtes de plus en plus gênée par le comportement autoritaire de Félicie.

.... A. Vous laissez prendre la direction des opérations.

.... **B.** Vous dissimulez le fait que sa manière de faire vous tape sur le système, vous rentrez la tête dans les épaules et priez pour que tout soit fini le plus vite possible.

.... **C.** Vous divisez le projet en deux parties, et laissez-la faire sa partie comme elle l'entend.

.... **D.** Vous lui signifiez clairement que vous avez plus d'ancienneté et d'expérience qu'elle, et que c'est donc vous qui déciderez de la manière de procéder.

.... **E.** Vous lui dites que vous appréciez sa créativité et son savoir et que vous voudriez discuter avec elle de la meilleure manière pour que chacune d'entre vous ait un impact positif sur le projet.

8. Vous savez bien que ce n'est pas grand-chose, mais cela vous irrite que Catherine, un membre essentiel de votre système de soutien, qui passe aussi les commandes de boissons et de café pour le service, achète toujours du Coca au lieu du Pepsi. Elle affirme de manière péremptoire que le Coca est meilleur, mais vous aimez le Pepsi. Lorsque vous lui avez suggéré d'acheter les deux, elle vous a sorti des mauvaises excuses comme « Cela m'obligerait à m'approvisionner à deux sources différentes. »

.... **A.** Vous ne lui en parlez même pas. Ça n'en vaut pas la peine.

.... **B.** Vous achetez votre propre Pepsi.

.... **C.** Vous dites que vous allez en parler à votre supérieur commun si elle ne satisfait pas votre demande.

.... **D.** Vous convoquez une réunion de votre service pour discuter de la manière dont sont commandées les différentes fournitures.

.... **E.** Vous attendez de voir si elle achète du Coca la moitié du temps et du Pepsi l'autre moitié.

9. Vous et une autre cheffe de service envoyez certains de vos subordonnés à une conférence. Hélène pense que vous devriez partager les coûts parce que votre service a un budget de formation plus important. Vous pensez qu'elle devrait payer plus parce qu'elle envoie plus de personnes.

.... **A.** Vous lui dites que vous ne paierez pas pour les personnes qu'elle envoie.

.... **B.** Vous discutez avec elle de la meilleure manière de trouver d'autres financements.

.... **C.** Vous acceptez de partager les coûts.

.... **D.** Vous suggérez que votre patron commun prenne la décision.

.... **E.** Vous ne dites rien, en espérant que le contrôleur de gestion affectera le coût des employées d'Hélène sur le budget de son service.

10. Votre service et un autre travaillez ensemble sur un projet important. Vous êtes toutes totalement débordées et devez respecter une date limite serrée. Il y a beaucoup de tâches ingrates associées au projet, et malheureusement, l'autre service essaye de s'en défausser sur le vôtre.

.... **A.** Vous suggérez que votre service s'occupe de ces tâches ingrates une semaine sur deux.

.... **B.** Vous ne dites rien, cela créerait trop de problèmes.

.... **C.** Vous roulez des mécaniques et prenez en charge le boulot.

.... **D.** Vous dites clairement que vous ne ferez pas le « sale boulot » de l'autre service.

.... **E.** Vous réunissez les personnes travaillant dans les deux services pour trouver la meilleure solution.

COMMENT ÉVALUER VOS RÉSULTATS

Pour déterminer votre style conflictuel préféré, notez les valeurs numériques que vous avez assignées aux cinq choix de chaque scénario dans les colonnes suivantes. Certains espaces contiendront des zéros. Aucun des scénarios ne doit totaliser plus de sept points. Entourez d'un cercle votre réponse préferée pour chaque scénario. (Vous aurez besoin de cela plus tard.) Lorsque vous aurez rempli toutes les colonnes, additionnez les chiffres verticalement dans chaque colonne et inscrivez le total dans la case du bas.

Exemple :
Votre collègue d'à côté parle trop fort au téléphone et vous rend dingue.

.... **A.** Vous ne dites rien. Après tout, elle a le droit de parler comme elle l'entend.

....1...... **B.** Vous évitez de vous trouver dans le coin lorsqu'elle est au téléphone.

....(4).... **C.** Vous lui dites de baisser le volume.

....2...... **D.** Vous lui promettez de l'aider dans son travail si elle veut bien parler moins fort.

.... **E.** Vous faites un brainstorming avec elle sur les problèmes acoustiques dans le bureau.

COMPÉTITIF	COOPÉRATIF	ÉVITANT	ARRANGEANT	NÉGOCIATION
C = 4	E = 0	B = 1	A = 0	D = 2

TABLEAU DES RÉSULTATS

	COMPÉTITIF	COOPÉRATIF	ÉVITANT	ARRANGEANT	NÉGOCIATION
1.	C =	E =	A =	B =	D =
2.	E =	B =	A =	C =	D =
3.	B =	D =	C =	A =	E =
4.	C =	D =	A =	E =	B =
5.	D =	C =	B =	A =	E =
6.	C =	B =	A =	E =	D =
7.	D =	E =	B =	A =	C =
8.	C =	D =	A =	B =	E =
9.	A =	B =	E =	C =	D =
10.	D =	E =	B =	C =	A =

TOTAUX :

COMPÉTITIF	COOPÉRATIF	ÉVITANT	ARRANGEANT	NÉGOCIATION

Les totaux les plus élevés vous indiquent vos styles préférés de gestion des situations conflictuelles. Si vous avez plus de 20 points pour n'importe lequel de ces styles, c'est peut-être le signe d'un problème, dans la mesure où vous avez peut-être tendance à utiliser ce seul style dans la plupart des situations, y compris celles où il n'est pas le plus approprié. Si votre score pour un style donné est bas (10 ou moins), peut-être est-ce parce que vous évitez ce style et ne l'utilisez pas dans les situations les plus efficaces. Si votre score est plutôt égal entre les divers styles, c'est que vous savez varier votre tactique.

Les cinq styles conflictuels

Comme vous avez pu le remarquer en répondant au questionnaire, les options énumérées pour chaque scénario correspondent chacune à une catégorie de style conflictuel : compétitif, coopératif, évitant, arrangeant, conciliant. Ces catégories ont été identifiées par les spécialistes en management Kenneth Thomas et Ralph H. Kilmann [1]. Considérons de plus près ces styles et leurs applications.

LE STYLE COMPÉTITIF : « MA FORCE EST MON DROIT »

Il s'agit d'un style conflictuel agressif et non coopératif. C'est un mode tourné vers le pouvoir, dans lequel vous avez tendance à vous battre pour vos droits, à défendre une position que vous estimez juste, ou tout simplement à essayer de gagner pour imposer ce que vous souhaitez. L'individu compétitif poursuit ses propres buts aux dépens de ceux des autres en usant occasionnellement de la force, en faisant valoir son autorité, en exerçant la contrainte. Lorsque vous êtes compétitive, vous n'avez pas envie de céder, quelle qu'en soit la raison. La résolution des conflits devient une question de « c'est à prendre ou à laisser », et la négociation n'est pas une option.

Une femme qui adopte un style compétitif dans ses rapports avec les autres femmes peut, dans certaines circonstances, être perçue comme violant la Règle, et c'est pour cette raison que les femmes préfèrent souvent ne pas s'y essayer. Lorsque vous êtes compétitive, le message que vous envoyez est fondamentalement le suivant : « Mes idées sont meilleures que les tiennes » ou « Mes besoins sont plus importants que les tiens. » Lorsqu'une femme a l'air trop sûre de soi, trop agressive, trop égoïste, autant de caractéristiques du style compétitif, les autres femmes verront souvent dans son comportement une violation de la Règle, surtout si le but de cette femme est d'obtenir ce que *elle* veut, et non ce qui est bon pour le groupe.

Mais la compétition a une place. Tout comportement compétitif n'est pas *ipso facto* insupportable pour les autres femmes, et il arrive que la solution dans laquelle tout le monde trouve son compte soit impossible. Un style compétitif peut permettre à une femme de faire en sorte que ses idées soient mises en œuvre pour atteindre un objectif de groupe et réussir un projet au mieux. Lorsqu'une action décisive est requise, la capacité à utiliser un style compétitif est certainement un plus pour une dirigeante. Si vous visez une position dont vous rêvez, si vous voulez obtenir une prime, ou la meilleure place dans un avion, il se peut que vous n'ayez pas d'autre choix que d'être compétitive. Et si vous êtes confrontée à un personne qui utilise surtout ce style, vous n'avez peut-être pas d'autre choix que faire de même pour vous faire entendre.

Le style compétitif peut être utile :

– Lorsque vous devez prendre des mesures rapides, efficaces, comme dans une urgence ou lorsque la vitesse est essentielle.

– Lorsque votre service a besoin de réussir un grand coup.

– Lorsqu'il s'agit de questions importantes qui vous imposent de prendre des décisions désagréables, comme de réduire les frais généraux, licencier des personnes, imposer de la discipline ou des règles.

– Lorsque vous savez que vous avez raison sur des questions essentielles pour vous ou pour votre entreprise.

– Lorsqu'il s'agit de vous défendre contre des personnes qui exploitent le comportement coopératif.

Le style compétitif était peut-être le style le plus approprié dans le scénario n° 2 du questionnaire, lorsque vous et une de vos meilleures amies êtes en concurrence pour un même job. Dans le monde des affaires, il est important que les femmes cherchent à occuper des postes qui les feront progresser dans leur carrière. Sinon, il n'y aura que des hommes dans ces positions. Hélas, cela veut dire que vous vous trouverez parfois en concurrence avec des amies. Si vous vous trouvez dans une telle situation conflictuelle, la meilleure solution serait sans doute de candidater, puis d'en parler à votre amie. Pour éviter une violation de la Règle, la gagnante devra savoir se montrer bonne joueuse et peut-être même aider la perdante à trouver un poste correspondant à ses désirs.

La compétition en tant que style dominant présente certains désavantages. Demandez-vous si vous êtes entourée de « béni oui-oui ». Peut-être sont-ils obéissants parce qu'ils savent ce qu'il en coûte de ne pas être d'accord avec vous, et ils ont simplement cessé d'essayer de vous influencer. Hélas, cela vous empêche peut-être d'avoir accès à des informations vitales et des points de vue alternatifs. Vos subordonnées ont peut-être aussi peur de reconnaître leur ignorance ou leurs incertitudes face à vous. Dans des ambiances compétitives, les gens se battent pour avoir de l'influence et se faire respecter, et font souvent semblant d'être sûrs d'eux alors qu'ils ne le sont pas. Les personnes piégées dans ce type de situation auront moins tendance à demander l'avis de tiers, et se priveront ainsi de voies d'apprentissage et de développement dont tout leur service aurait pu bénéficier.

LE STYLE COOPÉRATIF : « DEUX TÊTES VALENT MIEUX QU'UNE »

Une approche coopérative des conflits implique une tentative de votre part pour travailler avec une autre personne à la mise en place de solutions mutuellement satisfaisantes. Pour cela, vous ferez peut-être des séances de brainstorming. Lorsque vous coopérez, vous et la partie adverse pouvez explorer un désaccord afin d'apprendre du point de vue de l'autre, résoudre un problème qui aurait pu vous dresser l'une contre l'autre à propos de ressources, ou trouver une solution originale à un problème de personnes.

Outre que cela préserve et renforce l'estime de soi de toutes les personnes impliquées, la collaboration préserve les relations. Pour cette raison, c'est un des styles conflictuels préférés des femmes.

La coopération peut être utile :

– Lorsque vous devez trouver mutuellement une solution satisfaisante parce que les intérêts en jeu sont trop importants pour être abandonnés ou ignorés.

– Si vous devez obtenir l'accord d'une autre personne en tenant compte de ses besoins dans un consensus auquel vous aurez abouti ensemble.

– Si vous souhaitez renforcer des relations en comprenant le point de vue d'autrui et en réglant les animosités.
– Lorsque vous voulez mettre à profit les idées d'un groupe de personnes avec des points de vue contrastés.

La coopération était peut-être le meilleur style conflictuel dans le scénario n° 5 du questionnaire. Votre patronne veut que vous ajoutiez des choses dans votre rapport, et vous pensez que c'est une perte de temps. Une discussion avec elle sur ce sujet pourra s'avérer mutuellement bénéfique. Le fait de partager votre point de vue avec votre patronne pourra améliorer votre compréhension de sa manière de penser et son appréciation de votre manière de penser. Cela peut contribuer à renforcer vos liens. En outre, en combinant vos idées, le rapport en question s'en trouvera peut-être amélioré.

Mais la coopération a aussi ses inconvénients, surtout si c'est votre seule manière de gérer les conflits. Elle demande énormément de temps et d'énergie, et vous pouvez donc vous retrouver à discuter de manière approfondie toutes sortes de questions qui ne le méritent pas vraiment. Les problèmes triviaux n'ont pas besoin de solutions optimales, et le fait d'impliquer tout le monde dans le débat peut embourber la prise de décision. En outre, d'autres peuvent voir dans un abus de coopération votre désir de minimiser les risques ou une réticence à prendre vos responsabilités. Vous pouvez donner l'image de quelqu'un d'hésitant. Et pour que la coopération soit utile, les deux parties doivent adopter le même style : vous ne pouvez pas coopérer avec quelqu'un qui a un style compétitif. Parfois, votre comportement coopératif ne suscitera pas une réaction adéquate chez l'autre partie. Lorsque vous vous accrochez à la coopération, vous pouvez passer à côté d'indices indiquant une position défensive, des émotions puissantes, de l'impatience, de la compétitivité, ou des conflits d'intérêt.

LE STYLE ÉVITANT : « LE MIEUX EST L'ENNEMI DU BIEN »

L'évitement est l'opposé de la coopération. Éviter un conflit, c'est ne pas veiller à vos soucis immédiats, ni à ceux de votre adversaire. Vous ne faites pas face au problème, vous ne le résolvez pas, mais préférez faire comme s'il n'existait pas, vous le refilez à quelqu'un d'autre, mettez votre tête dans le sable ou faites du sur-place. Tout cela peut paraître très négatif, mais l'évitement peut aussi être utile, comme par exemple lorsque vous évitez diplomatiquement un conflit, que vous remettez à un meilleur moment une décision, ou que vous battez en retraite dans une situation très menaçante. Ce style peut être très utile dans des situations où la relation compte bien plus que l'objet du conflit lui-même.

L'évitement peut être utile :

– Lorsque vous pensez que le problème est assez insignifiant ou qu'il y a des questions plus importantes à régler.

– Lorsque votre cause est sans espoir et vous pensez que vous perdez votre temps. Par exemple, vous pouvez ressentir de la frustration par des situations auxquelles vous ne pouvez pas faire grand-chose, comme des questions de politique nationale, la personnalité de telle personne, ou les ordres émanant d'en haut.

– Lorsque les bénéfices d'une confrontation ne compensent pas les dommages qu'elle infligera.

– Lorsque les esprits sont trop échauffés et que les gens ont besoin d'un peu de temps pour réfléchir et se ressaisir. En remettant un conflit à plus tard, on peut réduire la tension de manière que votre département retrouve sa productivité.

– Lorsque vous n'avez pas assez d'information et devez mettre le problème en attente tant que vous ne savez pas exactement ce qui se passe.

– Lorsque vous êtes moins bien placée que d'autres pour régler la question.

– Lorsque le problème n'est que le symptôme d'une question plus générale.

L'évitement était le style de conflit le plus approprié dans le scénario n° 6 du questionnaire, celui dans lequel vous intervenez toujours en dernier lors des réunions mensuelles. Carole, celle qui est chargée d'organiser la réunion, ne sera plus là la prochaine fois. Lorsque vous la croiserez dans le couloir, souhaitez-lui bonne chance dans ses nouvelles fonctions. Mais veillez à demander à la personne qui la remplacera de ne pas vous reléguer au deuxième plan lors de la réunion, car il est important que le secteur que vous représentez fasse entendre ses problèmes et ses besoins.

Si l'évitement est votre style conflictuel dominant, vous découvrirez peut-être que de petits problèmes peuvent prendre de grandes proportions si on n'y fait pas face. Et les décisions prises « par défaut » (parce que vous n'y avez pas fait face) peuvent nuire à votre succès et à la productivité de votre entreprise. Et si vous avez tendance à pratiquer l'évitement, d'autres auront peut-être du mal à savoir ce que vous pensez. Ils ne sauront pas ce que vous pensez ni quelle est la meilleure manière de travailler avec vous parce qu'ils ne parviendront pas à obtenir assez d'information de vous pour être efficaces. Ils peuvent avoir le sentiment de vous arracher des dents chaque fois qu'ils vous demandent votre avis et ce dont vous avez besoin, et ils finiront peut-être par ne plus rien vous demander.

Si vous occupez un poste de direction et avez tendance à éviter les conflits, on aura peut-être l'impression que vos subordonnées passent leur temps à marcher sur la pointe des pieds autour d'un éléphant au milieu de la pièce. Des quantités anormales d'énergie pourront être consacrées à se tenir loin de difficultés importantes. La coordination des tâches et votre productivité peuvent en pâtir. Vous pourrez vous sentir harassée et dépassée par la quantité d'affaires en suspens qui continuent à s'amonceler. Vous aurez alors besoin de consacrer davantage de temps à fixer vos priorités. Décidez quelles questions sont moins importantes et déléguez-les. Enfin, lorsque vous évitez des conflits, vous devez vous demander si vous n'êtes pas en train de vous comporter de manière passive-agressive, c'est-à-dire refuser d'affronter quelqu'un dont vous estimez qu'elle vous a blessée, mais vous vengeant dans son dos en vous refermant, en étant désagréable et en refusant de l'aider, et en faisant appel à d'autres formes d'agression indirecte.

LE STYLE ARRANGEANT : « TUEZ VOS ENNEMIS AVEC VOTRE GENTILLESSE »

L'arrangement, c'est l'inverse de la compétition : une personne qui est arrangeante est, en règle générale, plutôt soumise et obéissante. En fait, elle peut même négliger ses propres intérêts pour satisfaire ceux de la personne avec qui elle est en conflit. Le mode arrangeant incorpore un élément d'autosacrifice, et prend la forme d'une générosité désintéressée ou de charité, d'une obéissance aux ordres d'autrui alors qu'on préférerait faire autrement, ou de capituler devant un point de vue opposé au vôtre.

L'arrangement sur les questions mineures favorise la bonne volonté. Cela peut être utile :

– Lorsque vous avez tort. En admettant que l'on a eu tort on permet aux autres de marquer un point, on accumule soi-même des points de pouvoir qui pourront servir dans des conflits futurs.

– Lorsque le résultat compte davantage pour la personne avec qui vous êtes en désaccord que pour vous-même.

– Pour accumuler des points de pouvoir pour d'autres questions qui peuvent être plus importantes pour vous dans le futur.

– Lorsque vous savez que vous allez perdre, et qu'un conflit supplémentaire ne fera que vous nuire.

– Lorsqu'il est particulièrement important de préserver l'harmonie et d'éviter les troubles.

– Pour aider vos subordonnées à prendre l'initiative et leur permettre d'apprendre en commettant des erreurs sans gravité.

L'arrangement est un bon choix dans le premier scénario du questionnaire. Cynthia s'est toujours montrée disposée à échanger des week-ends avec vous, et le moment est peut-être bien choisi pour lui rendre la pareille. Vous acceptez donc d'échanger le week-end avec elle, même si cela ne vous arrange pas. En outre, si vous refusez de l'aider sans bonne excuse, vous la perdrez peut-être en tant qu'alliée future.

L'inconvénient de l'arrangement est peut-être que nos idées et nos besoins ne reçoivent pas toute l'attention qu'ils méritent. En se pliant toujours aux souhaits des autres cela peut vous priver de votre influence et de votre respect, et de la reconnaissance. Cela prive aussi votre société de vos contributions potentielles. Nombre de femmes adoptent le style arrangeant par défaut, parce qu'on leur a appris à être gentilles et ne pas faire d'histoires. Mais si c'est effectivement votre style dominant, cela peut avoir pour conséquence une baisse de votre pouvoir et de votre estime de soi. Si vous passez votre temps à aider les autres à atteindre leurs objectifs aux dépens des vôtres, vous finirez par être perçue comme une martyre, ou vous pourriez perdre vos limites personnelles. L'équilibre de pouvoir s'en trouvera affecté, et vous aurez l'impression que toutes les autres ont plus de valeur que vous. Cela peut à son tour conduire à des sentiments de rancœur et de rage.

En outre, le fait d'être trop arrangeante peut poser des problèmes de discipline. Les règles, les procédures et les missions sont cruciales pour vous et votre entreprise. Il est important que vous les mettiez en œuvre de manière cohérente.

LE STYLE CONCILIANT : « PARTAGEONS LA DIFFÉRENCE »

Le compromis se situe à mi-chemin entre la compétition et l'arrangement. Votre objectif est d'explorer les difficultés telles qu'elles sont perçues par chaque partie, puis d'œuvrer ensemble à la mise au point d'une solution pratique et mutuellement acceptable qui satisfasse partiellement les adversaires. C'est une forme de partage. Chacun a expliqué sa positon. La question n'est pas de dominer l'autre, ni de battre en retraite, mais d'échanger des concessions. Je cède sur A si tu cèdes sur B parce que tu sais que la poursuite de nos désaccords ne fera pas avancer ta cause.

Le compromis, c'est partager la différence ou rechercher le terrain d'entente. Aucune des deux parties n'obtient tout ce qu'elle désire, mais chacune est disposée à faire un peu marche arrière pour parvenir à un accord. Le compromis permet de bâtir la confiance et de garder ouvertes les lignes de communication. Cela vous permet aussi de rester concentrée sur le tableau général parce que vous êtes sensibilisée aux besoins des deux parties. Cela respecte la Règle. Personne ne gagne trop gros, personne n'obtient tout ce qu'il désire, mais tout le monde pense qu'il a obtenu quelque chose, et le résultat est perçu comme étant équitable. Comparée à la collaboration, le compromis est souvent un moyen plus pratique pour aller de l'avant. Vous partagez la différence, et vous passez à autre chose.

Le compromis peut être utile :

– Lorsque le résultat n'est pas si important pour vous, et que le compromis vous permet d'éviter des conflits supplémentaires.

– Lorsque vous et votre adversaire avez autant de punch l'une que l'autre et êtes fortement attachées à des positions opposées, comme dans des négociations syndicales ou entre acheteurs et vendeurs dans l'immobilier.

– Lorsque vous voulez aboutir rapidement à un résultat provisoire sur des questions compliquées.

– Lorsque vous n'avez pas été capable de résoudre les problèmes par la collaboration ou la compétition.

Le compromis est un bon style de gestion des conflits dans le scénario n° 3 du questionnaire. Comme il est facile de partager le rapport que vous devez rédiger, ce qui vous permettra d'ajouter des illustrations et à Aurore de faire du récit, il n'y a aucune raison de rechercher une résolution plus complexe.

Comme pour les autres styles, il y a des inconvénients à trop préférer le compromis par rapport aux autres approches. Par exemple, vous devez faire attention au résultat final et bien considérer ce sur quoi vous êtes prête à céder. Sinon, vous pourrez vous ressortir d'un compromis avec l'impression que vous vous êtes fait avoir. Cela pourra susciter en vous de la rancœur et conduire à des disputes.

En outre, il se peut que vous vous concentriez tellement sur les aspects pratiques et tactiques du compromis que vous perdrez de vue les principes, les valeurs, et les objectifs à long terme de votre cause. Si vous vous reposez trop lourdement sur la négociation et l'échange, vous pourrez engendrer un climat cynique de jeu qui minera la confiance entre les personnes et détournera l'attention des questions importantes qui méritent d'être prises en considération.

Si une relation est importante, le compromis est peut-être un moins bonne solution que la coopération ou l'arrangement parce que son potentiel de nuisance aux relations est plus grand. Par exemple, si vous regardez le scénario n° 1 du questionnaire, si vous offriez à Cynthia seulement le samedi plutôt que le week-end entier, elle pourrait en être offensée car elle vous aura proposé d'échanger des week-ends entiers dans le passé. Elle pourra envisager de vous rendre la pareille, et refusera de vous rendre service la prochaine fois. Dans d'autres situations par contre, comme par exemple lorsque vous êtes sur le point de conclure une transaction immobilière et que vous risquez de ne plus jamais revoir les personnes une fois que l'affaire sera conclue, votre investissement dans la relation est faible et le compromis pourrait s'avérer la meilleure stratégie.

Votre « quotient collègue »

Aucune de ces préférences en matière de style de conflit n'existe dans le vide : entre des collègues, l'interaction de divers styles peut conduire à des conflits secondaires. Par exemple, si vous préférez éviter les conflits mais collaborez avec une personne qui préfère la compétition, vos bonnes idées ne seront peut-être jamais mises en pratique. Souvent, les femmes préfèrent l'évitement. Mais un projet mis en œuvre conjointement par deux collègues qui ont cette même préférence pourra s'avérer médiocre parce que ni l'une ni l'autre n'aura osé dire tout haut que les idées de l'autre ne sont pas bonnes. Les styles de conflit peuvent donc créer leurs propres problèmes si vous n'en êtes pas consciente : nous devons choisir le meilleur style pour chaque situation donnée.

Bien des personnes utilisent un ou deux styles seulement lorsqu'elles se trouvent dans des situations difficiles. Mais la souplesse et la capacité de passer d'un style à un autre a un impact sur votre efficacité perçue. Une collègue efficace traite les situations de conflit d'une manière réfléchie et directe et ne perd pas son temps en ragots destructeurs. Lorsque des conflits surgissent avec une collègue, elle tient compte des implications pour ses rapports à long terme avec cette personne. Elle respecte les autres, et les autres la respectent. Elle préserve sa propre estime de soi et celle de ses collègues. Elle sait que bien des fois il vaut mieux collaborer. Mais à l'occasion, surtout dans des situations où le temps est essentiel, et où le problème n'est pas très important, elle sait que la collaboration est trop lente et elle peut préférer un style compétitif ou arrangeant.

Le tableau suivant vous permettra de mesurer votre efficacité et votre adaptabilité en tant que collègue dans le choix d'un style de gestion des conflits approprié à la situation. Avec ces nouvelles informations, vous pourrez décider les styles que vous souhaitez développer dans le futur.

CALCULEZ VOTRE « QUOTIENT COLLÈGUE »

Reportez-vous au « tableau des résultats » du questionnaire précédent (*voir p. 246*). Trouvez la réponse que vous avez entourée pour chaque scénario (c'est-à-dire celle qui a reçu le plus de points) et reportez la lettre correspondante dans la colonne « option choisie » ci-dessous. Si par exemple vous avez donné le plus haut score (supérieur à 4) à l'option « C » dans un scénario, vous devez inscrire « C » dans la colonne « option choisie ».

Regardez à présent les colonnes de droite où nous avons assigné une valeur particulière à des réponses choisies. Dans l'exemple ci-dessous, vous pouvez voir que si vous avez choisi « C », vous marquez 2 points. Si vous avez choisi « E », vous marquez 1 point. Les autres possibilités ne vous donnent aucun point. Inscrivez la nouvelle valeur dans la colonne du milieu intitulée « nombre de points acquis ».

Voici comment cela se passerait avec notre exemple de départ.

Votre collègue d'à côté parle trop fort au téléphone et vous rend dingue.

.... **A.** Vous ne dites rien. Après tout, elle a le droit de parler comme elle l'entend.

.....1..... **B.** Vous évitez de vous trouver dans le coin lorsqu'elle est au téléphone.

....(4).... **C.** Vous lui dites de baisser le volume.

.....2..... **D.** Vous lui promettez de l'aider dans son travail si elle veut bien parler moins fort.

.... **E.** Vous faites un brainstorming avec elle sur les problèmes acoustiques dans le bureau.

SCÉNARIO	OPTION CHOISIE	NOMBRE DE POINTS GAGNÉS	
Exemple	....C......	.........2.........	C = 2 points ; E = 1 point

Faites la même chose avec les 10 scénarios du questionnaire.

SCÉNARIO	OPTION CHOISIE	NOMBRE DE POINTS GAGNÉS	
n° 1	....	....	B = 2 points ; E = 1 point
n° 2	....	....	E = 2 points ; B = 1 point
n° 3	....	....	E = 2 points ; A = 1 point
n° 4	....	....	C = 2 points ; D = 1 point
n° 5	....	....	C = 2 points ; A = 1 point
n° 6	....	....	A = 2 points ; E = 1 point
n° 7	....	....	A = 2 points ; A = 1 point
n° 8	....	....	A = 2 points ; B = 1 point
n° 9	....	....	B = 2 points ; D = 1 point
n° 10	....	....	A = 2 points ; E = 1 point

TOTAL DES POINTS .... (20 points maximum)

Voir l'annexe en fin d'ouvrage. Nous y expliquons pourquoi certains choix sont les plus efficaces.

ÉVALUEZ VOTRE SCORE

Voici comment interpréter votre score. Si le nombre total de points est :

16-20 : vous êtes dans la stratosphère ! Vous avez une habileté étonnante pour utiliser le style de gestion de conflits approprié. Continuez comme ça à gérer de manière efficace et professionnelle les problèmes lorsqu'ils surgissent.

11-15 : excellent ! Vous êtes douée pour la gestion des conflits de manière appropriée aux situations difficiles que vous rencontrez. Vous sentez quelle approche est la meilleure pour résoudre le conflit de manière productive tout en continuant à préserver vos relations importantes.

6-10 : très bien ! Vous êtes meilleure que certains professionnels pour résoudre les conflits. Cependant, vous pouvez encore vous améliorer dans ce secteur important de la communication.

Vous réussissez de temps à autre à gérer les conflits avec vos collègues. Lorsqu'il y a un problème, il est essentiel de penser soigneusement aux implications pour ce qui est de votre rapport à long terme avec cette collègue. Une partie importante de la bonne gestion des conflits consiste à tenir compte de votre estime de vous-même ainsi que celle de votre collègue. Continuer à pratiquer les différents styles de gestion de conflits et vous ne ferez que vous améliorer, et développerez des rapports collégiaux avec les autres professionnelles que vous côtoyez dans votre vie.

5 points et moins : attention, danger ! Vous êtes peut-être prise dans des crêpages de chignon, et ne savez peut-être même pas précisément dans combien. Vous évitez les conflits et recherchez des arrangements au point que vos propres besoins ne sont jamais satisfaits, ou alors vous abordez toutes les situations en collaborant, même lorsque ce style n'est pas le plus approprié. Commencez dès aujourd'hui à étudier les différents styles de gestion des conflits et à les appliquer.

Les conflits avec des femmes difficiles

Même si vous avez maîtrisé l'utilisation appropriée, situationnelle des styles de gestion des conflits et êtes une bonne collègue, il est possible que vous croisiez le chemin de quelqu'un qui ne sache absolument pas gérer les conflits et utilise les différents styles de manière entièrement inappropriée. Imaginons, par exemple, que vous avez demandé à Heidi de prendre plus de responsabilités sur un projet que cela n'était convenu au départ. Elle ne tient pas du tout à assumer ce surcroît de travail, mais parce qu'elle a l'habitude d'un style arrangeant, elle accepte votre suggestion sans piper mot. Superficiellement, vous avez l'impression que votre problème est réglé, mais en fait, il ne fait que commencer. Puisque Heidi a l'impression d'avoir cédé contre son gré (elle aurait mieux fait d'adopter la compétition, la coopération ou le compromis), elle commence à vous en vouloir.

Et comme c'était à prévoir, les choses se gâtent à partir d'ici. La Règle intervient, car Heidi se sent indignée que vous lui ayez imposé votre volonté (votre pouvoir). Comme elle n'arrive pas à vous affronter, son comportement passif-agressif prend la forme d'un crêpage de chignon : elle ne vous dit rien, mais se répand sur votre compte auprès de ses collègues pour rétablir l'équilibre du pouvoir. Ses initiatives vous perturberont peut-être, surtout si elle maîtrise bien les outils de l'agression indirecte qu'on lui a appris dès son plus jeune âge.

La femme avec qui vous êtes en conflit peut vouloir éviter l'affrontement direct et préférer l'une des différentes catégories selon son style : la commère, le sniper, l'huître, la saboteuse, la combattante du coin-cuisine, la reine des cabales, et la méga-garce[2]. En reconnaissant les tactiques et le style de conflit caché de votre collègue, vous pourrez mieux identifier et gérer vos interactions négatives avec elle.

Gardez présent à l'esprit que dans chaque cas la stratégie qu'elle utilise comporte des avantages pour la femme qui la met en œuvre. Vous aurez peut-être envie de penser que c'est juste une personne horrible, mais n'oubliez pas que les crêpages de chignon demandent de l'énergie, et que personne ne dépense son énergie sans espérer en retirer un bénéfice. Par exemple, bien que Heidi n'ait pas utilisé un style d'évitement lorsqu'elle a accepté de prendre plus en charge son travail (en fait, elle a utilisé un style arrangeant, à en juger par la manière dont elle a abordé son conflit avec vous) son but ultime était de vous nuire tout en évitant de supporter les conséquences de ses actions. Avec ses rumeurs destructrices, elle cherchait à vous abattre sans que vous ne le sachiez et donc sans subir le courroux qui en découlerait. Les rumeurs destructrices, le silence, le sabotage, les coups fourrés sont les outils qu'utilise une femme difficile pour réduire votre pouvoir et votre estime de soi.

LA COMMÈRE

« Je partageais mon bureau avec une femme très compétitive. Elle avait deux visages. D'un côté, elle était solidaire et aidante, mais de l'autre elle utilisait la moindre information dont elle disposait pour améliorer sa position et nuire à celle des autres. Avec le temps, je l'ai prise en flagrant délit de mensonge à mon propos et à propos d'autres femmes de l'entreprise. »

Comment savoir si vous avez affaire à une commère destructrice ? Elle attaque par-derrière, rarement à visage découvert. Elle est souvent très habile. Si vous l'affrontez, elle se cachera et prétendra qu'elle n'a rien fait. Pour se faire des alliés, elle dira du mal de vous à vos collègues, puis se conduira comme si vous étiez amies. L'avantage : elle n'a pas à vous affronter directement. Bien que, comme la collègue de notre correspondante, elle soit au fond très compétitive, son style de conflit dominant semble être l'évitement, puisqu'elle refusera de vous affronter directement.

LE SNIPER

Un sniper se cache dans la foule et se dépense sans compter pour que les autres ne vous prennent pas au sérieux en utilisant des formes d'agression indirecte d'apparence rationnelle (voir le chapitre v). Par exemple, si vous êtes en train de parler lors d'une réunion, un sniper pourra dire : « Ha, ha, ha ! Quelle drôle d'idée. Je n'ai jamais rien entendu de pareil. » Vous savez qu'elle cherche à vous casser par la simple manière dont elle a prononcé ces paroles. Vous répondez donc : « Vous n'aimez pas ce que je propose ? » Et elle : « Je n'ai rien dit de tel. J'ai juste dit que je trouvais cela étrange. »

Une femme avait un conflit avec une patronne sniper qui, sans utiliser un mode de conflit compétitif, n'hésitait pas à l'attaquer frontalement : « J'avais une supérieure hiérarchique qui aimait m'humilier en public. J'étais toujours tellement prise de court que je n'arrivais pas à me défendre. Je pensais que moins j'en disais, plus vite tout serait oublié. J'ai fini par obtenir une promotion, et je ne me suis plus trouvée sous son autorité. Peu de temps après, je participais à une réunion avec d'autres managers à laquelle elle assistait aussi, et elle a fait une remarque insultante (et gratuite) sur mon service. »

Le sniper essaye de faire en sorte que le reste du groupe adhère à sa critique en utilisant toutes sortes d'indices non verbaux comme le roulement des yeux, la grimace, les clins d'œil et les coups de coude donnés au voisin. Une partie de sa stratégie est de pousser le groupe à se joindre à elle. Le sniper augmente ainsi son pouvoir, tout en réduisant le vôtre. Elle a le sentiment de contrôler ce qui vous arrive. Qu'elle vous attaque directement ou non, le bénéfice pour elle est qu'elle vous aura diminuée.

L'HUÎTRE

Une chef de service a l'impression que Lisa, une de ses subordonnées, est malheureuse. Elle pense que Lisa cherche à changer de job. Pour vérifier ce qui se passe, elle convoque Lisa et lui demande : « Tout va bien ?

– Oui, pas de problème.

– Tu es heureuse ici ?

– Aah...

– As-tu besoin de quelque chose ?

– Non. »

C'est une conversation typique avec une huître : aucun partage d'information, et peu d'échange réel dans la conversation. L'expression du visage de la personne contredit souvent ses paroles : elle ne sourit pas tout en prétendant être heureuse. Elle dit quelle se sent « bien » alors qu'elle n'a pas l'air bien du tout. Elle semble utiliser une approche d'évitement, mais son message contradictoire peut rendre chèvre sa supérieure. Les femmes parfois se referment comme des huîtres lorsqu'elles veulent dire que quelque chose ne va pas mais n'osent pas dire quoi. Elles veulent que vous fassiez attention à la relation si fort que vous puissiez lire leurs pensées. Hélas, vous ne pouvez pas, et cela ne fait qu'alimenter leur ressentiment.

Le manque de relation de l'huître vous met mal à l'aise et vous rend maladroite. En passant, elle vous cache peut-être des informations importantes, même si celles-ci n'ont à voir qu'avec son état d'esprit. Pour l'huître, la récompense est un sentiment de dominer la situation en vous empêchant d'avoir des relations normales. Cela augmente son pouvoir et diminue le vôtre.

LA SABOTEUSE

La saboteuse essayera de vous démoraliser par tous les moyens, qu'il s'agisse de miner sournoisement votre assurance ou de dresser agressivement des obstacles sur votre route vers la réussite. Elle pourra mettre votre ordinateur hors service en vous envoyant un virus, ou refuser de vous transmettre des messages importants, ou perdre des rapports essentiels qui doivent être remis à temps, ou saper votre rapport avec votre patron en faisant des commentaires négatifs à votre sujet, du genre « Claudine ? Je ne l'ai pas vue de la journée. Vous savez, j'ai souvent du mal à la trouver moi-même. »

La saboteuse utilise un style de conflit compétitif. Dans son esprit, ses besoins sont plus importants que les vôtres. Pour elle, la récompense est qu'elle vous empêche de réussir en détruisant votre réputation ou votre production.

LA COMPTABLE

La comptable utilise un style direct, compétitif pour transformer tout problème de travail en un problème personnel avec vous. Par exemple, alors qu'elle a un conflit avec vous parce qu'elle n'a pas été capable de remettre un rapport à temps, Samantha fera diversion de la manière suivante : « Mais vous avez participé à la réunion le mois dernier et vous ne m'avez pas dit que mon fax était arrivé mercredi dernier, et vous ne m'avez pas informée que le directeur général venait la semaine prochaine... » La comptable accumule une liste de toutes les transgressions passées, grandes et petites, puis vous submerge avec dans l'espoir de détourner l'attention de ses erreurs. Pour elle, la récompense c'est qu'elle n'a pas à rendre compte des erreurs qu'elle a pu commettre en adoptant une position offensive plutôt que défensive. Elle essaye désespérément de préserver son estime de soi et son pouvoir.

LA REINE DES CABALES

La reine des cabales utilise un assortiment des techniques précédentes pour créer des problèmes à une femme dont elle pense qu'elle a violé la Règle. Son objectif est de mettre le plus de gens possibles de son côté dans un conflit avec une autre femme de manière à lui infliger le plus de dommages possibles tout en accroissant son estime de soi et son pouvoir.

Dans une grande société d'assistance sociale, Stella, une cheffe de service engagée depuis peu, s'est trouvée aux prises avec une de ses collaboratrices. Stella était une perfectionniste qui ne se sentait pas à son aise dans ses nouvelles fonctions, et elle faisait donc particulièrement attention à surveiller la manière dont ses collaboratrices travaillaient. Cette façon de faire vexa Jane, qui travaillait dans l'agence depuis plus de dix ans. Elle avait le sentiment qu'on lui cherchait des poux dans la tête, et cela l'énervait qu'on ne respecte pas son expérience et son expertise.

Furieuse en raison de ce qu'elle considérait comme une violation par Stella de la Règle (l'affirmation par Stella de son pouvoir donnait à Jane le sentiment que son pouvoir diminuait), elle commença à faire de la rétention d'informations, juste assez pour répondre aux questions de Stella, mais pas assez pour qu'elle puisse vérifier adéquatement son travail. Puis Jane rechercha l'appui de ses autres collègues. Elle critiquait Stella et racontait des histoires sur son compte. Bientôt, les autres se joignirent à elle pour dénigrer Stella et saper son autorité : elles levaient les yeux au ciel pendant les réunions, se faisaient des clins d'œil, refusaient de lui parler et de manière générale lui pourrissaient la vie.

Au début, le comportement de Jane se voulait une réponse au fait que Stella la traitait mal. Ensuite, c'est devenu simplement amusant à mesure que son pouvoir grandissait avec le ralliement de ses collègues. Jane s'était transformée en directrice informelle du service. Chaque fois que Stella donnait des ordres, les autres se tournaient vers Jane pour voir sa réaction. Dans cette situation, Jane ne pouvait que gagner.

Alors que la commère attaque les gens en privé et individuellement, la reine des cabales fédère de nombreuses personnes pour rabaisser son adversaire. L'exemple de Jane n'est qu'un cas de ce type de comportement. D'autres reines des cabales sabotent directement la performance d'un service en organisant par exemple des congés maladie massifs, ou des refus de faire des heures supplémentaires. À la différence de la commère ou de la saboteuse, la reine des cabales ne recherche pas nécessairement l'anonymat. Parce que la plupart des collègues impliquées peuvent nommer qui est la source de tous les problèmes, la reine des cabales tire du pouvoir du fait d'être reconnue comme l'instigatrice. Elle utilise son influence informelle sur le groupe pour priver de pouvoir sa cible : c'est cela, sa récompense.

LA MÉGA-GARCE

C'est un type de femme difficile assez rare, mais qui pèse lourdement sur votre vie en raison de sa capacité de destruction. Elle est manipulatrice et sournoise, et travaille en coulisses. Si cela ne marche pas, elle devient ouvertement agressive et hostile. Elle vous blâmera pour ses erreurs et s'arrogera vos mérites. Elle est égoïste, à la limite du narcissisme : les interactions, les soucis et l'attention tournent autour d'elle et de ses besoins, aux dépens de ceux de ses collègues. Ce type de prima donna utilise un comportement et des phrases toutes mielleuses si elle souhaite obtenir quelque chose de vous et est en fait très compétente et maline d'un point de vue social. Toutefois, si vous venez à la contrarier en lui refusant exactement ce qu'elle désire, elle peut subitement se retourner contre vous dans une sorte de rage destructrice qui vous laissera sans voix, clouée sur place.

Mia nous a raconté l'histoire suivante à propos de sa dernière rencontre avec une méga-garce dans la société où elle travaille. Mia venait d'avoir son premier enfant et était en congé maternité. Alors qu'elle était absente depuis une semaine et demie, elle reçut un coup de fil de Gwen, une des dirigeantes de sa société qui n'était pas son supérieur direct mais avait pas mal de pouvoir. Gwen dit à Mia : « Vous devez venir au bureau demain pour une réunion extrêmement importante avec notre client. » Mia, pensant que Gwen avait oublié qu'elle était en congé, commença à lui expliquer : « Mais Jake n'a que dix jours. Je récupère à peine et je suis passablement épuisée. » Mais cela n'arrêta pas Gwen : « Vous devez venir. Vous n'avez pas le choix. » « Pourquoi n'en parlez-vous pas à Ginger ? », répondit Mia, pensant que sa patronne prendrait sa défense. « Je lui ai déjà parlé », Gwen répondit sèchement, « et elle est d'accord ». Fin de la conversation. Mia raccrocha et éclata en sanglots. Elle ne savait pas quoi faire, parce que sa patronne était de toute évidence partie prenante dans la décision. Elle se reprit et se rendit au bureau le lendemain. Mais lorsqu'elle se pointa au bureau elle fut furieuse de découvrir le choc de Ginger lorsqu'elle l'aperçut. Gwen lui avait menti : elle n'avait jamais parlé à Ginger. La conversation n'avait pas existé.

On trouve des méga-garces aux niveaux les plus élevés de la hiérarchie, surtout ce qui s'occupent du « bas du bilan ». La méga-garce fournit tous les chiffres qu'on lui demande, mais en laissant derrière elle un sillage de cadavres. Souvent, la méga-garce produit un comportement passif-agressif chez ses collègues femmes parce qu'elles ont peur d'affronter quelqu'un d'aussi puissant et destructeur – même chez des femmes qui sont fières de pouvoir généralement faire face aux problèmes et éviter les crêpages de chignon. Pour la méga-garce, la récompense c'est qu'elle obtient ce qu'elle veut, et elle y parvient souvent.

Comment gérer ces femmes difficiles

La plupart des femmes difficiles que nous venons de décrire ont le sentiment d'avoir raison de se conduire comme elles le font, qu'il s'agisse de Lisa lorsqu'elle se referme comme une huître ou de Jane lorsqu'elle prépare une cabale, elles réagissent à des violations réelles ou imaginaires de la Règle. (La méga-garce, par contre, se fiche de la Règle parce qu'elle estime que le monde gravite autour d'elle.) Mais ce n'est pas parce que ces femmes ont l'impression que leur comportement « redresse » les choses entre vous que vous devez le supporter si vous avez l'impression qu'elles vous font du mal. Il y a des manières de maîtriser et de contrôler le comportement destructeur en se basant sur le modèle des styles de conflit que nous avons présentés au début de ce chapitre. La clé, c'est de commencer par identifier le bénéfice que cette femme recherche à travers ses actions, puis de le lui refuser. Voici quelques conseils spécifiques qui vous aideront à désamorcer ces femmes difficiles et à mettre un terme à leurs attaques.

RÉDUIRE LA COMMÈRE AU SILENCE

Lorsqu'elles se trouvent confrontées à une colporteuse de ragots, beaucoup de femmes disent : « Je refuse de lui faire l'honneur de dépenser mon temps et mon énergie à contrer ses rumeurs. Tout ce qu'elle dit est faux de toute façon, pourquoi donc devrais-je y répondre ? » Hélas, ce type d'évitement permet à la rumeur de continuer à faire ses ravages. Pour faire face à une colporteuse, il vaut généralement mieux rendre le conflit public. Ouvrez des lignes de communication d'une manière non menaçante en lui demandant d'abord frontalement s'il y a un problème entre elle et vous. Votre stratégie est de la regarder droit dans les yeux, mais d'une manière appropriée. Puisque ce qu'elle cherche c'est à vous faire du mal sans assumer son comportement, votre objectif est d'éliminer cette récompense en rendant ses actions publiques.

Évoquez les remarques dont vous pensez qu'elle est la source, puis demandez-lui s'il est possible qu'elle ait dit ces choses sur vous dans votre dos. Veillez surtout à poser cela comme une question – est-il « possible » – et non une affirmation comme « j'ai douze témoins ». En lui laissant une porte de sortie avec le mot possible vous désamorcerez son agressivité.

Elle adoptera sans doute néanmoins une attitude défensive, et dira quelque chose comme « Oh non, jamais je ne dirais une chose pareille à ton propos. » Si tel est le cas, contrez-la en la remerciant : « Je suis heureuse, parce que j'espère que si tu avais un problème avec moi ou avec quoi que ce soit ayant un rapport avec moi, tu viendrais me voir pour m'en parler directement. »

Ne vous attendez pas à ce que cela résolve le problème immédiatement. Rapidement, vous entendrez dire qu'elle a recommencé à dire du mal de vous dans votre dos. Vous devrez encore l'affronter droit dans les yeux, avec la même stratégie. Attendez-vous à ce que ce cycle se répète plusieurs fois. Au long terme, elle finira par comprendre que si elle parle de vous, vous l'apprendrez, et vous l'affronterez. C'est précisément ce que la colporteuse souhaite éviter, et cela finira par la conduire à mettre un terme à ses agissements.

DÉSARMER LE SNIPER

La meilleure manière de faire face à un sniper qui exploite la dynamique de groupe pour vous miner est d'enrôler l'aide du groupe pour réduire le pouvoir du sniper. Si un sniper vous tend un guet-apens durant une réunion, vous pourrez dire : « Vicky, j'ai l'impression que Joan a un problème avec mes préconisations. Que penses-tu de mes idées ? Et toi, Robert ? » Confrontée à un feedback individuel des autres membres du groupe, le sniper ne peut plus se cacher parmi eux. Et vous la privez du bénéfice qu'elle recherche, de pouvoir agir sans être détectée.

OUVRIR L'HUÎTRE

Pour priver l'huître de son bénéfice escompté, c'est-à-dire de contrôler la conversation et d'exercer du pouvoir sur vous, votre stratégie globale doit être de trouver des moyens de la faire parler. Éloignez-la de l'environnement du bureau, peut-être en l'invitant à déjeuner ou à prendre un café. Loin de son cadre habituel, assises face à vous en tête-à-tête sans téléphones qui sonnent ou d'autres distractions, elle aura plus de mal à être silencieuse. Durant votre conversation, faites attention à poser des questions ouvertes qui commencent par « Quoi, quand, comment et qui ». Il est difficile d'y répondre par monosyllabes. Au lieu de demander « Comment va ton travail ? », à laquelle elle pourrait répondre par « bien, merci », ce qui ne reflète sans doute pas la réalité, vous pourriez adopter d'autres approches : « Qu'est-ce que tu aimes dans ton travail ? » Ou : « Qu'est-ce que tu aimerais changer dans ton travail qui pourra le rendre plus gratifiant ou intéressant ? »

Et surtout, ayez l'air d'attendre une réponse, regardez votre collègue avec les lèvres légèrement entrouvertes. C'est une technique non verbale qui encourage la conversation. Si l'huître ne répond pas immédiatement, ne l'aidez pas en posant aussitôt une autre question ou en suggérant vos propres réponses à la question que vous venez de poser. Continuez à la dévisager d'un air légèrement interrogateur. Si la conversation continue à être tendue, parlez du fait que le dialogue est difficile. Par exemple : « J'ai l'impression qu'il y a quelque chose qui n'est pas dit ici, et je ne sais pas de quoi il s'agit. Je pense que c'est un problème, et je pense que nous devons en parler. S'agit-il de quelque chose que j'ai fait ? »

Si vous n'arrivez toujours pas à obtenir un flot d'informations de votre huître, poursuivez vos efforts en disant quelque chose du type « Je ne sais pas pourquoi je me sens de la sorte, mais je suis persuadée qu'il y a un problème entre nous. Il est important pour moi que nous en parlions, s'il y a un problème. » Veillez à donner l'impression que le problème vient de vous, pour ne pas la pousser à la défensive. « Est-ce quelque chose que j'ai dit lors de la réunion de la semaine dernière ? » Lorsque vous posez des questions sur vous-même, essentiellement, vous réduisez votre propre pouvoir tout en augmentant potentiellement l'estime de soi de l'autre femme. Et vos marques d'intérêt peuvent équilibrer un déficit de pouvoir entre vous. Mais en dépit de tous vos efforts, certaines huîtres continueront à serrer les dents. Dans ce cas, vous aurez peut-être besoin de dire : « J'ai fait tout ce que je peux dans cette situation. Notre relation a de l'importance pour moi, alors quand tu auras envie de me parler, je serai toujours disponible. »

SE CONFRONTER À LA SABOTEUSE

Comme pour la colporteuse, il faut faire face frontalement à la saboteuse, parce qu'elle cherche surtout à passer inaperçue. Lorsque vous révélez à une saboteuse que vous n'êtes pas dupe de son petit jeu, elle aura plus de mal à dissimuler son comportement destructeur. Adressez-vous à la saboteuse et dites-lui que vous avez vu ce qu'elle fait pour vous nuire, dites-lui quand et où. Expliquez-lui comment vous percevez les conséquences négatives de ses actions, par exemple : « Parce que tu ne m'as pas transmis ces messages, j'ai raté une réunion vitale pour le budget de notre département. J'avais prévu de demander de nouveaux ordinateurs pour nous. » Puis demandez-lui ce qu'elle a à dire. Elle niera vraisemblablement tout sabotage et dira que vous vous faites des idées.

Pour la priver du bénéfice escompté par elle en minant votre réussite et votre pouvoir, vous devrez répéter ce processus de confrontation jusqu'au moment où elle finira par comprendre qu'elle ne peut continuer à vous saboter sans que vous réagissiez. Si le sabotage se poursuit, peut-être devrez-vous en discuter avec une de vos supérieures. Au lieu de vous battre, demandez à votre patron comment il s'y prendrait pour mettre fin à ce comportement.

En ce qui concerne le contrôle des dommages à long terme que peut infliger une saboteuse, nous vous conseillons de bâtir une relation avec cette femme en renforçant son pouvoir et son estime de soi par un échange approprié de points de pouvoir (voir le chapitre VI). Au départ, cela vous paraîtra très désagréable, surtout parce que vous avez le sentiment que la saboteuse a cherché à vous nuire, et donc cela a quelque chose de paradoxal de chercher à la faire avoir une meilleure opinion d'elle-même. Mais si vous ne le faites pas, vous découvrirez que la situation de sabotage se répétera à nouveau, ce qui entraînera une dépense inutile de votre temps et de votre énergie.

LESSIVER LA COMPTABLE

Pour la comptable, votre stratégie doit être de régler le problème actuel et non de la laisser vous piéger par des disputes accessoires qu'elle pense pouvoir gagner. Sa récompense est de ne pas avoir à payer les conséquences de ses actes, mais en lui interdisant de parler d'autre chose que le problème en cours, vous ne lui permettez pas de s'en tirer à si bon compte. Par exemple, si vous avez un problème avec Samantha parce qu'elle ne vous a pas remis à temps le rapport dont vous aviez besoin, et si elle vous répond en vous reprochant d'avoir été en retard à une réunion et de ne pas l'avoir informée de la visite du directeur général, faites un effort pour reconnaître l'existence de ces questions qu'elle a mentionnées, mais ramenez-la au problème en cours. Vous pouvez lui dire, par exemple : « Samantha, je comprends que tu as besoin de parler de mes retards, et de la visite de Charlie, mais pour l'instant je voudrais que nous parlions de ton rapport. »

N'oubliez pas que si vous ne reconnaissez pas l'existence des autres questions, elle continuera à vous les mettre sous le nez. Si elle persiste, vous pouvez répéter : « Nous en parlerons également, mais pour l'instant je souhaite que l'on parle de ton rapport remis en retard. »

Une tactique qui marche assez bien avec une comptable consiste à noter toutes les distractions qu'elle soulève. Vous pouvez dire, par exemple : « J'ai noté ces autres problèmes pour que nous ne les oubliions pas, mais revenons à notre sujet... » Elle pourra reculer, puisque vous avez clairement montré que vous écoutiez ce qu'elle disait. Vous aurez besoin ou non de revenir plus tard sur ces autres questions.

DÉTRÔNER LA REINE DES CABALES

Parce que la reine des cabales puise son pouvoir dans le groupe, le premier défi pour vous est d'identifier qui est l'instigateur. Si vous avez l'impression qu'un groupe de gens a formé une coalition contre vous, observez le comportement du groupe durant des réunions. Y a-t-il une personne qui parle de vous plus que les autres et vous envoie la plus grande partie du feedback négatif dirigé contre vous ? Les autres se tournent-elles vers elle comme pour obtenir son approbation après avoir fait un commentaire ou un geste sournois ?

Lorsque vous aurez identifié la personne mécontente, coupez-la de sa base de pouvoir. Rencontrez-la en tête-à-tête pour découvrir et résoudre les problèmes qui minent votre relation. Comme dans le cas de la colporteuse et de la saboteuse, vous aurez besoin d'affronter directement la reine des cabales au sujet de son comportement. Dites-lui ce que vous l'avez vue faire pour vous nuire, où et quand. Expliquez-lui comment vous percevez les conséquences négatives de ses actions. Demandez-lui ce qu'elle en pense. Elle niera sans doute et dira que vous vous imaginez des choses, mais ne vous laissez pas impressionner. Il vous faudra peut-être répéter ces confrontations jusqu'au moment où la reine des cabales cessera ses provocations et son agitation et le groupe rentrera dans l'ordre.

Si rien ne marche (parce que la reine des cabales a tellement de pouvoir qu'elle rechigne à y renoncer), il peut être souhaitable de faire appel à un médiateur, qui parlera à chacune des personnes et à l'ensemble du groupe pour redonner une cohérence à l'équipe.

CONTRÔLER LA MÉGA-GARCE

La récompense de la méga-garce est de contrôler les choses et d'obtenir ce qu'elle désire. Parce qu'elle a une telle force de destruction, si vous pensez à travailler avec elle et si vous avez la possibilité de choisir, peut-être devrez-vous reconsidérer votre choix. Voici une situation dans laquelle l'évitement peut être un style excellent. Nous avons parlé à de très nombreuses femmes qui ont démissionné de leur poste ou changé de département pour échapper à une telle virago. Si vous quittez sa sphère d'influence, elle ne pourra rien contre vous.

Mais si vous êtes coincée avec une méga-garce, appliquez la règle d'or pour nager avec les requins : ne saignez pas. Ne lui montrez jamais qu'elle vous atteint. Cela ne fera que stimuler son appétit du sang. Ne répondez pas en étant aussi garce qu'elle semble l'être : c'est une championne toutes catégories de ce sport de compétition-là, elle a beaucoup d'expérience, et si vous êtes novice vous allez perdre. En fait, votre stratégie doit être de fixer vos propres limites et de lui faire face dans le contexte de ce qui vous semble être juste. Mia, par exemple, aurait pu dire à Gwen : « Je sais que vous avez besoin de moi demain, mais c'est impossible. J'en parlerai à Ginger, et lui dirai qu'en dépit de mon désir d'assister à cette réunion, je n'en ressens pas encore la force. »

À partir de ce moment, surveillez vos arrières. Vous savez à qui vous avez affaire. Vérifiez la véracité des choses qu'elle pourra vous affirmer ou vous demander. Et soyez prête à parer à toute attaque frontale dans le futur, parce qu'il y en aura.

Les principes de la gestion des conflits

Les conflits dans le travail ne se limitent pas aux personnes qui utilisent les techniques comme celles que nous venons de décrire. Il existe toute une gamme de situations génératrices de conflits qui dépassent le cadre de ce livre : comment gérer les employés, les habitudes différentes de travail (certaines personnes sont ponctuelles, et d'autres sont toujours en retard), sur la manière de prendre des décisions stratégiques, sur qui s'attribue le crédit de quoi et ainsi de suite...

Mais il existe certaines règles très générales pour résoudre les conflits que vous pouvez utiliser quel que soit le style de la personne avec qui vous avez un problème, et quel que soit votre style de conflit prédominant. Il existe globalement trois possibilités pour faire face à un conflit. Vous pouvez :

– Régler la question. Trouvez un moyen de changer une situation négative.

– Apprendre à vivre avec. Trouvez un moyen pour le tolérer ou l'ignorer.

– Partir. Sortez tout simplement de la situation.

Imaginez l'interaction suivante. Une collègue se plaint du fait que la comptabilité exige de plus en plus de données chiffrées quotidiennement de ses collaboratrices. « Mes collaboratrices doivent travailler deux fois plus, et mon budget va s'en ressentir. Mais les comptables s'en moquent... »

Vous lui suggérez qu'elle fasse part de ses objections à la comptabilité : une approche « réparez-le ». « As-tu jamais essayé de parler à ces types ? »

Elle répond : « Ils se fichent totalement de ce qui se passe dans mon secteur. »

À quoi vous pouvez rétorquer : « Je suppose qu'il va te falloir vivre avec.

– Vivre avec ? Je ne peux pas vivre avec ! Cela va me coûter mon job !

– Alors il faudra peut-être que tu partes...

– Partir ? J'ai fini par obtenir quatre semaines de vacances. Il est hors de question que je parte maintenant. »

Voici, résumée en cinq phrases, les trois options. Il y a celles qui, parmi nous, comme dans l'exemple précédent, se comportent comme des martyrs et refusent d'accepter les limites de ces options, mais le martyre ne mène à rien, sinon à vous laisser coincée dans votre problème. Parce qu'il n'est pas toujours logistiquement ou financièrement praticable de démissionner de son travail, et que de vivre avec un problème peut vous atteindre mentalement et moralement, et même votre santé, c'est la première option, résoudre le problème, qui paraît la plus viable.

Si vous choisissez cette option, vous découvrirez qu'il y a trois cibles possibles de changement. Vous pouvez :

– *Changer la personne* avec qui vous êtes en conflit. Le problème, c'est que vous ne pouvez pas faire en sorte que cette personne devienne une « autre » personne.

– *Changer le système*. Il est tout à fait possible d'effectuer des modifications petites ou grandes du statu quo. Si vous êtes vraiment malheureuse de la manière dont votre pays est gouverné, vous pouvez, par exemple, avoir envie de vous lancer dans une campagne électorale. Ce n'est pas une mince décision, mais vous pouvez aussi faire de petits changements. Dans une des sociétés qui se sont adressées à nous, les employés avaient l'habitude d'arriver en retard. La direction les avait réprimandés à de nombreuses reprises, et après chaque speech la situation s'améliorait… temporairement. Au bout du compte, la rédaction avait décidé de changer le système : elle avait installé une pointeuse. Fin de la discussion, fin du problème.

– *Changer vous-même*. Vos actions et vos réactions sont les éléments les plus faciles à changer dans une situation difficile. Si vous ne pouvez changer les autres ni les circonstances, vous pouvez toujours changer vos propres attitudes et comportements. Ironiquement, cela conduit souvent à des changements comparables dans le comportement de la personne avec qui vous étiez en conflit, ou dans la situation conflictuelle elle-même.

Changez

Vous pouvez parvenir à résoudre des situations conflictuelles si vous trouvez des manières productives de modifier vos propres attitudes et comportements en réaction à un conflit. Nous vous conseillons d'utiliser une approche « réglez le problème ». Avant de réagir à un problème, faites un pas en arrière et considérez la situation débarrassée de vos réactions personnelles. Devenez stratégique dans votre façon de penser. Voici quelques tactiques que vous garderez en tête pour changer vous-même afin de gérer une situation difficile de manière plus productive.

DOMINEZ VOS ÉMOTIONS

Lorsque vous êtes engluée dans vos émotions à propos de n'importe quelle situation difficile (vous êtes blessée, fâchée, effrayée), il est facile de mal gérer le conflit en question. Il est important de vous extriquer de ce que vous ressentez à propos des gens et des situations qui vous entourent de sorte à aborder ces problèmes de manière plus posée. Asseyez-vous et demandez-vous quel est votre objectif principal, ce qui risque de vous permettre d'atteindre ce but, la manière dont vous percevez la situation, et la manière dont vous devriez procéder à la lumière de ces considérations.

IDENTIFIEZ LE STYLE DE CONFLIT

Si votre situation conflictuelle implique d'autres personnes, il est important que vous identifiiez vos styles de conflit et le vôtre de manière particulièrement claire. Cela vous permettra de déterminer si le conflit résulte de styles incompatibles, et si tel est le cas, de chercher stratégiquement des moyens pour rendre les styles plus harmonieux. Si vous avez affaire à une évitante et que vous êtes en concurrence sur une question, cela aura pour seul résultat de faire fuir encore plus l'évitante, et encore plus vite. Il se peut aussi que vous ne soyez pas en train d'utiliser le meilleur style pour le conflit en question. Vous devez vous arrêter un instant et vous demander : « Dois-je être arrangeante ou plutôt coopérative ? » Choisissez votre style en toute conscience au lieu de vous laisser guider en pilote automatique.

ÉVALUEZ LA RÉCOMPENSE, PUIS REFUSEZ-LA

Vous devez déterminer ce que la personne avec qui vous êtes en conflit cherche à obtenir par son comportement négatif, puis trouver un moyen de le contrecarrer. Par exemple, une femme compétitive parvient généralement à ses fins en cassant les pieds à tout le monde et en pratiquant l'agression verbale. Vous serez peut-être tentée de céder à ses exigences parce que c'est désagréable de se faire hurler dessus, mais cela ne fera que l'encourager dans son opinion que sa grande gueule est très efficace. Au lieu de quoi, vous ne devez pas céder du terrain, et répéter des phrases comme « je comprends que vous souhaitez avoir ce nouveau client, mais il a été attribué à Alice ». Cela lui fait savoir qu'elle ne va pas obtenir ce qu'elle recherche, et peu importe si elle crie à tue-tête.

SOYEZ COHÉRENTE

Lorsque vous affrontez une situation difficile, que vous cherchiez à changer votre style de conflit ou à altérer la manière dont vous communiquez avec la personne avec qui vous êtes en conflit, la chose la plus importante est de ne pas dévier de votre attitude et votre comportement nouveaux. Vous devez persister et refuser sa récompense à la femme difficile : le pire des renforcements comportementaux est d'avoir une réaction intermittente et variable. Pensez à un joueur devant une machine à sous. Sa croyance que cent mouvements du bras du bandit manchots le feront peut-être gagner suffit à l'hypnotiser, tandis que la machine avale pièce après pièce. Si vous refusez sa récompense à la personne difficile, vous devez le faire de manière conséquente : si vous cédez de temps à autre, cela suffira à la faire persévérer dans ses mauvaises habitudes.

Mais si elle comprend qu'elle n'obtiendra plus sa récompense, cela peut la conduire à mettre les bouchées doubles : la colporteuse multipliera ses ragots, le sniper tirera sur vous deux fois plus, car elles s'imagineront que le niveau d'effort n'est peut-être pas approprié. Accrochez-vous et n'oubliez jamais que si vous êtes conséquente l'absence de récompense et les conséquences négatives que vous avez instituées mettront un terme au comportement en question.

FAITES FACE, FAITES FACE, FAITES FACE

Aucune situation difficile ne se résoudra sans effort de votre part. Qu'il s'agisse de ce que vous devez faire pour remettre votre équipe sur les rails de la performance ou de choisir de manière délibérée d'être davantage coopérative lorsque vous avez affaire à vos collaborateurs qui préféreraient ne pas aborder les sujets qui fâchent, vous devrez faire face au problème.

ADHÉREZ À LA RÈGLE

Cherchez des moyens pour obéir à la Règle en préservant votre estime et votre pouvoir en même temps que ceux de vos collègues. Cela vous aidera à résoudre toutes sortes de conflits et empêchera d'éventuels déséquilibres de donner naissance à d'autres conflits.

Comprendre les styles conflictuels et savoir comment régler les désaccords sont des aspects importants de la vie professionnelle de toutes les femmes, qu'il s'agisse de donner le meilleur de soi-même sans dépenser inutilement son énergie dans des disputes de bureau ou simplement de jouir d'un environnement professionnel harmonieux et satisfaisant, libre d'interactions négatives. Les techniques de résolution de conflits sont aussi essentielles pour les femmes qui souhaitent perfectionner leurs capacités de leadership et progresser dans leur carrière. Dans le chapitre suivant, nous traiterons des moyens de développer ces compétences. Ils vous permettront de devenir un leader compétent et motivant, surtout pour d'autres femmes.

et empêchera d'éventuels déséquilibres de donner naissance à d'autres conflits.

Comprendre les styles conflictuels et savoir comment régler les désaccords sont des aspects importants de la vie professionnelle de toutes les femmes, qu'il s'agisse de donner le meilleur de soi-même sans dépenser inutilement son énergie dans des disputes de bureau ou simplement de jouir d'un environnement professionnel harmonieux et satisfaisant, libre d'interactions négatives. Les techniques de résolution de conflits sont aussi essentielles pour les femmes qui souhaitent perfectionner leurs capacités de leadership et progresser dans leur carrière. Dans le chapitre suivant, nous traiterons des moyens de développer ces compétences. Ils vous permettront de devenir un leader compétent et motivant, surtout pour d'autres femmes.

CHAPITRE X

Comment être une dirigeante efficace

On a souvent dit que Margaret Thatcher était « autoritaire ». Dirait-on la même chose de Tony Blair ? Probablement pas. Il n'est pas surprenant que la gamme des comportements admissibles chez une femme dirigeante soit plus étroite que celle des hommes. C'est une de ces « doubles comptabilités » auxquelles nous sommes habituées. Vous travaillez dans un système hiérarchique dans lequel vous devez vous conduire hiérarchiquement pour réussir. En même temps, les femmes qui appliquent la Règle de manière inconsciente seront offensées par le comportement que vous, leur patronne, devez mettre en œuvre pour remplir vos objectifs.

Il y a quelques années, une description comparée des hommes et des femmes dirigeants circulait dans le monde du travail. Nous la reproduisons ci-dessous. C'est censé être humoristique, mais cela illustre assez bien la double comptabilité dont nous parlons.

COMMENT DISTINGUER UN HOMME D'AFFAIRES
D'UNE FEMME D'AFFAIRES

Il est agressif	Elle est arriviste
Il est soucieux des détails	Elle est maniaque
Il s'énerve facilement (parce qu'il prend son travail à cœur)	Elle est hystérique
Il est déprimé	Elle est caractérielle
Il a de la suite dans les idées	Elle ne sait pas s'arrêter
Il n'a pas sa langue dans sa poche	Elle a une grande gueule
Il exerce son autorité	Elle est dictatoriale
Il sait s'habiller	Elle ne pense qu'à ses toilettes
Il est sûr de lui	Elle est suffisante
Il a gravi tous les échelons	Elle a « couché » pour réussir

Le monde dans lequel nous vivons et travaillons n'a qu'à moitié changé. Bien des femmes ont entrepris leur ascension sociale. Nous avons plus d'occasions, plus de choix, plus de pouvoir que jamais. Mais les règles du jeu ne sont pas encore les mêmes pour tous. Quelle que soit votre place dans la structure de l'entreprise, que vous travailliez dans un environnement créatif, *high-tech*, universitaire, financier, industriel ou entrepreneurial, si vous occupez un poste de direction – et nous entendons cela au sens le plus large : la capacité de réaliser des objectifs par l'intermédiaire des autres –, alors vous devez vous comporter différemment des hommes. Vous devez faire face à des défis uniques, vous devez faire attention à votre allure, à votre attitude, à ce que vous portez, aux batailles que vous pouvez livrer, aux amitiés que vous devez entretenir avec vos anciennes collègues dont vous êtes à présent la supérieure, et à la manière d'imposer votre autorité sans passer pour excessivement dure ou indulgente.

Par exemple, vous pouvez facilement donner le sentiment de violer la Règle simplement parce que vous assumez votre nouveau rôle. Vous avez travaillé dur pour avoir cette promotion, mais à partir du moment où vous jouez dans la cour des grands, ne croyez pas que les autres femmes vont se mettre à crier : « Hourrah ! L'une des nôtres est arrivée en haut ! »

En fait, on entend plutôt : « Une garce, ce n'est qu'une garce. » Si vous voulez réussir, vous avez besoin de l'appui des femmes placées sous vos ordres. Mais vous devez oublier vos sentiments dès lors qu'il s'agit d'obtenir des résultats, sinon vous serez mal vue de vos collègues hommes. Et ce n'est pas facile de concilier les deux. C'est même l'un des cinq principaux paradoxes auxquels vous êtes confrontée en tant que dirigeante dans la société actuelle.

Le paradoxe du pouvoir

Pouvoir rime avec masculinité. C'est souvent le garçon qui fait le plus montre d'assurance, celui dont l'avis est le moins contesté, celui qui est le chef de la meute. Cette assurance déteint sur la perception adulte que les hommes ont de la direction d'une organisation. Les hommes apprécient un dirigeant puissant qui imprime une direction puis agit avec assurance dans la direction qu'il a indiquée. À l'inverse, le pouvoir est l'antithèse de la féminité parce que celle-ci rime en général avec passivité, faiblesse et arrangement. Bien sûr, certaines filles sont plus autoritaires que d'autres, mais on ne les considère pas pour autant comme « le patron ». Les filles occupent rarement des rôles de chef dans les jeux, et la pratique de ces compétences commence pour les femmes le jour où elles occupent une place de direction pour la première fois. Même dans les rares circonstances où une fille est choisie comme chef, c'est en général à cause de sa « popularité ». En fait, dès qu'elle cesse d'être « gentille », on dit qu'elle se conduit comme un « petit chef ». Elle perd alors souvent sa position.

Le *hic* aujourd'hui, dans le monde du travail, c'est que les entreprises se fichent pas mal que vous soyez « gentilles ». Elles s'inquiètent bien plus de votre capacité à faire travailler les autres pour remplir les objectifs qui ont été fixés. Comme Chris Lee, la rédactrice en chef du magazine *Training*, l'a dit, les femmes occupant des postes de direction « doivent donner l'impression d'être suffisamment dures pour ne pas donner prise aux clichés féminins, mais elles sont aussi pénalisées si elles semblent être trop “masculines” [1] ».

Le paradoxe du perfectionnisme

Toutes les études démontrent que les femmes font mieux que les hommes dans la plupart des tâches de management. Selon une enquête américaine, sur 6 400 managers, dont près de 2 000 étaient des femmes, celles-ci s'en tiraient mieux que les hommes dans vingt-huit domaines de compétence sur trente, dont la résolution de conflits, la planification, le contrôle, la gestion des relations, la direction et la communication [2]. En dépit de tous ces nombreux talents, les femmes sont moins performantes que les hommes en ce qui concerne la prise de risques. Lorsque nous étions de jeunes filles, combien de nos professeurs ne nous ont-ils pas incités à nous concentrer sur les détails et loué notre sens de l'ordre, notre belle calligraphie et notre respect des règles ? Pour nous, le perfectionnisme est devenu un idéal inatteignable. Il est vrai aussi qu'on nous décourageait probablement de prendre des risques, de crainte que le résultat soit imparfait. Ces stratégies nous ont peut-être aidées à l'école, mais en tant qu'adultes, dans le monde du travail, lorsque nous nous concentrons sur les détails et évitons de prendre des risques, nous nous leurrons si nous croyons que cela peut avoir un effet bénéfique sur notre statut. C'est l'inverse.

Le perfectionnisme est une mauvaise habitude qui peut nous conduire à penser que personne n'est capable de faire le travail aussi bien que nous. Cela peut nous conduire à « micro-gérer » nos subordonnées, à nous mêler de tout et de rien au lieu de déléguer. En général, les gens n'aiment pas avoir l'impression qu'on regarde par-dessus leur épaule, et le nombre de plaintes que nous recueillons à propos de femmes patrons sur ce sujet en témoigne clairement. Certaines femmes peuvent voir dans cette attitude un souci de manifester son pouvoir – « Elle me surveille comme une mère poule ! » – et cela peut conduire de manière involontaire à des conflits violents. En outre, la micro-gestion a une influence délétère sur les employés, car cela les empêche d'acquérir de nouvelles compétences, de prendre leurs responsabilités ou de célébrer véritablement un succès.

« Mes collaboratrices pourraient commettre une erreur, et

on me le reprocherait », vous dites-vous peut-être. C'est vrai. Mais la seule manière qu'ont les humains d'apprendre quelque chose, c'est de le faire eux-mêmes, et en tant que dirigeante vous devez donner à vos collaboratrices imparfaites l'opportunité de se développer et de croître. À moins que vous n'abandonniez le perfectionnisme et n'appreniez à déléguer, vous serez à jamais prisonnière du détail le plus ennuyeux.

Le paradoxe du souci des autres

Malgré nos réticences à assumer un rôle dirigeant, nous avons de grandes qualités de management, surtout en ce qui concerne les interactions, où le souci de l'autre joue un rôle primordial. Une étude récente comparant 127 entrepreneurs, hommes et femmes, a montré que plus de la moitié des femmes utilisent davantage leur cerveau droit, celui de la « pensée intuitive », qui englobe la créativité, la sensibilité et les valeurs, dans la prise de décision. De manière prévisible, les femmes considéraient leur entreprise comme une famille, avec un réseau de relations (elles tiraient du plaisir du fait de construire des relations avec des clients et des employés), alors que pour les hommes leur entreprise était avant tout hiérarchique, avec des règles et des procédures claires[3].

Les femmes sont avantagées dans le domaine des relations avec les employés, leurs pairs et les clients. Mais cette aptitude peut se retourner contre elles, surtout parce que les employées femmes s'attendent à recevoir davantage d'attention et d'encouragements de la part de leurs supérieures. Des jalousies proches de celles entre sœurs peuvent se manifester entre des employées qui dépendent directement d'une même supérieure hiérarchique si ces attentes ne sont pas comblées. Si vous voyagez beaucoup avec une de vos collaboratrices ou si vous passez beaucoup de temps avec une nouvelle recrue, les autres femmes pourront penser qu'elle a droit a un traitement de faveur ou que c'est votre préférée. Si les autres employées se sentent négligées, elles peuvent y voir une violation de la Règle, et cela peut les pousser à vous saboter.

En outre, si vous faites trop attention à vos employées, vous risquez de vous trouver impliquée dans leur vie personnelle. Si vous êtes empathique et compréhensive, il est tentant de prendre soin de vos collaboratrices au point que vous commencerez à jouer à la psychiatre. Il est essentiel de ne pas perdre de vue le fait que vous placeriez peut-être votre société et vous-même en péril si vous donnez de mauvais conseils, et que vous n'êtes probablement pas qualifiée pour servir de conseillère psychologique.

Votre capacité à faire attention aux autres et à prendre soin d'eux peut aussi se retourner contre vous si cela vous oblige à reprendre la responsabilité d'une tâche que vous aviez déléguée. Pour William Oncken, spécialiste du management, la responsabilité pour le travail qu'on vous assigne est comme un singe. Tant que l'employé n'aura pas fait son travail, « il a un singe sur le dos[4] ». La femme manager aidante demandera constamment des nouvelles à sa collaboratrice à propos du travail en question. Son intention de départ sera d'aider et de soutenir la personne. « Comment avancent les choses ? Je peux t'aider en quelque chose ? » Mais le singe est une bête agile, avec de longs membres, et souvent il sautera sur le dos de la femme dirigeante si elle ne fait pas attention à cette possibilité.

Il est vrai, en effet, que de nombreuses femmes dirigeantes se sentent surchargées de travail parce qu'elles ont une tribu de singes sur le dos. Comme pour le perfectionnisme, si vous avez assumé les responsabilités de vos subordonnées, il devient difficile pour elles de devenir vraiment autonomes. Cela est également épuisant pour vous et peut vous empêcher de vous concentrer sur le tableau d'ensemble.

Le paradoxe de l'amitié

Le leadership s'accompagne d'une responsabilité : maintenir une distance émotionnelle convenable avec vos subordonnés. Si cette distance n'est pas clairement établie, vous pouvez avoir du mal à diriger d'autres femmes. Les femmes récemment promues n'aiment pas qu'on leur rappelle cela et se plaignent souvent à nous : « Mais j'aime toujours autant mes ex-collègues. Je veux que nous restions amies. » Le paradoxe de l'amitié représente un grand dilemme pour ces femmes. Nous rechignons à nous voir comme des personnes à part en tant que dirigeantes parce que nous avons peur de perdre nos amies.

Voici quelle est notre réponse : « Vous ne pouvez pas avoir le beurre et l'argent du beurre. Si vous voulez être le chef, vous devez admettre que tout en conservant des rapports amicaux avec vos subordonnées, vous ne pouvez pas être leur amie. » L'armée, qui sait combien il peut être difficile pour des hommes et des femmes d'être promus dans leur groupe d'origine, les transfère en général vers de nouvelles unités.

Voici ce que dit Anson Dorrance, l'entraîneuse de l'équipe féminine de football qui a gagné la coupe de 1999 : « Il est dur pour une femme d'accepter la responsabilité du leadership, qui est de critiquer et d'influencer ses coéquipières pour qu'elles prennent une direction alors qu'elles n'en ont pas envie. Un homme a envie de donner des ordres à ses coéquipiers, mais il faut contraindre une femme à le faire. Et si cela doit affecter sa popularité, elle n'en voudra pas. Les femmes préfèrent être acceptées par leur équipe plutôt que de la diriger, parce que cela impliquerait nécessairement de se faire quelques ennemies, et pour elles le jeu n'en vaut pas la chandelle[5]. » Vous aurez compris que les ennemies dont parle Dorrance sont les femmes qui estimeront que la Règle aura été violée.

L'amitié avec ses collaboratrices recèle d'autres périls pour les femmes dirigeantes. En tant que femme, vous avez peut-être un désir inné d'établir des liens et de vous livrer à vos amies, mais en tant que leader, l'un de vos plus grands défis sera de garder votre vie privée... privée. L'intimité de l'amitié est une grande source de bonheur et de satisfaction, mais elle vous rend aussi vulnérable. Lorsque quelqu'un connaît votre vie intime dans les moindres détails, vous devenez la cible potentielle de ses attaques. On peut facilement vous faire passer pour idiote, faible ou mesquine. Et si, en tant que nouvelle dirigeante, vous violez la règle par inadvertance en attribuant des tâches ou en demandant à vos collaboratrices de prendre leurs responsabilités, votre équipe pourra utiliser ces informations intimes en tant qu'arme pour manifester son insatisfaction à votre égard.

Le paradoxe de la féminité

« Pourquoi personne ne me prend-il au sérieux ? », se demandait Donna. Elle était sincèrement perplexe, mais pour nous les choses étaient claires comme de l'eau de roche. Donna était un petit bout de femme mignonne de vingt-huit ans, et elle était habillée de manière assez provocante : un tee-shirt moulant avec un décolleté plongeant, une minijupe qui faisait ressortir sa silhouette et des chaussures à talons aiguilles. Ses longs cheveux et ses grandes boucles d'oreilles complétaient le tableau : celui d'une femme prête à sortir en boîte pour faire la fête toute la nuit. Elle était très féminine et séduisante, mais elle ne représentait pas l'image de sérieux professionnel que le cabinet d'avocats pour lequel elle travaillait voulait que donnent ses jeunes collaborateurs.

Certaines femmes peuvent avoir du mal à trouver l'équilibre entre leur féminité et leur rôle. La question ne se pose pas dans les mêmes termes pour les hommes, qui n'ont pas à se soucier des crêpages de chignon que peut provoquer une tenue aguichante. Dans *Erin Brockovich*, Julia Roberts s'attirait la haine et le mépris de ses collègues parce qu'elle mettait en valeur son décolleté et sa silhouette. Une femme jalouse de votre équipe pourra être la première à dégainer cette arme contre vous : « Ça ne m'étonne pas qu'on l'ait promue, pourra-t-elle dire dans votre dos, il suffit de voir comment elle s'habille. »

Cela peut paraître stupide, mais une tenue inadéquate a causé la perte professionnelle de nombreuses femmes. Parce que les hommes sont souvent viscéralement attirés par des tenues provocantes, les autres femmes peuvent y voir un geste de pouvoir mais aussi une tentative de saper le respect et l'intérêt intellectuel qu'elles ont souvent gagné de haute lutte. Vous ne jouez pas franc-jeu et vous rabaissez votre pouvoir professionnel. La question, c'est le message que vous souhaitez faire passer sur votre lieu de travail : êtes-vous un être sexuel ou un être professionnel ?

Respectez les difficultés

Les grands dirigeants savent que le leadership n'arrive pas comme ça. Il faut de l'intuition, du savoir, de l'expérience et une compréhension des contraintes de l'entreprise pour le devenir pleinement. Parce que de nos jours la plupart des femmes ont peu l'occasion d'assumer ou de pratiquer des responsabilités de direction pendant leur parcours, lorsqu'elles assument de telles positions, elles ont souvent l'impression d'avoir été jetées à la mer sans bouée de sauvetage. Les hommes ont l'habitude de donner et de recevoir des ordres, alors que de nombreuses femmes ne sont tout simplement pas habituées aux ordres, point à la ligne.

Selon les experts en management Paul Hersey et Kenneth Blanchard, les principales composantes du leadership sont la perception de la tâche (quoi faire et comment faire en sorte que cela se fasse) et l'établissement de relations (la communication à deux sens entre le patron et l'employé)[6]. Celles-ci existent dans un continuum. Pour ce qui est de la perception de la tâche, certains employés ont besoin de peu de directions et se sentiraient insultés si on leur rappelait constamment ce qu'il faut faire et comment (ce sont ceux qui se plaindraient à juste titre de votre micro-gestion), alors que d'autres ont besoin de davantage de directives. À l'extrémité du continuum, la perception de la tâche se confond avec l'approche en termes d'ordre hiérarchique et de contrôle adoptée souvent par les hommes mais qui est si étrangère aux femmes.

De même, la composante relationnelle renvoie au fait que certains employés ont constamment besoin d'être rassurés et d'avoir du feedback, alors que d'autres sont compétents et confiants et n'ont besoin que d'une tape occasionnelle sur le dos. Cette composante peut paraître plus naturelle aux femmes, mais à l'extrême la culture des relations veut dire qu'aucune décision n'est prise sans négociation, une approche plus « plate », féminine, mais qui peut empêcher toute progression.

Le leadership donne parfois l'impression d'être un acte d'équilibrisme impossible. Si vous contrôlez trop, vos employées freineront peut-être des quatre fers pour contrebalancer votre action. Les femmes portées aux crêpages de chignon auront peut-être recours au sabotage, ou pire. D'un autre côté, si vous êtes trop chaleureuse et accueillante, votre service sera sans doute rempli d'amour mais la performance pourra en pâtir si vos collaboratrices passent trop de temps à s'occuper de leurs problèmes personnels au lieu de travailler. En outre, vous finirez peut-être par assumer de manière excessive la responsabilité de tout ce qui se fait. Tel est le défi du leadership : trouver l'équilibre approprié entre le bien-être de votre équipe et la réalisation de ses tâches. Et c'est quelque chose de singulièrement complexe pour les femmes qui doivent faire face aux paradoxes que nous venons d'énumérer. Si vous ne comprenez pas comment gérer les autres convenablement, vous coulerez. Mais il existe une réponse : vous pouvez apprendre des compétences de dirigeante qui vous aideront à garder le cap lorsque la mer devient mauvaise.

Les stratégies suivantes vous aideront à devenir une meilleure dirigeante dans l'environnement contemporain en dépersonnalisant certaines des décisions difficiles que vous devrez prendre, surtout lorsque vous exercez votre pouvoir ou faites part de vos critiques. Elles vous aideront à distinguer le fait d'être amies et le fait des collègues. Cela vous aidera à devenir plus consciente et stratégique dans vos choix de management. Ces compétences incluent le fait de se fixer des objectifs « S-M-A-R-T », d'utiliser un style de direction situationnel, de remettre sur les rails un employé qui se laisse aller, de donner du feedback approprié et d'avoir un mentor. Ces stratégies sont applicables quel que soit le sexe des gens que l'on est appelé à diriger, mais elles sont surtout utiles si vous voulez éviter des conflits destructeurs avec des collègues féminines.

Compétence n° 1 : garder une vision d'ensemble

Parce que diriger, c'est parvenir à atteindre des objectifs en s'appuyant sur autrui, il est clair que vous ne pourrez diriger personne tant que vous n'aurez pas compris ce que sont ces objectifs. Vous devez avoir une « vue d'ensemble » des objectifs que l'on a fixés à votre département : quelle place votre département occupe-t-il dans votre société dans son ensemble ? Pour obtenir cette vision globale, il faut prendre un peu de recul par rapport au train-train quotidien et vous concentrer sur les forces globales et les objectifs de votre service.

Pour diriger un groupe, qu'il s'agisse d'une équipe de trois personnes ou d'une société comptant plusieurs milliers d'employés, il est vital de commencer par déterminer la mission de l'organisation. Vous devez découvrir ce qui compte le plus pour votre patron et votre compagnie, puis décider d'une manière de le mesurer. Quels sont les objectifs actuels et à long terme, explicites et implicites ? Dans quel but spécifique vous paie-t-on, vous et votre équipe ? Comment saurez-vous si vous avez accompli ces objectifs avec succès ? Quelles sont les aspirations futures de votre société et de votre département ?

En général vous ne trouverez pas un papier vous détaillant gentiment les réponses à ces différentes questions. Pour obtenir l'information dont vous avez besoin, vous aurez peut-être à faire des recherches et à réfléchir de manière active. Voici par où commencer :

– Parlez à votre patron.

– Lisez les documents officiels de votre société et assurez-vous que vous comprenez ce que veulent dire ces rapports financiers.

– Intéressez-vous à l'histoire et à la culture de votre entreprise. Demandez à des consœurs quelles sont les règles dites et non dites de la culture d'entreprise, et informez-vous sur la manière dont les gens sont censés se conduire.

– Familiarisez-vous avec toute la gamme de produits et de services que fournit votre compagnie.

– Étudiez les différents groupes de clients de l'entreprise.

– Renseignez-vous au sujet de vos concurrents, leurs forces et leurs faiblesses.

– Apprenez par cœur l'organigramme de votre société.

Non seulement vous devez avoir une vue globale de votre société, mais vous devez aussi comprendre ce qu'elle attend de vous personnellement. Votre mandat est-il de faire des coupes dans les dépenses ? Le moral du personnel et le roulement sont-ils des problèmes que vous êtes censée résoudre ? Les dépenses et les frais généraux sont faciles à estimer, mais le moral des employés est une notion subjective. Apprenez à évaluer ces notions plus subjectives. Comment vos résultats seront-ils évalués ? Vous devez clarifier ces différents points avec votre patron lorsque vous assumez votre nouvelle position de dirigeante.

Avoir une vue d'ensemble, c'est aussi être capable de s'évaluer soi-même honnêtement. C'est même une des caractéristiques d'un bon dirigeant. Quelles sont vos forces et vos faiblesses ? Le fait de reconnaître et d'apprécier vos talents améliore votre estime de soi, et une conscience de vos points faibles vous aide à identifier les domaines dans lesquels vous devez vous améliorer tout en développant vos capacités à faire face à ces défauts. Lorsque vous aurez cette image précise de vous-même, vous saurez comment vous entourer de collaborateurs qui apprécient les mêmes forces que vous et qui sont forts dans des domaines où vous êtes faible. Par exemple, si vous aimez vous concentrer sur la vision du futur et que vous n'êtes pas très bonne pour les détails (et que vous n'aimez pas vous y engluer), alors vous aurez intérêt à vous entourer de quelques personnes qui sont bonnes pour les détails et à célébrer leurs talents.

Compétence n° 2 : se fixer des objectifs S-M-A-R-T

Une fois connus les besoins de votre compagnie et vos propres capacités, vous devez développer une compréhension des rôles et des responsabilités de vos subordonnés. Parfois ces délimitations ne sont pas très claires. La deuxième étape d'un manager efficace est donc de définir leur rôle avec vos subordonnés. Les managers qui disent : « Je ne sais pas exactement ce que j'attends de vous, mais je sais comment l'obtenir », sont parmi les personnes pour qui il est le plus frustrant de travailler. Comment peut-on être efficace si l'on ne sait pas ce que l'on attend de vous ? Ces attentes et ces objectifs deviennent particulièrement utiles lorsqu'une employée se débat dans un problème de performance. Quand vous vous concentrez sur l'objectif, vous dépersonnalisez le feedback. La discussion tourne autour de savoir pourquoi l'employé n'a pas rempli les objectifs auxquels il/elle s'était engagé.

Une bonne manière de clarifier la question des attentes est de fixer ce que nous appelons des objectifs « S-M-A-R-T », c'est-à-dire Spécifiques, Mesurables, Accessibles, orientés vers le Résultat et limités dans le Temps. Ce sont des caractéristiques communes aux objectifs bien élaborés.

Les *objectifs spécifiques* mettent l'accent sur les résultats que l'employé va obtenir. Par exemple : « Je vais acheter cinq biens immobiliers pour la société en une année. » Les objectifs spécifiques s'intéressent aussi au processus, c'est-à-dire aux activités auxquelles vous allez vous livrer de manière continue afin d'atteindre le résultat préalablement fixé. Par exemple : « Afin d'acheter ces biens immobiliers, je vais établir des relations positives avec les banques qui amélioreront mes capacités à négocier des prix en dessous de la valeur du marché, ou égaux à celle-ci. »

Les *objectifs mesurables* précisent une dimension spécifique : la norme grâce à laquelle vous savez si le but a été atteint. Ces objectifs peuvent être d'augmenter les ventes de 10 % ou de réduire les heures supplémentaires de 40 % au cours de l'année à venir.

Les *objectifs accessibles* sont réalistes et raisonnables. Parfois un objectif accessible peut légèrement être hors d'atteinte, mais la possibilité existe qu'il puisse être atteint. Par exemple : « Notre département maintiendra du personnel compétent en service tous les jours de l'année à venir. » C'est difficile, mais c'est un but accessible. À l'inverse : « Aucun employé ne sera jamais absent durant l'année qui vient » est un but inaccessible parce qu'une norme si élevée dépend de variables qui ne sont pas contrôlées par le management.

Lorsque vous produisez des *objectifs orientés vers les résultats*, vous utilisez des verbes d'action qui visent à produire un certain effet. Un objectif orienté vers un résultat pourrait être : « Je jouerai un rôle actif dans la réussite de mon service en apportant des idées, en améliorant la productivité et en répondant promptement à mes camarades. » Un énoncé comme : « Je serai un bon camarade de travail » est trop flou pour être un objectif identifiable. Au lieu du passif « des stagiaires viendront dans notre service durant l'été », un but tourné vers les résultats aurait pu affirmer : « À la fin des trois mois, les stagiaires sauront comment préparer un document de pertes et profits, utiliser le bon logiciel pour créer des présentations, et développer un budget de département. »

Les *objectifs délimités dans le temps* définissent des dates de bouclage. Vous pouvez vous engager à finir votre mission avant le vendredi 30 avril à 15 heures, ou à la fin de l'année fiscale. Les objectifs limités dans le temps pourraient inclure des énoncés comme : « Notre département adhère à la règle du coucher du soleil, qui dit que tous les appels des clients seront traités avant la fin de la journée de travail au cours de laquelle le client nous a contactés. » Ou bien : « Nous atteindrons nos objectifs de vente de x millions pour la date du 31 juillet. »

Lorsque des objectifs S-M-A-R-T ont été fixés, il est aisé d'évaluer s'ils ont été atteints parce qu'ils sont concrets et quantifiables. Et en posant des règles S-M-A-R-T pour votre équipe vous dites non seulement : « Je sais ce que je veux, et j'ai confiance en vous », mais aussi : « Je crois que tu es capable d'atteindre ces objectifs. J'ai confiance en toi. »

Compétence n° 3 :
suivre le modèle situationnel du dirigeant

De même que vos subordonnés réagiront mieux à des objectifs qui respectent leurs capacités, ils seront plus performants pour des dirigeants qui auront adapté leur approche aux individus qu'ils supervisent et aux situations dans lesquelles vous vous trouvez. Ce serait rendre un bien mauvais service à votre entreprise que de traiter de la même manière un collaborateur expérimenté, habile et serviable et votre dernière recrue. Vous gérez les personnes en fonction de leur compétence et de leur engagement, pas selon ce qui vous vient le plus facilement. En fait, il se peut même que vous deviez oublier votre style de gestion préféré parce que ce n'est tout simplement pas celui que mérite la personne en question.

Paul Hersey et Kenneth Blanchard ont mis au point ce qu'ils appellent le « modèle situationnel » qui vous aidera à adapter votre approche en fonction des besoins de vos employés. En outre, c'est une des meilleures manières de circonvenir les paradoxes que nous avons énumérés plus tôt. Cela peut vous aider à trouver un équilibre entre le fait d'en faire trop (en risquant de violer la Règle) et d'être trop chaleureuse et floue (en risquant de nuire à la productivité de votre département et de vous rendre vulnérable). Le modèle situationnel vous montre quand et comment vous intéresser aux relations, quand vous intéresser au travail, quand déléguer et que faire lorsqu'un de vos subordonnés se laisse aller et doit être remis dans le droit chemin.

Selon Hersey et Blanchard, il n'existe pas un style unique de leadership, mais une séquence de quatre styles : dirigiste, coach, aidant et déléguant. Ces styles sont progressifs, ce qui signifie qu'un bon leader évoluera de l'un vers l'autre à mesure qu'évoluent les compétences et les capacités et les besoins de ses subordonnés.

DIRIGER
▼
COACHER
▼
SOUTENIR
▼
DÉLÉGUER

Le style dirigiste est celui où l'on exerce le plus de contrôle, et le style délégnant celui où on en exerce le moins. La compétence de votre subordonnée et son engagement à accomplir une tâche dictent le style que vous devez choisir pour elle : plus elle est compétente et engagée, moins vous aurez besoin d'être dirigiste, et plus vous tendrez à déléguer. Les femmes dirigeantes se sentent le plus à l'aise avec les deux styles intermédiaires : coach et aidant. Ces styles mettent l'accent sur le rapport avec votre subordonnée et sont les plus coopératifs. Mais une bonne femme manager doit aussi savoir être dirigiste et déléguer lorsque la situation l'exige. Voyons quels styles sont les plus appropriés selon les situations.

DIRIGER : « JE VAIS VOUS EXPLIQUER CE DONT J'AI BESOIN EXACTEMENT »

Ce style est approprié quand votre subordonnée, soit a peu de compétences (elle vient de commencer), soit n'est pas très engagée (elle n'a pas envie de le faire), soit les deux. Le style dirigiste repose sur une communication à sens unique : le manager explique à l'employée comment elle doit s'y prendre, et l'employée fait ce qu'il lui dit. Ce style est utile lorsque l'employée a besoin d'instructions pour réussir. Le dirigisme est particulièrement utile lorsque vous avez un problème avec quelqu'un qui n'est pas motivée pour faire du bon travail et que vous devez prendre les choses en main ; le temps vous est compté ; il n'y a pas d'autre choix (comme lorsqu'on vous impose une nouvelle politique ou procédure par en haut) ; vous devez réussir cet objectif, ce projet, ou cette négociation, il y va de votre travail, de votre service ou de votre entreprise.

Récemment, une femme P-DG qui est une de nos clientes a appris ce qu'était le style dirigiste. Elle nous a demandé : « Je viens d'engager une nouvelle responsable du marketing à un salaire de 200 000 dollars. Faut-il que j'utilise un style dirigiste avec elle ? » Nous lui avons répondu : « Oui. » Mais vous pouvez ajuster légèrement ce style lorsque vous avez affaire à quelqu'un qui a beaucoup d'expérience. Il ne serait pas sage de lui expliquer comment elle doit s'y prendre, mais vous devez lui faire savoir clairement quels sont ses objectifs et ce que vous attendez d'elle à ce poste. Vous devez aussi l'avertir des problèmes « politiques » auxquels elle peut se trouver confrontée, par exemple si certains chefs de services ont de mauvais rapports. Dans ce cas vos directives auront plus à voir avec vos attentes qu'avec des questions de méthode. Chaque employé, quel que soit son niveau hiérarchique ou son salaire, doit savoir quels sont vos objectifs S-M-A-R-T, votre philosophie, vos attentes et vos exigences.

Le style dirigiste doit être conçu comme étant temporaire. À la longue, les travailleurs compétents apprennent ce qu'ils doivent faire et n'ont pas besoin qu'on le leur rappelle. Mais si une employée ne veut pas ou ne peut pas apprendre ce que vous lui indiquez, elle n'est peut-être tout simplement pas au bon poste, et vous feriez bien de faire en sorte qu'elle s'adapte ou vous vous débarrassez d'elle. La phrase clé du style dirigiste est : « Améliorez-vous ou tirez-vous. »

COACHER : « DITES-MOI CE QUE VOUS PENSEZ DE CECI »

Quand le manager adopte ce style, il est encore un peu dirigiste, car l'employée est en train d'apprendre, mais il existe une communication entre eux dans les deux sens. Un manager-coach demandera son avis à son employée mais gardera la haute main sur les décisions finales. Le style coach est une approche plate, coopérative. C'est un bon style pour les employées qui sont toujours en apprentissage mais progressent rapidement.

SOUTENIR : « QUE PROPOSEZ-VOUS ? »

Ce style convient bien pour une employée qui a acquis des compétences et s'engage dans son travail, et qui a montré qu'elle sait comment s'y prendre. Avec ce style, une manageuse commencera par permettre à son employée de prendre l'initiative. Le dialogue fait avancer les choses, et le manager adoptera souvent les opinions et les suggestions de l'employée à moins qu'il n'y ait un grave problème. Le passage du style coach au style aidant peut être difficile, parce que certains managers préfèrent simplement répondre aux questions qu'on leur pose plutôt que demander leur avis aux subordonnés. Certains employés peuvent eux-mêmes préférer le style coach, car il peut être effrayant de voler seul pour la première fois. Le style aidant est particulièrement utile chez les femmes car il laisse de la place aux interactions dans les relations de travail.

DÉLÉGUER : « DITES-MOI SI VOUS AVEZ BESOIN D'AIDE »

Ce style convient pour une employée compétente et pleinement motivée. En déléguant, son supérieur lui laisse la responsabilité sans donner son avis et sans la surveiller directement. Comme l'a dit un jour Kenneth Blanchard : « Ne faites rien ! Restez assis ! » Comme le style dirigiste, déléguer implique de la communication à sens unique, mais cette fois de l'employé vers le manager.

Pour se débarrasser de l'habitude de la micro-gestion, il faut savoir déléguer lorsque les circonstances s'y prêtent, c'est-à-dire quand vos subordonnées sont très compétentes et motivées. En tant que chef, il vous faudra peut-être alors améliorer vos propres compétences en suivant des formations et d'autres activités constructives. Leur motivation peut découler de leur loyauté envers vous et les objectifs de votre service si vous savez les motiver convenablement en utilisant du renforcement positif, et de la chaleur.

Comment choisir le bon style de direction

Vous découvrirez peut-être que vous êtes plus à l'aise en jouant le coach ou en aidant toutes vos collaboratrices alors qu'en fait les membres les plus faibles de votre équipe bénéficieraient d'un style dirigiste et que d'autres mériteraient que vous leur déléguiez la maîtrise des opérations. Votre capacité à adopter le style de direction le plus approprié pour une subordonnée puis la laisser aborder la phase suivante sera bénéfique non seulement pour elle, mais pour tout votre service. Votre direction améliorera la productivité, la performance et le moral général.

Le questionnaire suivant vous aidera à tester votre compréhension du modèle situationnel. Il y a de bonnes et de mauvaises réponses !

QUEL EST VOTRE SENS DE DIRECTION SITUATIONNELLE ?

Nous avons tous des styles de direction préférés, mais nos subordonnés méritent les styles dont ils ont besoin, pas ceux qui nous conviennent le mieux. Le questionnaire suivant vous aidera choisir parmi les différents styles selon la compétence et la motivation du salarié. Choisissez le style approprié pour chacune des situations suivantes :

1. Vous venez d'embaucher une nouvelle employée qui est soucieuse de bien faire, mais elle n'a jamais fait ce genre de travail jusque là.

A. Lui confiez-vous une tâche et vérifiez une semaine plus tard si elle s'en est bien acquittée ?

B. Lui demandez-vous ce qu'elle en pense puis vous la laissez faire à sa guise ?

C. Lui dites-vous exactement ce que vous attendez d'elle, puis vous surveillez sa performance ?

D. Discutez-vous avec elle les différentes manières d'aborder son travail puis lui suggérez celle qui vous paraît la plus appropriée ?

2. Votre collaboratrice connaît le travail et sait comment s'y prendre plutôt bien. Aujourd'hui elle vient vous voir avec un problème dont vous savez qu'elle peut le résoudre toute seule.

A. Lui dites-vous de se débrouiller toute seule ?

B. Discutez-vous avec elle des différentes possibilités mais lui indiquez laquelle choisir ?

C. Lui dites-vous ce qu'il faut faire et la surveillez de près ?

D. Lui demandez-vous ce qu'elle pense devoir faire ?

3. Parce qu'un de vos enfants était malade, vous avez dû vous absenter du bureau pendant dix jours. Entre-temps, on a confié à votre service un travail important, et une de vos collaboratrices s'est mise à travailler dessus en votre absence. Jusqu'ici vous ne lui avez jamais confié ce type de travail, mais elle se débrouille très bien.

A. Discutez-vous avec elle de la manière dont elle s'y prend et lui donnez des idées sur la question ?

B. La laissez-vous se débrouiller et lui demandez-vous de temps à autre comment ça va ?

C. Lui retirez-vous ce travail et vous en chargez vous-même ?

D. Discutez-vous-en avec elle tout en lui indiquant clairement comment vous aimeriez qu'elle procède ?

4. Votre collaboratrice sait faire son travail, mais souvent elle a besoin de votre assistance. Ces derniers temps elle s'est mise à faire des erreurs dans son travail.

A. Lui demandez-vous comment elle a l'intention de résoudre ce problème ?

B. Passez-vous en revue avec elle les problèmes qui se posent et élaborez-vous un plan d'action ? Puis la rencontrez-vous à nouveau une semaine plus tard pour voir comment les choses avancent ?

C. Lui expliquez-vous clairement ce que vous voulez et quand vous le voulez ?

D. La laissez-vous tranquille parce qu'elle est généralement fiable et s'améliorera probablement avec du temps.

Si l'on applique la théorie de Hersel et Blanchard à ces questions, les bonnes réponses sont :

Question n° 1, réponse C. Un style dirigiste est approprié parce que votre collaboratrice est une novice.

Question n° 2, réponse D. Un style aidant est approprié en raison de la compétence et de la motivation de votre collaboratrice.

Question n° 3, réponse B. Il vaut mieux déléguer car il s'agit d'une collaboratrice qui est autonome dans son travail.

Question n° 4, réponse B. Un style coach est requis parce que votre collaboratrice a besoin de conseils pour améliorer sa performance.

Compétence n° 4 : remettre dans le droit chemin la subordonnée qui se laisse aller

Jusqu'ici, il a été question de la manière d'aider les « bleus » à avancer dans chacun de ces styles de directions progressifs jusqu'au point où vous pourrez déléguer votre travail. Maintenant nous allons changer de vitesse pour explorer la manière dont il convient de régler un problème de performance avec une collaboratrice grâce au modèle situationnel de leadership. Si elle ne parvient pas à honorer ses engagements et ses objectifs S-M-A-R-T, vous devez prendre des mesures disciplinaires. La discipline fait partie intégrante du travail de direction : sans elle, le message que vous faites passer est que la performance ne compte pas. Mais si l'action disciplinaire n'est pas gérée de manière stratégique, elle peut déboucher sur un crêpage de chignon suite à une confrontation mal gérée : votre collaboratrice peut se sentir attaquée personnellement et peut estimer que son pouvoir et son estime de soi ont été lésés.

Il est incontestable qu'il peut être difficile de corriger le comportement non productif d'une de vos collaboratrices. Pour de nombreuses femmes à des postes de direction, la discipline est un sujet délicat car elle touche directement au paradoxe du pouvoir : vous affirmez votre autorité sur quelqu'un d'autre. Vous pouvez hésiter à le faire si votre tendance est à l'évitement des conflits, ou si la personne en question était une amie. D'un autre côté, si vous ne connaissez pas les techniques appropriées ou si vous n'êtes pas à l'aise dans votre position, vous pouvez en faire trop et donner le sentiment d'être froide, « hystérique » ou cruelle.

Le problème, c'est qu'aucun de ces deux extrêmes n'est constructif. Votre capacité à diriger peut être sérieusement mise en cause si vous n'êtes pas capable de poser des limites claires à vos subordonnées et de vous y tenir. La productivité et le moral de votre secteur peuvent en souffrir, car votre hésitation à imposer de la discipline peut donner le sentiment que vous êtes faible et nuire à la productivité. Mais si vous devenez autoritaire, vos collaboratrices vous en voudront et auront le sentiment d'être traitées de manière injuste, autant de violations potentielles de la Règle.

Ces problèmes peuvent être aggravés par une tendance chez vos subordonnées à mieux accepter les mesures disciplinaires venant d'un homme. Une étude récente à montré que même si les femmes sont aussi efficaces que les hommes s'il s'agit de modifier les comportements négatifs de leurs collaborateurs, lorsqu'une femme prenait des mesures disciplinaires, leurs destinataires avaient moins tendance à penser que les mesures étaient équitables et à assumer la responsabilité de leurs actes, et avaient plus tendance à penser que le manager ne savait pas bien s'y prendre. Selon Leanne Atwater, l'une des chercheuses responsables de cette étude, « les femmes sont plus prêtes à accepter des mesures disciplinaires de la part d'un homme parce qu'elles ne s'attendent pas à ce que les hommes fassent preuve de compassion ou de considération. Elles acceptent aussi peut-être plus facilement d'être la subordonnée d'un homme que d'une femme[7] ».

Des attitudes comme celles-ci ne font que rendre plus difficile votre rôle de dirigeante. Mais il n'est pas pour autant impossible de punir une collaboratrice qui a fauté. Il y a des manières efficaces d'y procéder. D'abord, ne perdez jamais de vue que votre réaction à une mauvaise performance doit être proportionnée à la gravité de l'infraction : grave et forte si le problème est fondamental, ou patiente et modérée si c'est moins sérieux. Les étapes suivantes vous aideront à remettre une collaboratrice sur le droit chemin.

VÉRIFIEZ VOTRE DÉCISION

Essayez de votre mieux d'observer vous-même le problème avant de dire quoi que ce soit à votre collaboratrice. Soyez sûre que vous parlez à la bonne personne et qu'il s'agit bien du bon problème. Puis discutez du problème avec votre supérieur et votre directeur des ressources humaines. Protégez-vous et votre société contre une action en justice. Familiarisez-vous avec les procédures disciplinaires de votre entreprise et veillez à les suivre à la lettre. Le fait de consulter votre supérieur a un autre but. Certaines employées, surtout si elles refusent de vous prendre autant au sérieux qu'un homme, peuvent chercher à vous contourner en s'adressant directement à votre supérieur (qui est peut-être un homme). Si vous ne l'avez pas prévenu, il se laissera peut-être embarquer dans le problème, ce que vous devez éviter à tout prix car cela peut l'inciter à penser que vous êtes inefficace. En tenant votre patron informé, vous savez qu'il n'entendra pas parler pour la première fois du problème par une personne mécontente. Il connaîtra toute l'histoire, pas seulement la version de votre subordonnée.

PASSEZ EN MODE RÉGRESSIF

L'étape suivante consiste à déterminer le style de leadership que vous avez utilisé (diriger, coacher, soutenir ou déléguer) et à rétrograder d'un pas.

Par exemple, si vous déléguiez, faites un pas en arrière et passez au mode soutien. Organisez une rencontre en tête-à-tête avec votre subordonnée. Faites-lui part de vos inquiétudes à son égard en lui faisant des remarques comme : « J'ai été surprise de voir que ton taux de réussite à chuté. Que se passe-t-il ? » En discutant du problème sans acrimonie et entre quatre yeux, vous découvrirez peut-être que la personne s'ennuie avec ce projet particulier, ou qu'elle est fâchée contre vous ou contre une autre personne de votre service. Ensuite, ensemble, élaborez une liste d'objectifs S-M-A-R-T importants pour votre collaboratrice : vous pourrez peut-être lui faire faire davantage attention aux détails en relisant tout son travail et améliorer sa performance sur ordinateur en lui proposant de participer à des formations.

L'appui et l'attention d'un manager permettent de résoudre les problèmes avec les subordonnés dans 90 % des cas. Mais si votre appui ne change rien, vous devrez peut-être faire encore un pas en arrière et passer en mode coach. C'est à ce niveau que les objectifs S-M-A-R-T permettront de conserver à la discussion un caractère professionnel plutôt que personnel. Votre stratégie sera de ne pas laisser la discussion devenir une discussion sur vos rapports, mais de faire en sorte que ce soit une discussion sur votre subordonnée et les objectifs convenus pour elle. La question ce n'est pas votre attitude, mais ses choix à elle. Vous pourrez dire, par exemple : « Nous sommes tombées d'accord sur ces objectifs, mais tu n'es pas en train de les remplir. » Puis vous pouvez fixer un calendrier de rencontres régulières et d'objectifs couchés par écrit qu'elle devra remplir entre les rencontres. Si, après plusieurs semaines de ce régime, la performance ne s'améliore pas autant que vous le souhaiteriez, vous pouvez resserrer encore un peu la corde en imposant des rencontres plus fréquentes au cours desquelles vous prendrez des notes (dont vous donnerez une copie à votre collaboratrice). Ces plans de travail par écrit et vos appréciations formelles pourront servir de preuves si vous devez plus tard vous séparer de la personne.

Enfin, si tout échoue, vous devez revenir au style directif. Vous pourrez dire : « Voici ce que tu dois faire aujourd'hui. Si tu as un problème, viens me voir et je te donnerai des instructions supplémentaires. » Laissez à votre collaboratrice le choix entre changer sa performance ou subir une punition, qui pourra prendre la forme d'un avertissement écrit, consigné dans son dossier. Vous pourrez même lui demander de définir elle-même les conséquences négatives si elle continue à faire preuve de mauvaise volonté. L'idée est de ne pas assumer le rôle de bourreau mais de faire en sorte que le processus disciplinaire soit « auto-exécutant ». C'est *son* problème, et c'est à elle de s'en occuper.

Nous vous garantissons que votre subordonnée renâclera et se comportera froidement à votre égard, surtout si elle sait comment effectuer le travail dont il est question. Peut-être même démissionnera-t-elle. Néanmoins, pour les cas d'incompétence ou d'absence de motivation, il est important de s'en tenir au style directif. En tant que chef, vous êtes responsable en dernière instance de la qualité du travail fourni par votre équipe. Cette personne a eu plusieurs opportunités pour améliorer sa performance et elle a choisi de ne pas le faire. Elle doit changer ou partir.

RESTEZ-EN AU NIVEAU PROFESSIONNEL

Si, durant vos discussions, votre subordonnée vous fait part d'un problème personnel (par exemple son mari alcoolique s'est remis à boire), ne lui donnez pas de conseils sur ce qu'elle doit faire à la maison, car cela franchit la frontière entre manager et conseiller et vous fait entrer dans le paradoxe de l'attachement. N'oubliez jamais que vous n'êtes pas son psy, mais son chef. Votre problème, c'est son comportement au travail, c'est le domaine de votre expertise professionnelle. Ne faites pas de ses problèmes les vôtres, et ne laisser pas votre tendance naturelle à l'empathie interférer avec vos responsabilités professionnelles. Si vous commencez à avoir de la peine pour vos subordonnées, vous leur donnerez souvent une excuse pour mal faire leur travail. Vous devez faire respecter un certain niveau d'exigence par toutes vos collaboratrices. C'est votre rôle en tant que chef. Si une de vos subordonnées doit prendre un congé, accordez-le-lui. Si elle est malade et ne peut travailler aussi bien qu'auparavant, c'est peut-être le moment pour le reste de l'équipe (y compris vous-même) de donner un coup de main pendant un temps limité. Mais n'abaissez pas vos exigences pour le reste de votre équipe parce qu'une personne rencontre des difficultés sur le terrain domestique. Ce n'est pas juste pour votre société, ni pour vos collaboratrices, ni pour vous-même.

Et, surtout, ne discutez jamais de questions de discipline ou des problèmes personnels de votre équipe avec d'autres personnes. Cela fera passer le message que vous aimez les ragots, et leur confiance en vous sera réduite à néant. Que tout cela reste confidentiel.

GARDEZ VOTRE CALME

Veillez à ce que toutes vos conversations se déroulent dans le calme, sur un ton posé.

Affirmer son autorité face à une subordonnée récalcitrante, ce n'est pas se mettre à hurler, ce qui se produit hélas bien trop souvent à notre goût. En fait, lorsque nous passons en revue les e-mails de nos correspondantes, nous sommes choquées de découvrir combien d'entre elles se plaignent du fait que leurs patronnes leur hurlent dessus, ou vice versa. « Se lâcher » a pour conséquence de faire de la relation et non du contenu le sujet de la conversation, et cela a aussitôt pour conséquence de rendre l'autre personne défensive. En plus, si vous perdez votre self-control, vous passez pour quelqu'un qui est incapable de se maîtriser, un tyran émotionnel et un mauvais dirigeant, et cela risque de nuire à vos relations et de miner votre crédibilité. Le but est de rester sereine et d'agir comme celle qui est responsable – de vous-même comme des autres.

Si votre subordonnée vous hurle dessus, répondez calmement ; il est difficile de continuer à hurler face à quelqu'un qui parle lentement et calmement. Cela permet de garder le contact oculaire. Si vous vous trouvez dans un lieu public et si l'altercation se déroule en présence de vos autres collaboratrices, invitez la personne en colère à vous rejoindre dans votre bureau pour régler les choses entre quatre yeux.

SI VOUS N'AVEZ PAS LE CHOIX, LICENCIEZ-LA

Que faire d'une employée qui ne peut pas ou ne veut pas travailler comme il faut ? Cela ne veut pas dire que ce n'est pas quelqu'un de bien. Cela veut justement dire que ce n'est pas le bon emploi pour elle. Il doit y avoir une autre place. Voici comment pourrait se dérouler votre conversation : « À cause de tes erreurs sur l'ordinateur, tu ne me laisses pas le choix. Je te donne un avertissement écrit. Il y en aura une copie dans ton dossier. À partir de maintenant, tu dois me donner des rapports précis. La prochaine fois que tu me remets un travail inexact ou incomplet, tu seras mise à pied. La poursuite de tes erreurs peut conduire à ton licenciement. Tu es quelqu'un de valeur, et je pense que tu peux être précise. Je veux que tu réussisses. » Si le problème persiste, soyez cohérente et appliquez les mesures que vous avez prévues.

Il serait dangereux de saper la productivité de votre équipe en laissant un mauvais élément s'en tirer. En outre, cette personne pourra peut-être apporter quelque chose de valable à une autre société, dans une autre fonction. Au lieu de continuer à envoyer votre subordonnée inefficace suivre une autre formation, soyez directe avec elle, donnez-lui des conseils et étudiez avec elle quels sont ses points forts. Et si vous devez vous séparer d'elle, faites-le. Cela ne fait que montrer votre respect pour elle, ainsi que celui pour les autres personnes et votre société dans son ensemble.

Compétence n° 5 : affirmer son autorité

Agir comme un leader, ce n'est pas être froide ou insensible. Cela veut seulement dire que vous devez définir les attentes et les limites, et agir de manière cohérente pour affirmer votre autorité. Une situation problématique que nous rencontrons souvent se produit lorsque des employées compétentes refusent d'obéir aux ordres que leur donnent leurs supérieures hiérarchiques. Il arrive même qu'elles hurlent sur leur patronne en disant « Vous ne pouvez pas me dire ce que je dois faire ! » Mais la vérité, c'est que c'est vous qui donnez des ordres. Mais le pire c'est sans doute que les résultats de votre département, qui reposent sur vous, peuvent être affectés par leur insubordination. Pour résoudre le paradoxe du pouvoir, il faut justement savoir être directive.

Vous pouvez commencer à régler le problème en affirmant calmement votre autorité. Commencez par énumérer vos objectifs S-M-A-R-T à l'employée récalcitrante. Votre discussion doit porter sur son niveau de performance et de motivation. Vous pouvez dire : « Nous étions d'accord que vous deviez conclure ce projet pour la fin janvier. Cette date est passée depuis une semaine, et je ne vois rien venir. Aidez-moi à comprendre ce qui se passe avec ce projet et ce dont nous étions convenus. » Si votre collaboratrice répond : « Vous me cherchez des poux dans la tête », vous devez répéter : « J'ai besoin de comprendre pourquoi vous avez décidé de ne pas tenir compte de ce dont nous étions convenues », tant qu'elle ne vous aura pas répondu de manière satisfaisante.

Pour réussir en tant que leader, il est essentiel que vous compreniez le paradoxe du pouvoir et les dimensions de la Règle. En vous efforçant de préserver le pouvoir et l'estime de soi de vos collaboratrices, vous parviendrez à atteindre les objectifs organisationnels tout en préservant l'intégrité de votre équipe. Si, par contre, cette employée persiste à défier votre autorité en dépit de tous vos meilleurs efforts, il vous faudra peut-être songer à passer aux sanctions.

Compétence n° 6 : avoir des réactions CLAIRES

Quel que soit le style de direction situationnel que vous choisissiez pour gérer les membres de votre équipe, toutes vos subordonnées ont besoin de réactions claires de votre part pour savoir où elles en sont à mesure qu'elles avancent vers l'accomplissement de leurs objectifs. Selon Ken Blanchard, travailler sans feedback sur sa propre performance c'est comme jouer au golf dans le noir : vous tapez dans la balle, mais vous n'avez pas la moindre idée où elle va atterrir. Les employés ont besoin de vos réactions. Souvent, nos clientes nous proclament fièrement : « Je laisse les gens tranquilles, je ne veux pas interférer ! » Mais notre expérience nous a prouvé que ces « vedettes », si on leur demandait leur avis, seraient heureuses de savoir ce que leurs managers pensent de leur performance. Mêmes les meilleures peuvent s'éloigner de leur objectif, elles ont besoin de renforcement positif et d'apprendre comment elles peuvent encore s'améliorer.

Tout le monde a besoin de feedback pour rester concentré et motivé, mais les gens qui ont une préférence pour le sentiment (voir chapitre VI) veulent surtout s'entendre dire qu'ils font du bon boulot. Les femmes semblent avoir besoin de plus de feedback que les hommes, même si c'est simplement pour s'entendre dire qu'il n'y a rien à dire. Une étude portant sur 200 étudiantes de l'Université Case Western a montré que les femmes recherchent plus activement le feedback que les hommes. En fait, les femmes de cette enquête s'efforçaient le plus possible d'intégrer le feedback qu'elles avaient sollicité dans leur image d'elle-même, ce qui leur permettait d'avoir une évaluation plus précise de leur rôle dans certains événements. Les hommes se conduisaient très différemment, puisqu'ils semblaient préférer des canaux plus formels comme des évaluations annuelles [8].

À partir d'une idée mise au point par le spécialiste de management Bruce Tulgan, nous vous suggérons d'adopter les critères suivants pour faire part rapidement de vos réactions à vos collaboratrices. Les critères du feedback sont les suivants : fréquent, précis, spécifique et exprimé au bon moment [9].

Fréquent. Dire ce que l'on pense à quelqu'un de son travail une fois par an et s'attendre à ce qu'elle change, c'est comme se mettre au régime seulement le jour de votre anniversaire en s'imaginant qu'on va perdre du poids. Que votre feedback sur le travail en cours et les comportements soit régulier.

Précis. Si vous prenez pour argent comptant ce qu'« on dit », en bien ou en mal, vous êtes mal barrée, Veillez à avoir observé de vos propres yeux tout comportement sur lequel vous allez faire un commentaire.

Spécifique. Dites de manière détaillée en quoi tel ou tel comportement était positif ou négatif. « Votre exposé était succinct et logique », par exemple. « L'étude comparative de la concurrence permettait de se faire une idée précise de là où nous devons nous positionner. » Les employés auront tendance à répéter le comportement après un tel renforcement positif, et auront de meilleures chances de mettre un terme aux comportements négatifs que vous avez identifiés de manière claire et spécifique.

Au bon moment. De manière générale, plus un schéma de comportement se répète, plus il s'incruste. Les chercheurs en psychologie disent qu'il faut vingt et un jours pour qu'un comportement devienne coutumier. C'est à la fois une bonne et une mauvaise nouvelle. Si une employée fait bien son travail dans un certain domaine, après trois semaines elle continuera sans doute à bien travailler. Si elle travaille mal, hélas, ces mêmes actions deviendront aussi habituelles. Il est important de donner du feedback aux employés dès que vous remarquez des comportements négatifs ou positifs qui méritent d'être soulignés. Plus vous réagissez vite après l'acte louable ou répréhensible, plus vous aurez de chances de renforcer ou de faire cesser ce comportement.

9 façons de donner efficacement du feedback

Le modèle de feedback de Tulgan nous dit à quoi ressemble le bon feedback. Mais comment faire pour savoir quand et comment il faut le donner ? Si votre feedback est trop critique, votre employée risque de se sentir attaquée et adopter une attitude défensive. Si vous faites trop souvent des compliments, elle pourra s'habituer et ne plus y faire attention. Si vous insistez sur les aspects négatifs, vous pouvez faire perdurer le problème. Voici neuf stratégies pour donner un feedback efficace et éviter ces pièges.

EXPRIMEZ LES SENTIMENTS QUE SUSCITE EN VOUS LA SITUATION

Oui, les managers ont aussi des sentiments, et parfois les employés font que nous nous sentons frustrés, inquiets et en colère. Les leaders ont peur de faire part de leurs sentiments aux employés parce qu'ils redoutent que cela les vulnérabilise, mais il est important que vous les identifiez et que vous creviez l'accès avant de paser à la résolution des problèmes. C'est presque magique, la manière dont on devient moins émotive et plus rationnelle une fois que l'on a identifié ses émotions et exprimé à haute voix. Si vous commencez une discussion en disant : « Je suis déçue, troublée et frustrée », vous retenez l'attention de l'employée et préparez le terrain pour une discussion plus incisive.

CONCENTREZ-VOUS SUR L'OBJECTIF, PAS SUR L'ERREUR

Lorsqu'une employée s'éloigne de son objectif, les managers s'intéressent souvent davantage aux erreurs qu'elle a commises qu'aux choses qu'elle était censée faire. Par exemple, si Dana est censée arriver au bureau à huit heures, mais qu'elle arrive à huit heures trente, vous pourriez dire : « Dana, vous avez une demi-heure de retard ! Installez-vous et que cela ne se reproduise jamais. » Un tel accueil risque de placer Dana sur la défensive. Elle cessera peut-être de vous écouter, commencera à se justifier par mille excuses et finira peut-être même par citer les fois où vous étiez vous-même en retard. Il vaudrait donc mieux dire : « Dana, j'ai besoin que vous soyez là à huit heures pour prendre les appels. Vous êtes la seule chargée de clientèle présente à cette heure-là, et nos clients doivent pouvoir appeler pour passer des commandes ou poser des questions sur nos produits. » Cette approche est orientée vers les objectifs, et elle doit permettre à Dana de mieux se concentrer sur la résolution du problème.

Il peut aussi être efficace de citer le tort que l'erreur de l'employée a fait au service et à vous-même. Vous pourriez dire : « Dans je suis mécontente et frustrée. En raison de vos retards, nos clients se plaignent. Deux de vos collègues ont dû faire des heures supplémentaires hier pour rattraper votre temps perdu. Vous devez rapidement régler ce problème. »

DEMANDEZ-LUI DE RÉPÉTER CE QUE VOUS VENEZ DE DIRE

La vérité, c'est que dans la communication humaine, nous nous intéressons davantage à ce que nous disons qu'à ce qu'on nous dit. Nous parlons mieux que nous n'écoutons. Le feedback, surtout s'il est négatif, sera mieux absorbé par l'employée si vous lui demandez de vous dire ce qu'elle estime devoir faire pour améliorer sa performance en se basant sur ce que vous venez de lui dire. Le fait de formuler le feedback dans ses propres termes ne fera que le renforcer.

PASSEZ À AUTRE CHOSE

Une fois que vous avez donné du feedback, passez à autre chose. Ne continuez pas à donner des signes d'insatisfaction quant à la performance de votre employée. Reprenez vos occupations. Si vous pensez qu'elle va à nouveau vous causer du souci, alors elle le fera, c'est une prophétie autoréalisatrice. Si une employée va dans le sens où vous voudriez la voir aller, elle sera sensible à votre feedback positif. Mais si vous continuez indéfiniment à lui tresser des louanges, elle s'habituera au feedback positif, et il perdra une bonne partie de son efficacité. Lorsque les employés s'attendent à ce qu'on les félicite, les félicitations – lorsqu'elles arrivent – n'ont pas le même effet que lorsque vous les donnez de manière sporadique et non calculée.

ÉVITEZ L'APPROCHE EN SANDWICH

Nous appelons l'approche en « sandwich » le fait de donner d'abord du feedback positif, puis du feedback négatif, puis encore du feedback positif. C'est une manière d'adoucir les critiques constructives en intercalant un peu d'éloges au commencement, puis un peu à la fin, pour finir sur une touche positive. Vous pensez peut-être que cette approche préserve la très importante relation avec votre employée, nous pensons que cela ne fait que rendre tout confus. Votre employée se souviendra des éloges du début et de la fin, mais rater le sens de tout ce qu'il y a entre les deux. Résultat : ses sentiments auront peut-être été épargnés, mais elle n'aura pas entendu et pas vu les mauvaises nouvelles. Donnez votre feedback en respectant les quatre critères donnés plus haut, et terminez par une phrase comme : « J'ai confiance en vous, et je suis contente de travailler avec vous. »

SOYEZ COHÉRENTE

Au fil des ans, combien de fois n'avons-nous pas entendu des plaintes au sujet de patrons qui ont des employées « favorites ». C'est pour cela qu'il est important de distribuer du feedback négatif et positif de manière équitable. Il est naturel d'avoir des sentiments personnels pour ses employés, mais en tant que leader vous devez les surmonter en étant objective et cohérente dans votre évaluation.

SACHEZ DONNER DES GAGES QUAND VOUS RENVOYEZ UN FEEDBACK NÉGATIF

Sachez gérer vos « points de pouvoir » de telle sorte que vous en ayez un excès dans vos rapports avec vos employées : cela vous aidera lorsque le moment viendra de donner du feedback défavorable, qu'elles entendront peut-être moins négativement que si vous aviez été en déficit. Les gages que vous pouvez donner en tant que leader sont par exemple enseigner de nouvelles techniques à votre collaboratrice, lui faire suivre une formation, lui donner des vendredi après-midi de libre lorsqu'elle fournit des efforts particulièrement conséquents, être équitable, savoir reconnaître du bon travail et tout simplement savoir écouter et faire attention aux gens.

UTILISEZ LE RENFORCEMENT POSITIF

Le feedback positif est un puissant outil de management. Lorsque vous le donnez en respectant les quatre critères cités plus haut, les compliments peuvent améliorer spectaculairement la performance en incitant les employés à travailler de manière autonome au lieu de demander constamment des indications pour atteindre le but que vous leur avez fixé. Lorsque vous les félicitez pour des comportements que vous approuvez, votre employé est susceptible de répéter la tache à votre satisfaction, et d'apprendre à se développer dans le travail. C'est le principe simple du conditionnement opérant, ce qui veut dire féliciter la personne pour les étapes qui la font progresser vers la réalisation de l'objectif final.

Pour donner du renforcement positif, vous pouvez surprendre vos employés par une note de service largement diffusée faisant l'éloge de leurs réalisations récentes. Achetez des gâteaux, faites des cadeaux. L'un de nos clients mettait des autocollants positifs sur les bons rapports que rédigeaient ses employées. Lorsque le stock d'autocollants a été épuisé, ses collaboratrices ont exigé qu'il en rachète. Elles aimaient leurs petites récompenses. Un autre manager écrivait des mots personnels sur les fiches de paye de ses collaboratrices dont la performance avait été exceptionnelle. Nous avons appris par l'expérience que l'argent n'est pas le stimulant le plus efficace. Bien des gens préfèrent une évaluation verbale ou écrite.

MÉFIEZ-VOUS DES CONSÉQUENCES « À L'ENVERS »

Lorsque vous donnez du feedback, soyez certaine que vous n'êtes pas en train de récompenser par inadvertance de piètres performances, alors que vous essayez de féliciter de bonnes performances. Si par exemple vous félicitez votre équipe pour leur excellente préparation pour une réunion récente, vous renforcez par inadvertance le fait d'arriver avec une demi-heure de retard parce qu'elles étaient en train de finir le travail. Vous voulez bien du premier comportement, mais pas du second... Vous devez décider quel comportement vous intéresse (arriver à l'heure aux réunions) et récompenser ce comportement (en commençant rapidement les réunions). De même, vous pourriez être tentée de surcharger de travail votre meilleur élément parce qu'elle est si efficace. Au lieu de punir votre « vedette » par inadvertance, gardez les lignes de communication ouvertes, découvrez quels autres projets lui feraient particulièrement plaisir et attribuez-les-lui. Donnez-lui des gages auxquels elle accorde de la valeur pour récompenser son excellente performance.

Les mentors

Développer vos capacités à fixer des objectifs et à donner du feedback est un excellent moyen d'améliorer la satisfaction et la performance de votre équipe. Cela, à son tour, vous aidera à progresser dans votre carrière. Mais à mesure que vous travaillez pour améliorer vos capacités à diriger d'autres personnes, vous pouvez aussi beaucoup gagner en apprenant à suivre. La plupart des gens qui connaissent la réussite professionnelle, hommes ou femmes, ressentent de profonds sentiments de gratitude pour de multiples mentors qui les ont aidés au cours de leur carrière. Nous vous recommandons avec insistance d'avoir des mentors, en grande partie parce que les positions de leadership ne sont pas habituelles pour les femmes qui, lorsqu'elles sont enfin promues aux plus hauts échelons, peuvent grandement bénéficier de la sagesse et de l'enseignement de ceux qui les ont précédées.

Dans notre monde si changeant, quels que soient nos diplômes ou notre niveau de compétence, nous avons besoin de différents types de mentors : professionnels, de leadership, techniques, financiers, familiaux, physiques et spirituels. La relation avec le mentor marche particulièrement bien pour les femmes parce que c'est un échange parfaitement équilibré de pouvoir et d'estime de soi. Une femme puissante, expérimentée, améliore les capacités et par conséquent accroît l'estime de soi de son « disciple ». Son disciple, en échange, augmente le pouvoir et l'estime de soi de son mentor en la traitant avec respect et en reconnaissant son pouvoir supérieur.

Tout avion a une destination, mais les turbulences font dévier 99 % des avions du cap qu'ils se sont fixé. Tout comme les avions, nous pouvons aussi dévier de notre trajectoire, même lorsque nous savons où nous nous dirigeons. C'est une simple affaire de bon sens de savoir identifier un mentor qui vous aidera à parvenir à bon port en limitant le temps que vous perdrez à dévier de vos objectifs.

Les mentors ne poussent pas dans les arbres. Il est certainement flatteur d'être approché par un collègue souhaitant connaître votre avis, mais être un mentor demande de l'engagement, du temps, de l'énergie et du pouvoir professionnel. Il faut vous rappeler de cela lorsque vous chercherez quelqu'un pour être votre coach. Vous ne rendez pas un service à votre mentor, c'est elle qui vous en rend un.

Lorsque vous rechercherez une voix de sagesse pour vous guider dans vos efforts pour devenir un meilleur dirigeant, gardez les critères suivants présents à l'esprit :

DÉTERMINEZ VOTRE OBJECTIF ET/OU VOTRE DESTINATION

Un mentor professionnel peut vous aider à faire des progrès en tant que dirigeant, manager de projet, communicateur, joueur d'équipe et/ou facilitateur de réunions. Connaissez les domaines dans lesquels vous avez besoin de conseils, cela vous aidera à trouver le mentor dont vous aurez besoin, avec une compétence spécifique dans ces domaines.

DÉVELOPPEZ UNE RELATION

Il n'est pas évident de s'adresser à un inconnu pour lui demander « voulez-vous être mon mentor ? ». Vous êtes entouré de mentors potentiels : un pair, un patron, quelqu'un dans un autre secteur de votre compagnie, même quelqu'un d'une autre compagnie ou une femme que vous avez rencontrée dans le cadre d'une association professionnelle. Les alliances mentor-protégé se nouent le plus facilement dans le cadre d'une relation évolutive avec quelqu'un que vous connaissez ou que vous apprenez à connaître. C'est aussi une bonne idée de développer des relations de type mentor avec plus d'une personne. Une vaste gamme des relations vous donnera différentes perspectives sur lesquelles asseoir vos intuitions.

TENDEZ LA MAIN

Il est important que vous cultiviez votre mentor et non l'inverse. Appelez-la. Déjeunez avec elle. Passez par son bureau pour lui demander conseil. « J'ai un dilemme, je ne sais pas quoi faire. Pouvez-vous me consacrer deux minutes ? » Expliquez pourquoi vous avez besoin d'aide dans un domaine spécifique, et pourquoi elle est la personne idéale pour vous aider.

METTEZ-VOUS D'ACCORD SUR LA MANIÈRE DONT VOTRE RELATION VA FONCTIONNER

Le rôle d'un mentor est de soutenir, pas de secourir. La confiance est essentielle. Lorsque nous servons de mentors à des clientes, nous commençons par les rencontrer durant de nombreuses heures pour définir leurs buts et prendre la mesure les unes des autres. Puis nous nous appelons une fois par semaine ou organisons des rencontres pour évaluer leur progression. Discutez avec votre mentor de la mécanique de votre relation, la fréquence de vos rencontres, vos centres d'intérêt, comment elle va vous donner du feedback, les questions de confidentialité, et ainsi de suite. Vous pouvez aussi demander à votre mentor une liste de livres, de cassettes ou de journaux qui selon elle pourront améliorer votre intuition dans vos domaines d'intérêt. Définissez aussi en quoi vous pouvez rendre service à votre mentor aussi.

FÊTEZ VOS SUCCÈS COMME SI VOUS ÉTIEZ DES COÉQUIPIERS

L'aide d'un mentor n'est pas un dû. Elle fait preuve de générosité en vous consacrant son temps, son énergie, ses intuitions. Il est important que vous soyez modeste et que vous lui manifestiez votre gratitude. Soyez respectueuse et faites-lui part du moindre de vos succès comme si elle en était responsable.

Être un mentor

L'une des choses pour lesquelles vous pouvez le plus remercier votre mentor, c'est de partager sa sagesse avec ceux qui viendront après vous. Car en tant que leader, vous devrez peut-être servir de mentor à des employés prometteurs. Cela peut être aussi une relation de croissance pour vous. Votre protégé deviendra partie intégrante de votre propre réseau de soutien ; elle vous aidera à rester en contact avec un ensemble différent d'idées en développement et de technologies. En outre, vous apprendrez peut-être des choses dont vous n'étiez même pas conscient de les savoir parce que vous devrez les expliquer à quelqu'un d'autre.

Que devez-vous faire lorsque quelqu'un vous a choisi pour être son mentor, et comment pouvez-vous établir et maintenir une relation mutuellement bénéfique ? Voici quelques indications.

ASSUREZ-VOUS QUE VOUS PARTAGEZ UNE MÊME PERSPECTIVE

Avec votre protégée, déterminez les résultats et les objectifs de votre association. Qu'est-ce que votre protégée souhaite changer ou apprendre, exactement ? Répondrez-vous simplement à ses questions ou l'avertirez-vous des problèmes à venir ? Demandez-lui rapidement si son souci est de remédier à un déficit de compétence que quelqu'un lui a demandé d'« arranger », ou si elle est elle-même anxieuse d'améliorer certaines compétences.

DÉTERMINEZ COMMENT VOUS ALLEZ DONNER DES CONSEILS

Votre objectif est de communiquer avec votre protégée d'une manière qui minimisera son sentiment d'être contrôlée ou contrainte. Il est important de déterminer très rapidement si elle souhaite recevoir des conseils seulement lorsqu'elle en demande ou si elle acceptera que vous lui disiez « Vous me permettez de faire une suggestion ? » et que vous attendiez qu'elle dise « oui » avant de le faire.

FORMULEZ VOS CONSEILS ET VOTRE FEEDBACK À LA PREMIÈRE PERSONNE DU SINGULIER

Nous sommes souvent tentées de dire : « Vous devriez... » « Il faudrait que vous... », parce que nous aimons tous donner des conseils. Hélas, ce type de conseil peut faire se dresser les défenses et causer de la résistance. Essayez plutôt : « Ce qui m'a aidé... » et : « Ce qui a marché pour moi... » En vous référant à vous-même, vous n'aurez pas l'air de la critiquer ou de la juger. Vous donnez simplement à votre protégée le bénéfice de ce que votre expérience vous a appris, vous ne lui dites pas ce que vous pensez qu'elle devrait faire.

ÉVITEZ LES QUESTIONS QUI COMMENCENT PAR « POURQUOI ? »

Les communicateurs directs utilisent le « pourquoi » pour aider les gens à comprendre ce qu'on leur dit. « Pourquoi » met aussitôt une personne indirecte sur la défensive. Elle peut se sentir jugée et vulnérable lorsqu'on l'interroge de la sorte. Si, en tant que mentor, vous êtes curieuse, essayez plutôt de dire : « Aidez-moi à comprendre... » Cela risque d'être beaucoup moins déconcertant.

Voici quelques autres questions utiles que vous pourrez poser :

« Qu'avez-vous appris à propos de votre projet que vous ne vous attendiez pas à apprendre ? »

« En quoi ce projet est-il différent du dernier projet que vous avez managé ? En quoi est-il semblable ? »

« Si vous deviez recommencer, que feriez-vous différemment ? »

ADOPTEZ UNE APPROCHE « SANS LES MAINS »

Les gens apprennent mieux en participant qu'en regardant. Si vous deviez apprendre à votre protégée comment utiliser une machine, vous pourriez être tentée de lui dire : « Laissez-moi vous montrer... » Ne cédez pas à cette impulsion ! Non seulement vous violeriez son espace, mais en plus elle n'apprendrait pas autant qu'en manipulant les boutons et les leviers elle-même.

Comment être son propre mentor

Nous pouvons jouer toute notre vie les rôles de mentor et de protégé. Mais nous devons aussi faire confiance à notre propre sagesse pour rester sur la bonne voie. Périodiquement vous devez vous demander si vous êtes satisfaite de votre vie, professionnellement, personnellement, physiquement. Quels conseils vous donneriez-vous à vous-même ? Quelles précautions vous conseilleriez-vous de prendre ? Dans quels secteurs pensez-vous avoir besoin de vous développer ? Évoluez-vous, tournez-vous en rond, régressez-vous sur le chemin de votre vie ? Ce sont des questions difficiles, mais elles sont essentielles si vous devez devenir un leader puissant et efficace. Les employées savent lorsque vous n'êtes pas authentique, et il est effrayant pour elles de suivre quelqu'un en qui elles ne peuvent pas avoir confiance.

L'un de vos meilleurs outils, c'est un miroir, littéralement. Regardez-vous et observez vos comportements. Aimeriez-vous vous avoir comme chef ? Comme coéquipier ? Évaluez votre propre performance. Et faites attention à ce que votre apparence physique inspire également confiance. Habillez-vous comme la personne dans votre société qui occupe un poste que vous aimeriez atteindre. Pensez à votre apparence comme une aide à l'expression de vos idées, pas comme un but en soi. Accentuez vos idées.

Une fois par an, le Jour de l'An, nous établissons une liste de ce que nous avons accompli au cours de l'année écoulée et des buts pour les douze mois à venir. Oui, nous le formulons vraiment comme des objectifs S-M-A-R-T. Nous développons des objectifs individuels et des objectifs familiaux. Nous pensons que les femmes doivent être des leaders et des acteurs au sens plein du terme de tous les aspects de leur existence, et cela veut dire prendre en charge ses rêves et ses aspirations.

Et bien qu'il puisse être parfois difficile et stressant d'être leader et femme, avec un peu d'humour et d'humanité il est possible de surmonter tous les problèmes que l'on rencontre. En raison de votre position, vous pouvez aussi avoir la chance de faire bouger le *statu quo*. Une fois que vous aurez compris comment affirmer votre autorité sans déclencher des conflits avec les autres femmes, vous pourrez contribuer à créer une équipe qui gagne, une équipe performante, une équipe qui accomplit tout ce qu'elle se fixe comme buts et même plus. Dans le chapitre suivant, nous vous expliquerons justement comment les équipes se développent et fleurissent.

CHAPITRE XI

L'équipe de vos rêves

Dans le monde du travail, l'idée que l'on doive bâtir une équipe est devenue de plus en plus populaire à mesure que les fusions rendaient les compagnies de moins en moins gérables. On en est venu à parler comme si n'importe quel groupe de personnes rassemblées pour n'importe quelle raison était une équipe. « Hé, c'est l'équipe-de-ceux-qui-prennent-le-métro-ensemble-le-soir ! » ; « Tiens, voici l'équipe-de-ceux-qui-attendent-devant-la-machine-à-café... »

Pour les spécialistes du management, toutefois, une équipe est « un petit groupe de personnes ayant des compétences complémentaires qui œuvrent en commun pour atteindre un certain objectif, objectif dont ils se sentent collectivement responsables [1] ». Une équipe est donc une unité fonctionnelle structurée qui a ses propres objectifs, règles et conventions. Dans l'économie mondialisée, les équipes sont plus importantes que jamais, et à mesure que les sociétés se développent avec le télétravail et Internet, l'appartenance à une équipe prend des formes de plus en plus variées et extraordinaires. Au cours des vingt dernières années, on s'est beaucoup penché sur les équipes qui réussissent pour parvenir à comprendre la raison de leur succès. Les chercheurs ont ainsi découvert qu'un groupe d'individus ne devient pas une équipe performante du jour au lendemain, ni par hasard. Il faut du temps, des efforts et beaucoup de soin de la part de tous ses membres, en particulier le coach, pour bâtir une « équipe de rêve ».

Une équipe de rêve est une équipe dans laquelle les membres partagent le même point de vue sur les buts, les objectifs et les priorités ; les tâches et les responsabilités sont clairement définies ; les ressources des membres sont pleinement reconnues et utilisées ; les procédures sont efficaces ; les membres de l'équipe mettent en œuvre ses procédures et se régulent eux-mêmes ; l'équipe a des méthodes bien définies et acceptées pour résoudre les problèmes et prendre des décisions ; il existe des lignes de communication ouvertes et bien utilisées ; il existe une grande confiance entre les divers membres ; les conflits sont réglés de manière approfondie et ouverte ; les rôles de leadership sont partagés entre les membres ; les équipiers sont ouverts et sincères dans les discussions ; ils écoutent, comprennent et ont le sentiment d'être compris ; les équipiers sont soucieux les uns des autres ; les équipiers aiment expérimenter de manière novatrice et chercher de nouvelles approches créatives ; l'équipe reconnaît et célèbre la réussite.

Ce chapitre explore la manière de bâtir une équipe forte et de gérer celles et ceux qui ne sont pas des amis mais dont les talents combinés peuvent permettre de faire le travail. Nous expliquerons les étapes qu'il faut suivre pour former et développer une équipe de rêve, particulièrement performante, ainsi que les défis singuliers que peut poser le management de coéquipières. Et nous vous montrerons comment combiner les principes de la construction d'équipe avec les forces spécifiques des femmes pour former des « bandes de filles » solidaires et stimulantes.

Des pièges pour équipes féminines

En travaillant avec des équipes constituées essentiellement de femmes, nous avons remarqué que des problèmes particuliers se posent dans leur cas, problèmes qui peuvent potentiellement nuire à la performance et déchirer les équipes. Dans bien des entreprises règne ce que nous appelons une

« culture au monoxyde de carbone ». Le monoxyde de carbone est un gaz incolore, inodore – et mortel. C'est un tueur sournois, qui s'introduit sur le lieu de travail et fait des dégâts considérables avant que l'on ait pu s'apercevoir de sa présence. Parmi les signes de sa présence au bureau, on trouve souvent les crêpages de chignon généralisés, les rumeurs, les critiques injustifiées, les accusations, les luttes de pouvoir, les attitudes défensives, les disputes de « pré carré », et le sabotage entre membres d'une même équipe. Une participante à l'un de nos ateliers nous a dit que l'air de son service était tellement chargé en monoxyde de carbone que certaines de ses coéquipières « vous poignardaient dans le dos puis vous accusaient d'avoir caché une arme ! ».

Dans les équipes, les violations de la Règle sont souvent une source importante de monoxyde de carbone. Deux membres de l'équipe olympique américaine de natation féminine, Dara Torres et Jerry Thompson, avaient perdu toute capacité à être effectivement des coéquipières. Leur rivalité était devenue tellement une affaire personnelle que le coach devait leur demander de s'entraîner à des heures où l'autre n'était pas là, et dans des piscines différentes. Voici la description donnée par un journaliste sportif de leur moment de gloire partagée, lorsqu'elles sont arrivées deuxième ex-aequo lors des jeux de Sidney : « Dara Torres grimpa d'abord sur le podium et se poussa vers la droite. Puis Jenny Thompson gravit la marche et se serra totalement à droite. Torres bougea ses épaules dans une direction, Thompson déplaça ses hanches de l'autre côté. Torres regardait vers le haut, Thompson vers le bas. Chacune avec sa médaille autour du cou, les deux nageuses auraient dû savourer ensemble ce moment de gloire. Au lieu de quoi on aurait dit qu'elles étaient coincées ensemble dans un ascenseur en panne[2]. »

On dit que c'est Thompson qui avait commencé parce qu'elle était jalouse des attentions dont on faisait preuve à l'égard de Torres. D'autres disent que Torres, revenue à la natation après dix ans d'absence, demandait trop qu'on s'occupe d'elle. Quelle que soit la vérité, il est certain que derrière cette infusion de toxicité se profile une violation de la Règle qui a dû jeter ces deux coéquipières l'une contre l'autre – et pourrir l'ambiance pour tout le monde.

Considérons quelques autres facteurs qui peuvent poser problème.

LES CRÊPAGES DE CHIGNON

La propension à se livrer à des crêpages de chignon peut rendre difficile toute construction d'équipe. Des femmes difficiles, comme la commère, le sniper, la saboteuse et la reine des cabales et la méga-garce peuvent insuffler des tonnes de monoxyde de carbone, créant des factions, détruisant la confiance et minant toute entreprise collective.

L'ABSENCE DE FAMILIARITÉ AVEC LES RÈGLES DU JEU

Comme la résolution de conflits et le leadership, les normes de comportements admises pour l'appartenance et la construction d'équipes peuvent être moins familières pour les femmes que pour les hommes. Une des leçons que les garçons apprennent tôt est de savoir jouer avec d'autres garçons qu'ils n'aiment pas. Le grand garçon méchant et brutal est peut-être une peste, mais ses compétences sociales ne sont pas la question. Vous voulez qu'il fasse partie de l'équipe parce qu'il va vous permettre de gagner la partie.

Les filles jouent avec des amies qui sont gentilles. Si une fille n'est pas agréable, les autres filles préféreront ne pas jouer avec elle. En conséquence, les femmes préfèrent voir dans leur équipe des femmes qu'elles aiment bien, et elles auront du mal à choisir des coéquipières discutables qui sont pourtant compétentes dans un domaine capital. Les équipes agréables sont merveilleuses, mais il est parfois utile d'avoir une coéquipière qui a une grande gueule et qui n'hésitera pas à dire ce qu'elle pense et à secouer un peu le cocotier.

LA RÉTICENCE À S'ENGAGER DANS UN CONFLIT OUVERT

La solidarité au sein d'une équipe se développe à mesure que l'on surmonte les conflits. Mais la culture des femmes est d'éviter les conflits déclarés, qui peuvent interférer avec la capacité d'une équipe à former un groupe cohérent. S'il n'y a pas de conflits directs pendant les réunions « officielles » de l'équipe, vous aurez tôt fait de constater que les couloirs sont remplis de femmes tenant de « véritables » réunions au cours desquelles elles persifleront et raconteront des histoires les unes sur les autres. Ce type d'agression indirecte déchire en morceaux le cœur de toute équipe.

LA COMPÉTITION INTERNE

Comme dans l'équipe de natation américaine, la compétition entre femmes peut détruire l'esprit d'équipe. Si les chefs d'équipe ne sont pas conscients de cette dynamique, ils peuvent créer des situations dans lesquelles la Règle sera violée par inadvertance.

Carl a pris la direction d'une équipe de six personnes dans un département des ventes (cinq femmes et un homme). Intimement convaincu que la compétition est ce qui fait donner le meilleur de lui-même à un vendeur, il a mis en place un concours entre les vendeurs dont il avait la charge, comparant leurs chiffres de ventes hebdomadaires et mensuels. Cette stratégie lui avait bien réussi par le passé, et il ne voyait pas pourquoi il aurait dû l'abandonner. Mais il n'avait pas tenu compte de la proportion de femmes dans l'équipe et subitement, sans qu'il n'en comprenne la raison, une équipe performante est devenue déplaisante et amère. Les femmes ont commencé à lui dire du mal les unes des autres. Elles se plaignaient de ne pas recevoir les messages de leurs clients, et l'équipe logistique se trouva prise dans la mêlée ; elle s'occupait rapidement de la paperasse des vendeuses qu'elles aimaient bien, mais traînaient des pieds pour les autres.

La compétition peut faire ressortir le pire de l'agression indirecte féminine. Parce que la plupart d'entre nous ne savons pas comment être en compétition sans prendre les choses personnellement, les femmes dans cette situation ont tendance à devenir mauvaises. Les vendeuses de Carl se battaient pour avoir quelque chose qu'elles désiraient toutes : une place au soleil en tant que meilleure vendeuse, ce qui est une source typique d'hostilité entre femmes.

LA DIFFICULTÉ À ASSUMER UN RÔLE DE LEADER

Anson Dorrance, l'entraîneur de l'équipe nationale de foot féminin américaine, a évoqué pour nous le mal que peuvent éprouver les femmes à prendre la direction d'une équipe. Les conflits peuvent surgir, nous a-t-il expliqué, « si les femmes commencent à paraître trop insister sur ce qu'elles savent. Elles développent une attitude que l'on peut résumer ainsi : "Si aucune d'entre nous ne cherche à être supérieure aux autres, nous pouvons toutes rester amies." Je suis confronté à cela en tant qu'entraîneur. Hélas, la conséquence de cette attitude est que toutes les femmes sont merveilleusement médiocres ».

Nous sommes nous-mêmes confrontées à ce dilemme à une moindre échelle, mais non moins irritante, lorsque nous programmons des ateliers de travail avec des groupes de femmes. Cela peut prendre une éternité pour se mettre d'accord sur une date. Personne ne veut prendre la responsabilité de la décision unilatéralement, même lorsqu'il s'agit d'un détail aussi insignifiant que choisir le jour de la semaine où aura lieu la réunion. Les femmes ne veulent pas se marcher sur les pieds. Elles ne veulent pas que les autres se fâchent ou leur reprochent leur témérité. Elles sont obnubilées par les problèmes personnels qui pourraient se poser si un individu prenait une décision au nom de toute l'équipe.

Lorsque tous les membres d'une équipe doivent collaborer à la moindre décision, cela peut devenir très inefficace. Pour maximiser la performance, il faut que quelqu'un prenne les opérations en main.

LA DIFFICULTÉ À SUIVRE LES AUTRES

On peut aussi rencontrer la situation inverse : les femmes n'aiment pas que d'autres femmes leur disent ce qu'elles doivent faire, et cela peut rapidement conduire à un conflit destructeur. Bien que cette attitude soit répandue, elle peut surgir en particulier lorsque des femmes de différentes générations interagissent. Souvent, les plus jeunes membres d'une équipe pensent avoir autant de pouvoir et d'impact sur le groupe que ses chefs plus anciens. Lorsqu'on refuse à ces jeunes femmes ce sentiment d'égalité, elles iront typiquement se plaindre à un supérieur homme que « ces femmes assoiffées de pouvoir jouent au petit chef avec tout le monde ».

Non seulement cela pose des problèmes pour la direction de l'équipe, mais un tel comportement peut aussi obérer sa valeur et sa contribution à l'entreprise. Ces plaintes peuvent encourager chez les dirigeants hommes l'idée que « ces femmes ne parviennent décidément jamais à s'entendre, et nous sommes vraiment dingues de leur confier des postes de direction ».

Nous ne sommes pas en train de dire que les femmes plus jeunes et de moindre rang hiérarchique ne devraient pas avoir d'influence : nous disons simplement qu'elles doivent commencer par le mériter. Il s'agit de reconnaître le pouvoir de celles qui sont à des postes de direction sans leur en vouloir de manière destructrice pour l'équipe. Si vous voulez voir votre équipe réussir, vous devez savoir suivre aussi bien que mener, surtout dans un système hiérarchique. Cela veut dire que vous devez savoir laisser les femmes qui ont des positions de pouvoir faire leur travail, même si cela viole la Règle.

AUTRES TENSIONS GÉNÉRATIONNELLES

Des frictions nuisibles à l'esprit d'équipe peuvent apparaître entre les « baby-boomers », qui sont à présent plus anciennes dans leurs entreprises et les plus jeunes générations. Par exemple, il peut y avoir de grandes différences dans l'éthique du travail. Les baby-boomers pourront dire : « J'ai dû lutter pour en arriver là. J'ai dû répondre au téléphone, travailler les week-ends et travailler tard le soir de Noël. Qu'est-ce que vous voulez dire, que vous n'allez pas "me laisser faire" ? »

Les plus jeunes de leur côté pourront rétorquer : « Ce n'est pas parce que vous avez sacrifié votre existence que je vais commettre la même folie ! » Des impasses de ce type peuvent nuire au travail d'équipe et être une source de conflits larvés.

LES TENSIONS ENTRE MÈRES ET NON-MÈRES

Aujourd'hui, nombre d'entreprises proposent des aménagements horaires et de travail en général pour les pères et mères de famille qui travaillent. Bien que cela rende la vie plus facile aux mères, cela peut aussi contribuer à diviser les femmes d'une équipe. Les femmes qui invoquent ces possibilités se feront peut-être mal voir de leurs collègues qui ont le sentiment de devoir mettre les bouchées doubles pour celles qui quittent leur travail à heure fixe, même si l'on est en pleine crise. Souvent les femmes qui n'ont pas d'enfants se plaignent d'être punies pour cela.

Comment un groupe devient une équipe

Ces pièges peuvent détruire la cohésion et la productivité. Mais si nous voulons réussir en tant que femmes dans le monde de l'entreprise, nous devons laisser de côté ces habitudes et apprendre à être des coéquipières performantes. Si vous êtes le chef d'équipe, vous avez la responsabilité de faire partir le monoxyde de carbone qu'engendrent ces attitudes. Cela veut dire que vous devez vous efforcer de créer un environnement de travail positif pour vos équipiers hommes et femmes. La manière de faire entrer de l'air frais, c'est de ne pas craindre les conflits productifs, en vous servant des principes situationnels que nous avons étudiés dans les chapitres précédents : les objectifs S-M-A-R-T et le feedback, en respectant la Règle avec les femmes et en combattant sans pitié les crêpages de chignon, en respectant vos subordonnées tout en entretenant de véritables rapports avec elles, en communiquant et en écoutant attentivement.

Vous pouvez aussi créer une équipe qui gagne en comprenant et en adhérant à la dynamique de la construction d'équipe. Il existe certaines étapes par lesquelles passent toutes les équipes performantes pour obtenir une synergie efficace. Considérons-les de plus près.

Les groupes ne sont jamais des équipes au départ. En général, au début c'est un assemblage d'individus qui se surveillent mutuellement. Chaque personne veut savoir qui est de son côté et la soutiendra, qui la sabotera et qui sera indifférente. À mesure que cet assemblage d'individus méfiants commence à se cristalliser en une équipe, il progresse selon deux axes principaux : la concentration sur la tâche, qui concerne la coordination des activités pour faire avancer le travail ; la concentration sur le processus, qui concerne les rapports personnels entre les membres de l'équipe [3].

Si ces deux dimensions ne se développent pas en gros simultanément, les équipes et leurs chefs n'atteindront pas leurs buts. Par exemple, le P-DG d'un fabricant de cartonnages nous avait demandé de l'aider à développer un plan stratégique pour son organisation. Il était surtout intéressé par l'accroissement de la productivité et des bénéfices. Pendant que nous travaillions pour cette entreprise, nous avons découvert que son manque de rentabilité était dû pour l'essentiel au fait que les employées ne s'appréciaient pas. Ils se sabotaient mutuellement leurs outils de travail, accaparaient les fournitures et se minaient mutuellement de nombreuses et subtiles manières. L'insistance absolue du P-DG sur la productivité (la tâche) à l'exclusion des rapports personnels (le processus) était destructrice et finissait par nuire à la performance et aux bénéfices.

Il peut être tout aussi négatif de se concentrer exclusivement sur le processus et ne pas s'occuper de la tâche. Dans un autre cas où nous intervenions en tant que consultantes, l'équipe de gestion d'un hôpital psychiatrique était inquiète de comment les gens se sentaient (les processus). Le directeur, un psychiatre, veillait à ce que tous les conflits soient discutés et les problèmes de personnes n'étaient jamais négligés. En conséquence, l'environnement de travail était plutôt plaisant, mais l'équipe ne parvenait pas à promouvoir l'établissement et oubliait de faire payer les patients pour leur séjour (la tâche). Lorsque nous avons été engagées pour aider à mettre en place un plan stratégique pour l'hôpital, l'établissement était pratiquement en cessation de paiement. Ces exemples sont assez extrêmes, bien sûr : il est clair que les membres du groupe doivent se concentrer sur leur tâche et aussi veiller à promouvoir les relations personnelles à mesure que le groupe devient une équipe.

4 étapes pour développer une équipe

Comment un groupe se transforme-t-il en une équipe performante ? En passant par quatre stades de développement. Ces étapes sont : la formation, l'explosion, la normalisation, et la performance.

LA FORMATION

La période de formation est celle durant laquelle les membres du groupe commencent à se rencontrer, à fixer des objectifs et à créer une identité de groupe. Durant cette phase, les membres de l'équipe dépendent de leur dirigeant pour leur protection, leur assurance et leur direction. Protection parce que si, par exemple un autre groupe jette une bombe sur votre équipe en disant « C'est notre territoire, vous n'êtes pas censés vous occuper de ceci », c'est votre dirigeant qui s'en occupera. Comme à ce stade l'équipe est assez neuve, elle a besoin d'une direction forte, et leurs membres ont besoin d'être encouragés par leur chef dès le départ. Connie Gersick, spécialiste en ressources humaines, a montré que le ton des premières minutes de la première réunion d'équipe est celui avec lequel l'équipe doit vivre pour le restant de son histoire[4].

Durant la période de formation, il y a peu de remous et le *statu quo* n'est que rarement remis en cause. Si, à ce stade, un membre du comité budgétaire proposait une nouvelle manière de procéder, la proposition se ferait aussitôt descendre. Bien que l'équipe soit attentive aux « bonnes manières », on écoute assez peu les autres à ce stade. Les gens lèvent la main pour prendre la parole et affirment leur position au lieu d'interagir sur un sujet. Ils se parlent les uns aux autres, au lieu de parler les uns *avec* les autres. Les faiblesses sont dissimulées, les objectifs ne sont pas clairs et l'implication personnelle faible : « Je fais ce que je suis censé faire dans mon domaine, le marketing ce n'est pas mon problème. Ce n'est pas mon territoire. »

On passera pas mal de temps à formuler un « énoncé de mission. L'équipe pourra en peaufiner le moindre détail, l'encadrer et l'accrocher au mur, puis l'oublier parce que la cohésion du groupe n'est pas assez forte pour qu'il se sente collectivement responsable des objectifs qui y sont décrits. On ne fait pas grand-chose à ce stade, à part apprendre à se connaître un peu plus.

Certains groupes se retrouvent coincés pour toujours au stade de formation. Pat fut conviée un jour par les treize dirigeants d'une ONG pour qu'elle les aide à former une équipe. L'équipe avait le même dirigeant depuis quatre ans. Pat a utilisé un outil d'évaluation pour diagnostiquer leur stade de développement et découvert qu'après tout ce temps ils en étaient encore au stade de formation. Elle était presque gênée à l'idée de faire part de ces résultats au directeur, une femme très aimable nommée Charlotte.

Mais en parlant avec Charlotte de ces résultats, Pat a découvert pourquoi cette équipe n'avait pas réussi à dépasser le premier stade. Charlotte pensait que « les gens biens ne s'embarquent pas dans des conflits ». Pat a aussi appris qu'on l'avait engagée parce que Charlotte voulait faire taire une femme de l'équipe qui avait une « grande gueule ».

« Mais vous avez absolument besoin d'elle, expliqua Pat à Charlotte. C'est la seule qui ose nommer les problèmes dont tout le monde se plaint dans le couloir. » Les derniers mots que Pat adressa à Charlotte furent : « Vous avez impérativement besoin de regarder en face ces questions de conflits avec votre groupe, ou bien vous n'aurez jamais une équipe. » Ce qu'elle voulait dire, c'est que sans conflits elle ne passerait jamais au stade suivant, à savoir l'explosion.

L'EXPLOSION

L'explosion est ce stade où les gens en ont assez d'être toujours « gentils » et de faire comme si les problèmes n'existaient pas, et commencent enfin à en parler. Dans n'importe quelle équipe, les conflits sont inévitables. C'est comme ça. Si vous mettez des gens ensemble et leur demandez d'aller ensemble dans la même direction, ils seront rarement tous d'accord sur la manière d'y parvenir. Aussi paradoxal que cela puisse sembler, le conflit est un élément essentiel du développement d'une équipe. Les meilleures décisions sont celles que l'on prend lorsque tout le monde peut dire ce qu'il pense et que l'on discute ensuite de la meilleure manière de procéder. En fait, dans notre travail de consultantes, nous passons une grande partie de notre temps à travailler avec des équipes pour améliorer leur capacité à avoir des conflits et des désaccords sains. Lorsque des dirigeants se vantent du fait que leurs équipes ne se disputent jamais et s'entendent toujours bien, nous leur répondons : « Eh bien, alors vous n'avez pas d'équipes ! » S'il n'y a jamais de dissensions dans un groupe, les décisions qu'il prendra ne seront jamais que médiocres – ou mauvaises.

Pendant la phase d'explosion, les membres du groupe font en général plus attention aux autres et les écoutent davantage. Pendant cette phase sont aussi formulées des questions ayant à voir avec des problèmes de contenu et de relations, des sentiments personnels ; des cliques peuvent commencer à se former et des structures hiérarchiques à émerger. Le groupe commencera peut-être à considérer des objectifs et des options plus larges, ainsi que le sens global de leur mission. On trouve aussi plus d'attitudes défensives, compétitives, plus de polarisation et plus d'attention au fait de savoir *qui* a raison, que de savoir ce qui est bon pour l'organisation. L'absence inhérente d'unité qui caractérise cette phase accroît les tensions. Les réalisations sont mineures.

L'explosion, c'est essentiellement l'adolescence de l'équipe. Les membres essayent leurs rôles, se défient mutuellement et surtout leur chef. Ils peuvent aussi dire, par exemple : « C'est vous qui allez prendre toutes les décisions, ou bien est-ce que nous aurons quand même notre mot à dire ? » Les membres essayent d'assumer des responsabilités et les managers doivent cultiver ce type de conflit. Hélas, pour certains dirigeants, cela peut donner l'impression d'une perte de contrôle ; ils peuvent essayer de faire taire les personnes les plus actives, ce qui peut empêcher ces dernières de devenir plus responsables, de participer encore davantage.

Toutes les équipes connaissent des désaccords quant à la manière d'atteindre leurs objectifs, même si les membres sont d'accord sur les objectifs à atteindre. La clé d'une équipe soudée, c'est d'apprendre à gérer et à résoudre ces conflits d'une manière productive.

En raison des occasions de conflits douloureux qu'il comporte, le stade de l'explosion peut être assez difficile pour les rapports entre femmes. Une de vos amies peut se retrouver dans la partie adverse lors d'un conflit. Les relations hiérarchiques peuvent perturber l'équilibre du pouvoir entre des pairs. La compétition et la polarisation peuvent conduire au sabotage et aux coups de poignard dans le dos, et créer ainsi des dommages permanents et affaiblissants à votre équipe. À ce stade, vous ne devez pas avoir peur des conflits, mais vous devez le faire de manière productive. Faites très attention à ce que vous dites, à la manière dont vous le dites, et à qui vous le dites.

Susan a participé à un travail de mise en place d'une équipe auprès des membres d'une organisation de jeunes dirigeants d'entreprise. Il s'agissait d'un groupe de quatre personnes qui jusque-là avaient été unies et proches les unes des autres. Deux nouveaux membres devaient rejoindre le groupe, et l'équipe voulait retrouver ce sentiment d'intimité aussi vite que possible.

Très vite, Susan a remarqué qu'ils étaient très polis les uns avec les autres, un signe sûr qu'ils en étaient encore au stade de formation. Mais durant la première pause café, l'une des membres de l'équipe, Jill, prit Susan sur le côté et lui dit : « On vous raconte n'importe quoi. C'est le règne du coup de poignard dans le dos, ici. » Lorsque la réunion reprit, Jill attaqua les autres membres du groupe en des termes vifs et fit passer l'équipe à la phase d'explosion. Il est très courant que des groupes se trouvent coincés juste au bord de la phase d'explosion parce qu'ils ont peur du conflit, ou pendant la phase d'explosion, parce qu'ils sont la proie de conflits destructeurs, non productifs.

Une fois que les membres de l'équipe ont compris la dynamique du développement, ils deviennent capables de voir que l'explosion est une phase du développement et non un dysfonctionnement ou des attaques personnelles. Après la première conflagration, les membres des équipes avec lesquelles nous travaillons nous demandent souvent : « Ça y est, nous y sommes ? C'est cela, l'explosion ? Nous y sommes finalement arrivés ? » Ils y adhèrent, au lieu de la repousser. Si vous ou tout autre membre de votre équipe s'inquiète du niveau de mésentente atteint dans votre groupe, il est rassurant de comprendre que la mésentente est un aspect positif du processus de développement.

LA NORMALISATION

Le tohu-bohu de l'explosion est suivi par la normalisation. Durant cette phase, les membres du groupe commencent à accepter leurs rôles et les autres membres du groupe avec leurs défauts. Le but de cette phase est de créer des normes propres au groupe. Les normes sont les règles écrites et non écrites de conduite dans le groupe, ainsi que ses attentes. Elles peuvent être informelles : « Personne n'a le droit d'avoir plus de cinq minutes de retard à une réunion », ou bien formelles, explicites et s'appliquer à l'ensemble du groupe : « Soyez honnête et digne de confiance », « Tenez vos promesses », « Assumez et soutenez les décisions de l'équipe. »

On fait davantage attention aux questions interpersonnelles et à la dynamique du groupe. Des équipiers pourront dire : « Tu n'as rien dit dernièrement. Y a-t-il quelque chose que tu voudrais ajouter ? Quelque chose ne va pas ? » Les gens deviennent capables d'exprimer leurs émotions de manière plus ouvertes. Les questions difficiles sont débattues. L'énoncé de la mission devient à présent réel, parce que tout le monde s'en sent responsable. « Vous dites que les salariés sont le premier atout de la compagnie, mais ce que vous êtes en train de dire me fait penser le contraire ! » On écoute davantage. L'équipe développe un... esprit d'équipe.

On nous demande souvent d'intervenir auprès de groupes pour améliorer leurs capacités d'écoute et nous découvrons qu'ils savent comment écouter mais n'en ont pas envie ! Les coachs des équipes efficaces servent de modèles d'écoute et insistent pour que les équipiers s'écoutent mutuellement. C'est une des marques des équipes hautement efficaces.

Durant la phase de normalisation, il y a toujours des conflits, mais ils portent davantage sur la manière dont le groupe va résoudre un problème que sur la question de savoir qui a raison et qui a tort. Par exemple, Pat travaillait avec un groupe de managers qui venaient de finir une série d'évaluations du personnel. À un moment, l'une des équipières, Judy, a dit : « Minute. Nous n'avons pas mentionné un seul nom durant ces réunions, mais nous connaissons suffisamment bien les salariés pour savoir qui est qui. Je pense que cela viole la confidentialité des entretiens et que nous ne devrions pas être en train d'avoir cette discussion. »

Pendant la pause café, Miranda s'approcha de Pat et lui dit : « Plusieurs d'entre nous se sont sentis offensés par la remarque de Judy. Pouvons-nous en discuter en réunion ? »

Lorsque la réunion reprit, Pat dit : « Miranda, tu souhaitais dire quelque chose ? »

Miranda prit une profonde inspiration et sauta à pieds joints : « Judy, j'ai été offensée par ce que tu as dit avant la pause. Je voudrais que nous en parlions. » Bientôt, Shelly ajouta : « Je voudrais donner mon point de vue. » Puis Sam : « J'ai aussi été troublé. Laissez-moi vous dire pourquoi. »

L'équipe a alors eu un échange très courtois sur l'équilibre à trouver entre le souci de s'aider les uns les autres dans leur travail de managers et la crainte d'enfreindre la confidentialité. Ils recherchèrent et finirent par trouver une solution. Le résultat de ce conflit et de la discussion qui a suivi a été que le groupe a formulé des normes auxquelles tous ses membres pouvaient adhérer.

LA PERFORMANCE

C'est une phase difficile à atteindre. Une équipe qui a atteint le stade de la performance peut diagnostiquer et résoudre ses problèmes, et prendre des décisions efficaces et durables. Les questions difficiles sont directement débattues, et l'équipe fait preuve d'une grande souplesse dans la mobilisation des énergies et des compétences de chacun. On garde constamment l'œil sur la mission et les objectifs du groupe pour être certains que l'équipe avance toujours dans la bonne direction. Des normes interpersonnelles fortes sont la règle, et le groupe a une bonne perception des processus interpersonnels. Les équipiers sont très productifs et réalisent leurs objectifs.

Pat a eu l'occasion de voir fonctionner une équipe très performante lorsqu'elle a assisté à la réunion du conseil d'administration d'un organisme à but non lucratif impliqué dans les questions de santé. Plusieurs des participants faisaient partie du conseil depuis près de vingt ans. L'organisation devait présenter son point de vue devant une commission d'enquête parlementaire à Washington, et le conseil devait aborder la question délicate du choix d'un représentant. Si l'équipe en avait été au stade de formation, le médecin avec le plus d'ancienneté aurait été choisi pour cette tâche. Au lieu de quoi, il y eut une discussion très pertinente sur la question de savoir qui serait la personne la plus apte à formuler et à défendre leurs objectifs de visibilité et de financement. La personne choisie fut le plus jeune membre du conseil, un jeune médecin brillant qui avait été élu seulement trois mois plus tôt.

Dans une équipe performante, il n'y a que des égaux. Le chef est là pour faciliter davantage que pour diriger. L'équipe commence à gérer ses propres problèmes et préfèrent les décisions coopératives. Les violations de la Règle sont rares parce que le pouvoir est équitablement partagé entre les équipiers. Les équipiers aiment partager les succès et les célébrer ensemble. Ils sont souvent proches les uns des autres, ce qui est particulièrement agréable pour les femmes, et travaillent de manière indépendante. Chaque membre assume ses responsabilités et se sent tenu de rendre compte de son travail mais aussi d'aider les autres à atteindre leurs objectifs communs.

Lorsqu'elles réussissent, les femmes ont en général tendance à attribuer leurs mérites à d'autres. Dans une équipe performante, vous ferez cela, mais les autres membres vous montreront, vous, du doigt.

Bâtir une équipe, étape après étape

Quel que soit le stade de développement de votre équipe, voici les principes essentiels qui vous permettront de faire avancer le groupe au stade suivant. Voici votre stratégie pour chaque niveau.

MONTREZ DE LA FORCE

Il peut être difficile d'assumer le rôle de chef d'un groupe, surtout parce que durant la phase de formation cela exige d'agir avec autorité. Vous devez structurer, conforter, diriger, clarifier l'agenda et les objectifs et faire en sorte que le groupe reste concentré. La Règle peut intervenir ici, et vous aurez peut-être peur d'agir avec trop de vigueur en affirmant votre influence. En outre, les femmes membres de l'équipe peuvent mal supporter votre position. Il est essentiel de donner des instructions claires concernant les objectifs S-M-A-R-T du groupe et être consciente du processus global de développement du groupe à mesure que le nouveau groupe se forme. Sans comportement directif de la part de son chef, l'équipe ne peut pas se mettre en branle.

Si vous faite partie d'une équipe dirigée par une femme, aidez-la à donner des directions et à garder l'esprit des gens concentrés sur le travail à faire. C'est comme ça : certaines femmes occupent des postes de direction. Si vous voulez progresser dans la réalisation de certains objectifs, souvent cela est rendu plus facile par la présence d'un chef d'équipe et de gens qui le suivent. Vous aurez peut-être du mal à accepter qu'une femme puissante à la tête de l'équipe soit plus utile que plusieurs femmes agissant chacune de son côté, mais c'est comme cela que le système fonctionne.

ACCEPTEZ LE CONFLIT

Si vous entreprenez de construire une équipe, vous devez être capable de terminer votre travail, même si cela implique de vous trouver prise dans des conflits. Les équipiers commenceront à se sentir plus à l'aise et à prendre des risques. Ils seront optimistes et excités. Une situation toxique peut se trouver aggravée si une porte ouverte depuis peu se referme brutalement au nez des équipiers parce que vous n'êtes pas capable de gérer convenablement un conflit.

Les hommes ont l'habitude de se battre pour leur position, de faire connaître leur point de vue et de former des coalitions éphémères. Pas les femmes. Les femmes agissent souvent de manière indirecte les unes avec les autres, et à ce stade de développement elles peuvent être tentées d'avoir recours à l'agression indirecte. Les désaccords peuvent devenir clandestins et des cliques se former. Les équipières féminines mécontentes peuvent se dire des choses comme : « Est-ce que Marie va prendre toutes les décisions ? On va lui montrer. On va lui faire payer son autoritarisme. On n'est pas des enfants. »

Mais en appliquant des techniques productives de gestion des conflits, votre équipe peut franchir ce cap difficile. Laissez les différences s'exprimer, concentrez-vous sur le problème, pas sur les personnes, et discutez des valeurs et croyances sous-jacentes. Si vous dirigez une équipe où il existe un conflit entre mères et non-mères, par exemple, il faut peut-être coopérer. Convoquez les unes et les autres et dites-leur : « Myssa, nous comprenons parfaitement que tu aies besoin de temps avec ton enfant. Jenna, nous comprenons que tu ne peux pas assumer cent vingt pour cent du travail. Voyons comment trouver le moyen de satisfaire les besoins légitimes de chacune. » En procédant de la sorte, vous désamorcerez aussi d'éventuels crêpages de chignon et augmenterez la confiance réciproque. Vous vous attaquez au problème directement au lieu de le laisser mariner de manière souterraine.

FAVORISEZ LA CONFIANCE

Les deux sexes trouvent ce stade plus satisfaisant que la formation et l'explosion. Mais parce qu'elles ont tendance à être moins directes, les femmes ont plus de mal que les hommes à affronter d'autres équipiers lorsqu'elles constatent qu'ils violent une norme. Par exemple, une des normes du groupe peut être : « Tous les équipiers parleront favorablement du groupe à l'extérieur du groupe. » Si Carrie voit Ellie raconter des histoires sur une de ses coéquipières, elle aura peut-être du mal à parler à Ellie de sa transgression. Dans un environnement qui favorise la confiance, ce type de confrontation est moins malaisé.

Le fondement du travail d'équipe et l'élément qui unit toutes les équipes performantes, c'est la confiance. Pour développer une équipe qui cultive la confiance parmi ses membres, vous devez pratiquer et insister sur :

– l'honnêteté : évitez les mensonges et les exagérations ;

– l'ouverture : partagez les informations et les idées, faites part de vos sentiments, écoutez les autres ;

– la cohérence : faites ce que vous dites, et dites ce que vous faites ; votre comportement et ses résultats doivent être prévisibles ;

– le respect : traitez tout le monde équitablement et dignement ; cela implique que vous permettiez à tout le monde de se tromper et d'apprendre en se trompant ;

– le soutien : aidez et soutenez les autres lorsqu'ils offrent des idées et des opinions ;

– la compétence : préparez-vous adéquatement et excellez dans vos résultats.

La confiance est souvent la conséquence naturelle d'une communication ouverte. L'écoute est l'élément essentiel pour développer la confiance. Écouter, ce n'est pas attendre votre tour pour parler ! C'est consacrer toute votre attention à un autre membre de l'équipe et comprendre ce qu'il veut dire par ses mots.

Enfin, faites en sorte que la compétition entre membres de l'équipe ne soit pas parmi les normes du groupe que vous avez établies. Si votre équipe est surtout composée de femmes, il serait plus productif que toute compétition soit extérieure à l'équipe. Les vendeuses, par exemple, pourraient être en compétition avec d'autres équipes de vente ou d'autres régions. Ou bien elles pourraient être en compétition avec elles-mêmes, pour améliorer leurs chiffres de l'année passée. Si vous êtes le manager, comprenez que la compétition entre femmes de votre équipe ne créera probablement pas la dynamique que vous escomptez.

ACCROCHEZ-VOUS À CE QUE VOUS AVEZ

Il est difficile d'atteindre le stade de la performance, mais une fois que vous y êtes, vous devez continuer à construire votre équipe pour obtenir les résultats optimaux. Les équipes peuvent régresser si on cesse de faire attention à leur développement et à leur fonctionnement. Pat a travaillé une fois avec une compagnie qui était au bord de la faillite. Mais après avoir organisé des réunions trimestrielles de construction d'équipe durant plusieurs années, la compagnie a vu sa situation financière s'améliorer tellement qu'elle a pu s'introduire en Bourse. Bientôt elle faisait des acquisitions à travers le monde.

Mais cette croissance explosive avait un mauvais côté. Parce que le processus d'acquisition accaparait tant de temps et d'énergie, la compagnie a suspendu les réunions de construction d'équipe pendant un an, et tout a commencé à aller à vau-l'eau : les équipes étaient déchirées par des conflits destructeurs, il y avait de la rétention d'informations, il n'y avait plus aucune solidarité. Parce que la confiance s'est évaporée, les problèmes de production se sont multipliés qui ont grevé le bilan.

Une équipe performante souffrira de tout manque d'attention. C'était une leçon difficile pour cette compagnie, mais le P-DG a rapidement effectué les ajustements nécessaires. Les réunions de renforcement d'équipe trimestrielles font à présent partie des plus hautes priorités de la compagnie. Les équipes ne sont pas des entités statiques, elles évoluent avec le temps. Si on abandonne l'effort de construction et de renforcement, une équipe performante peut revenir à des états moins productifs, plus turbulents. Mais si on leur prodigue des soins et une attention constants, une équipe performante peut continuer à croître, à fleurir et dépasser toutes les attentes.

Les bons dirigeants encouragent aussi les équipes à célébrer leurs réussites et à savourer leurs victoires. Les célébrations peuvent améliorer la confiance en soi de l'équipe, ce qui peut conduire à une meilleure capacité à prendre des risques, et donc à gagner plus. Lorsque les objectifs sont atteints, récompensez votre équipe. Il y a fort à parier que vous célébrerez encore plus de succès dans l'avenir.

Une équipe qui gagne

Quand une équipe féminine travaille bien, c'est génial. Nous avons été vraiment admiratives du travail d'équipe dont a fait preuve l'équipe des États-Unis lors du championnat mondial de foot féminin en 1999. C'était une unité serrée dont les membres se soutenaient mutuellement et qui utilisait sa cohésion pour gagner.

Anson Dorrance nous raconté que bien qu'il ait perçu le potentiel en conflits destructeurs de l'équipe, dont selon lui « les très grandes exigences des femmes les unes pour les autres », il avait aussi apprécié la capacité des femmes à créer des liens forts. « C'est incroyable : les femmes entretiennent des rapports d'une réalité et d'une profondeur que les hommes ne connaissent jamais. Et une fois que le ciment entre équipières a pris, c'est un lien si profond que les récompenses sont d'une incroyable richesse. »

Nike voulait promouvoir Mia Hamm, membre clé de l'équipe, et ils ont demandé s'ils pouvaient faire une pub autour d'elle exclusivement. Selon Dorrance, « Mia voulait que Nike fasse la promotion de toute l'équipe ». Elle a refusé de faire le spot si les autres femmes n'étaient pas incluses. La pub qui a fini par être tournée montrait la footballeuse Brandi Chastain sortir de chez le dentiste en disant : « Mon Dieu, j'ai dû me faire faire deux plombages. » À ce moment, Hamm se lève et dit : « Puisque c'est comme ça, je vais me faire faire deux plombages aussi. » Et les autres footballeuses font de même. Elles ont gagné leur titre ensemble, et elles en récolteront les bénéfices ensemble. C'est un des merveilleux bienfaits d'un travail d'équipe étroit et positif entre femmes. Lorsqu'on a appris à éviter les pièges de la Règle, et que l'on fonctionne en une équipe performante et soudée, les possibilités de réussite peuvent être illimitées.

Le pouvoir des bandes de filles

Tandis que les États-Unis regardaient leur équipe de foot battre celle de la Chine un après-midi de juillet 1999, ils pouvaient voir un exemple de ce que les femmes peuvent faire lorsqu'elles s'interdisent les crêpages de chignon. Les membres de l'équipe étaient solidaires, unies et célébraient ensemble leurs victoires. C'était vraiment un groupe qui avait compris la force de la Règle. Elles avaient réussi à préserver l'équité de pouvoir entre elles tout en amplifiant l'efficacité de chaque membre de l'équipe. Au lieu de se chamailler pour être sur le devant, minant par-là même leur réussite, elles s'élevaient mutuellement dans la stratosphère.

Leur réussite fait écho à la phrase de l'anthropologue Margaret Mead : « Ne doutez jamais qu'un petit groupe d'individus déterminés peut changer le monde. En fait, c'est la seule chose qui ait jamais changé le monde. » Dans notre travail, nous avons découvert à quel point ceci était vrai, surtout pour les femmes. Lorsqu'un groupe de femmes abandonne les relations destructrices, lorsqu'elles s'unissent en tant que force de changement, elles deviennent une importante source de transformation sociale. Le vote des femmes, l'élargissement de la place des femmes dans le monde du travail et dans la politique, le mouvement pour l'égalité des droits, le mouvement pour comprendre le viol en tant qu'acte de violence et non un crime passionnel, la criminalisation des violences conjugales, le combat pour la parité économique (à travail égal, salaire égal), la fin de la discrimination légale et salariale, la dénonciation du harcèlement sexuel, le combat pour le droit des femmes à décider de leur reproduction, tous ces mouvements ont commencé par être de petits mouvements parmi les femmes.

Lorsque des collègues femmes deviennent ce que l'on a récemment appelé une « bande de filles » – un groupe de femmes qui se soutiennent férocement, qui se protègent, qui s'aident pour avancer dans la voie du succès (quelle que soit la manière de définir ce terme [5]), elles inspirent de la grandeur les unes chez les autres. Ces groupes de femmes engagées, coopératives, collégiales, ont de nombreuses fonctions. Elles agissent en tant qu'agents du changement, fondements du pouvoir, antidotes contre la solitude, et sources de protection. Les alliances féminines aident les femmes à rester libres.

Les bandes de filles favorisent le changement

À l'été 1994, trois femmes scientifiques professeurs au MIT discutaient de la qualité de leur vie professionnelle. Elles avaient toutes l'impression que leurs trajectoires professionnelles étaient moins prometteuses que celles de leurs collègues hommes. Mais elles ne savaient pas bien si cela était une expérience unique à chacune d'elles. Elles se demandaient même si leurs impressions étaient exactes ou si elles étaient tout simplement trop sensibles. Mais en se réunissant et en échangeant leurs points de vue, elles ont décelé un motif. Elles avaient toutes des salaires inférieurs à ceux de leurs collègues mâles, des laboratoires et des bureaux plus petits, moins de fonds de recherches, un accès plus limité aux ressources et on les excluait de tout rôle important dans leurs départements.

Elles effectuèrent un sondage auprès de leurs 14 collègues professeurs de sciences (les hommes étaient 194), qui reconnurent immédiatement le problème et validèrent leurs perceptions. En un seul jour, un groupe de 16 femmes professeurs titulaires d'une des plus prestigieuses universités américaines formèrent une bande de filles pour dénoncer et corriger l'injustice de l'exclusion des femmes et de leur invisibilité dans leurs départements. Elles exigèrent du doyen qu'un comité fut mis en place pour améliorer la position des femmes dans l'université. Voici ce qu'elles écrivaient : « Nous pensons que l'inégalité de traitement des femmes qui rejoignent le MIT rend plus difficile leur réussite, fait qu'elles ont moins de reconnaissance que celle qu'elles méritent, et contribue à une qualité de vie tellement inférieure que ces femmes peuvent effectivement devenir des modèles négatifs pour des femmes plus jeunes[6]. »

Elles furent entendues. Le comité qu'elles réclamaient fut créé et accomplit son travail. En 1999, il fit de nombreuses recommandations pour améliorer le statut et assurer l'égalité des femmes universitaires et aussi un certain nombre de suggestions pour augmenter le nombre de femmes professeurs. La pratique de ces comités d'équité s'étendit progressivement à de nombreuses universités. En janvier 2001, s'est tenue au MIT une réunion des présidents, chanceliers, prévôts et vingt-cinq femmes professeurs de neuf universités de pointe, dont Harvard, Yale, Princeton, Stanford, CalTech et l'Université de Californie à Berkeley, pour discuter du traitement équitable des femmes professeurs dans les domaines scientifiques. Ce groupe prestigieux tomba d'accord pour analyser les salaires et la proportion des ressources universitaires allouées aux femmes professeurs et pour « reconnaître que ce défi exigera d'importantes révisions et d'importantes modifications des procédures de chaque université, et dans le monde scientifique en général[7] ».

Les efforts de seize femmes œuvrant conjointement conduisirent à une réévaluation systémique et au changement potentiel non seulement dans leurs propres départements et université mais dans tout le pays. Ces seize professeurs sont un exemple merveilleux de femmes unissant leurs efforts pour produire un changement systémique global.

Bien qu'elles aient des convictions philosophiques et politiques très diverses, du libéralisme au conservatisme, neuf femmes sénateurs ont formé une autre « bande de filles [8] ». Elles se réunissent régulièrement et ont décrit dans un livre le but de ces rencontres comme n'étant « ni pour comploter ni pour faire des pactes. C'est en fait un rituel familier aux femmes dans tous les domaines, celui de se soutenir mutuellement en partageant des expériences, en discutant de questions qui comptent pour elles ». Bien qu'elles n'aient aucun programme spécifique, ces femmes sénateurs s'unissent occasionnellement pour défendre des projets législatifs qui sont particulièrement importants pour les femmes. Et elles jouissent du pouvoir que leur position leur accorde. Comme le reconnaît Mary Landrieu, sénateur démocrate de Louisiane, « j'aime avoir du pouvoir. Mais ce n'est pas du pouvoir pour du pouvoir. Le pouvoir ne doit pas être quelque chose que vous voulez pour satisfaire votre ego. C'est le pouvoir de faire plus de bien que si vous ne l'aviez pas [9] ». Chacune de ces femmes remarquables a le pouvoir de faire du bien, et chacune s'est jointe à ses collègues femmes pour créer une base de pouvoir commune qui soutient chacune d'entre elles dans son travail.

Un antidote contre la solitude

Pour certaines femmes, le lien créé avec un groupe de femmes au travail peut briser l'isolement dû au fait que leur carrière se déroule dans un environnement essentiellement masculin. Harriet Rubin a étudié la formation d'une de ces bandes de filles dans une entreprise particulièrement masculine et conservatrice. L'une des dirigeantes, qui a exigé l'anonymat, lui a déclaré qu'elle était sur le point de quitter la société parce qu'elle ne supportait plus la solitude de travailler entourée de dizaines d'hommes particulièrement compétitifs, sans une autre femme dans les parages, depuis plus de sept ans. Lorsque sa supérieure apprit qu'on lui avait proposé un autre poste, elle a donné à sa subordonnée mécontente la possibilité de créer son propre service et d'embaucher qui elle voudrait. Cette femme engagea aussitôt cinq femmes. Selon Rubin, « le changement fut immédiat. La solitude, l'isolement s'évanouirent, et la qualité de son travail changea et s'améliora considérablement... Ces femmes font leurs propres règles, et cela suffit à leur donner l'impression de maîtriser leur propre destinée ». Selon la meneuse de cette bande de filles, « nous sommes toutes ici les unes pour les autres. Nous veillons les unes sur les autres, nous nous aidons. Je n'ai jamais été aussi heureuse [10] ».

Karyl Lawson occupait un poste de direction dans l'industrie du pétrole – un secteur quasi entièrement dominé par les hommes. Son monde était rempli d'hommes : un mari, un fils, et que des collègues masculins. En termes d'amitiés professionnelles féminines, elle ressentait un immense vide. En 1994, elle fonda à Houston le Réseau Féminin de l'Énergie, avec six membres seulement – toutes des femmes juristes travaillant dans le secteur. Le mois suivant, chacune des femmes amena à la réunion une collègue ou une amie. Un mois après, le nombre de membres avait encore doublé. L'organisation connut une croissance exponentielle. Aujourd'hui, ce groupe compte plus de 350 membres.

Lorsque nous avons demandé à Karly ce qui l'avait poussée à créer sa bande de filles, elle nous a répondu : « J'avais le sentiment que je perdais une partie de ma vie, et je voulais remplir ce vide. » Ce groupe a aujourd'hui un autre objectif, peut-être plus altruiste. Il organise une soirée annuelle pour lever des fonds afin de venir en aide aux femmes démunies.

Nous sommes certaines qu'il existe des centaines voire des milliers de ces organisations féminines de base à travers le pays, et qu'elles apportent de la camaraderie, de l'aide et des progrès considérables à ces femmes qui ont abandonné leurs mauvaises habitudes de crêpage de chignon et forment des coalitions pour s'encourager mutuellement dans leurs succès.

Une protection

Certaines bandes de filles se constituent parce que leurs membres ont besoin d'un refuge dans un environnement de travail hostile. Dans le domaine hospitalier, par exemple, une femme peut se trouver dans une situation difficile, ingérable lorsqu'un médecin à bout de nerfs se met à lui hurler dessus par exemple. L'infirmière ne mérite peut-être pas ce traitement, mais elle ne peut pas simplement tourner les talons et s'en aller, parce que cela serait une forme d'insubordination. Mais il arrive que des infirmières s'unissent pour aider une collègue devant faire face à une agression de ce type. Elles appellent cela un « code rose », un signal permettant aux autres infirmières de savoir que l'une d'entre elles est attaquée. Les infirmières libres à ce moment se pressent aux côtés de la collègue menacée. Elles sont là pour la soutenir et se tiennent à ses côtés et, devant des témoins, le médecin tempère ses critiques ou bat tout simplement en retraite. Ensuite, elles rendent compte de l'agression à leur direction[11].

Avant que ce type de résistance ne se développe, il était rare de voir un médecin être sanctionné pour des blagues déplacées ou des sorties violentes ou insultantes. Mais les choses changent. Les environnements de travail hostiles ne sont plus tolérés, et les médecins subissent les conséquences de ces comportements non professionnels. Les lois contre le harcèlement de ce type, accompagnées de lourdes sanctions, sont le résultat de la dénonciation de ces comportements par des bandes de filles.

Créer son propre réseau de femmes

Nous avons vu comment une structure non hiérarchique, « plate », est la conséquence de notre héritage biologique et semble naturelle aux femmes. Des études ont montré que les femmes interagissent mieux dans de petites structures plutôt que dans les énormes associations à de nombreux niveaux que semblent préférer les hommes. Ces groupes plus proches semblent permettre cette intimité dont tant de nous avons besoin. Dans certains cas, une toile de réseaux peut permettre aux femmes de créer des alliances mutuellement bénéfiques.

Considérez la formation récente d'un réseau international pour femmes cadres, fondé par Elisabeth Fuchs. Fuchs possède et dirige une PME de distribution minérale en Allemagne. Elle a mis en place ce groupe pour permettre de l'intimité sans un mécanisme de contrôle central. Le groupe est composé de ce qu'elle appelle des « nœuds » relationnels, des groupes de deux femmes ou plus qui se communiquent des contacts professionnels, servent de sources d'information et de mentor. Fuchs a posé les règles suivantes pour son organisation[12] :

– Il n'y a pas de règles, écrites ou non.

– Comme dans un réseau réel, tous les nœuds relationnels sont indépendants et responsables.

– Chaque nœud est responsable de sa relation avec ses nœuds voisins.

– Nous sommes directement liées à certains nœuds, et indirectement liées à tous les autres.

Le partage du pouvoir, tel qu'il est incarné par le schéma organisationnel de Fuchs, rend possible de merveilleuses relations, surtout parce qu'aucune femme en particulier ne détient le pouvoir.

Ce groupe cherche à favoriser la formation d'alliances entre femmes. Il n'essaye pas de provoquer le changement en s'opposant aux systèmes et conventions sociaux par une action organisée. C'est peut-être pour cette raison que le mouvement féministe n'a pas eu le succès qu'il aurait pu avoir en obtenant la parité dans les salaires et en permettant d'obtenir davantage de possibilités pour les femmes : dans ce vaste mouvement social, il n'y avait pas de dirigeant, ni de voix commune. Il y avait plutôt une foule de petits groupes qui n'agissaient pas conjointement.

Lorsque notre but est d'atteindre une masse critique afin de faire face à de grandes institutions, nous avons besoin de nous comporter hiérarchiquement pour affronter des organisations qui sont bâties sur ce modèle. Certaines d'entre nous doivent permettre à d'autres femmes de violer apparemment la Règle lorsqu'elles assument des rôles dirigeants pour faire avancer le groupe vers ses objectifs.

Une organisation doit avoir une mission claire, des rôles bien définis, et pouvoir prendre rapidement des décisions. Le meilleur moyen d'y parvenir est d'avoir des dirigeants et une base. Nous pensons que ceci peut s'obtenir en gardant à l'esprit la Règle : créer une culture qui permet à toutes d'améliorer son estime de soi, quel que soit leur niveau. Certaines d'entre nous doivent aussi savoir abandonner leur soif de pouvoir et apprendre à faire partie de la base, pour le plus grand bien du plus grand nombre.

La quintessence de l'attention envers autrui

La plupart des femmes sont profondément attentives aux autres femmes : elles sont toutes dans la même galère. Sans femmes dans notre vie, nous nous sentons seules et incomplètes. Natalie Angier dit que les femmes « tombent amoureuses » de leurs amies. Ces amitiés nous aident à nous définir parce qu'elles cultivent le partage de nos pensées, nos sentiments, nos croyances, nos expériences les plus profondes.

En cas de besoin, les femmes viennent au secours les unes des autres. Nous nous tenons fermement à leurs côtés, nous les soutenons, nous leur apportons notre solidarité, notre amour. Nous sommes toutes là, dès lors qu'il s'agit d'aider l'une d'entre nous. Nous offrons une épaule pour pleurer, et des embrassades affectueuses lorsque les sentiments sont blessés. Nous célébrons nos victoires, grandes et petites. Nous nous attendons toujours à cela de la part des autres femmes, et dans une très large mesure cette attente est en général satisfaite.

Dans ce livre, nous avons examiné la face cachée des raisons pour lesquelles les femmes se comportent entre elles comme elles le font, et les différentes manières de contrer les aspects les plus douloureux du travail entre femmes. Notre propre expérience ainsi que des contacts avec des milliers de femmes nous ont permis d'apprendre que dans la vie professionnelle la plupart des interactions entre femmes sont merveilleuses. Mais presque toutes les femmes que nous avons rencontrées portent les cicatrices d'au moins une expérience difficile. Notre espoir, c'est qu'en reconnaissant l'importance de la Règle, qui jusqu'ici est passée inaperçue, en tant que pierre d'achoppement fondamentale des relations entre les femmes sur le lieu de travail, vous pouvez exploiter ses principes pour former des alliances puissantes au profit de toutes les femmes concernées.

Les femmes sont parmi nos plus importantes ressources potentielles. Même lorsque nous nous efforçons de progresser, nous connaissons toutes des injustices en termes de rémunération et d'opportunités, et nous sommes toutes tôt ou tard victimes du harcèlement ou de l'invisibilité. Si nous parvenons à nous débarrasser de nos tendances négatives et unissons nos forces dans de puissantes bandes de filles, nous parviendrons à célébrer nos forces communes et à faire face à nos besoins mutuels. En continuant de nous disputer, nous avancerons à pas comptés ; unies dans un objectif commun, nous pouvons changer le monde.

CONCLUSION

Bien des femmes nous demandent : « Maintenant que j'ai compris comment fonctionne la Règle, je peux voir comment elle me crée des problèmes avec les femmes avec lesquelles je travaille. Mais qu'est-ce que je peux y faire ? » Puisque la dynamique des relations entre femmes est invisible pour la plupart des femmes, vous aurez du mal à résoudre les problèmes si vous ne les mettez pas en paroles. Dans nos bureaux, où le personnel est essentiellement féminin, nous plaisantons autant que possible sur la culture « plate » des femmes. Nous rions lorsque quelqu'un annonce : « La Règle vient encore de frapper ! » Si nous sommes obligées de la violer, si nous sommes coincées à l'aéroport, dix minutes avant le départ d'un avion, et si nous devons répartir douze tâches par téléphone, nous commençons notre demande en disant : « Bon, il va falloir que je viole la Règle à présent... »

Certaines compagnies incorporent même de l'information à propos des différences entre les structures de pouvoir masculines et féminines dans la culture quotidienne de l'entreprise. Par exemple, dans les bureaux d'une importante compagnie californienne d'assurances, lorsqu'un homme se vante et domine trop une réunion d'équipe, les autres cadres autour de la table feront de petits signaux codés, un triangle ou une pyramide avec les doigts. Ils lui font savoir qu'il se conduit de manière hiérarchique. De même, quand une femme se laisse aller à se débiner elle-même et dit : « Ce n'est pas grand-chose... », ses coéquipiers sourient et placent leurs mains avec les doigts alignés à plat pour indiquer qu'elle a totalement aplati la structure de l'interaction de pouvoir. Tout le monde en rit, et tout le monde joue avec les concepts et les différences. Surtout, cette perception permet de désamorcer des conflits potentiellement ravageurs.

Que pouvez-vous faire d'autre pour éviter les conflits avec vos collègues femmes ? Vous pouvez trouver ou devenir un mentor. Vous pouvez aussi participer ou créer un groupe de femmes, en chair et en os, ou sur le web. Sur Internet, des femmes isolées peuvent entrer en rapport avec un groupe de femmes sans dépendre du flux vertical de l'information. En partageant expériences et ressources, on construit la confiance et des alliances.

Si une femme vous pose problème, prenez le parti d'adapter certaines des idées stratégiques et tactiques que nous avons développées dans ce livre pour régler la question avec elle de manière constructive. N'attendez pas...

ANNEXE

Clé d'interprétation du questionnaire sur les styles de conflit

Vous trouverez ci-dessous une version détaillée du questionnaire du chapitre IX. Dans cette annexe, nous vous présenterons une description détaillée des dix scénarios. Nous vous expliquons non seulement le premier choix, mais aussi le second, parce que dans la vie réelle vous aurez parfois besoin d'un plan de secours.

1. Votre travail exige que vous et d'autres dans votre service travailliez un week-end sur deux. Vous étiez là le week-end dernier. Vous n'avez rien de particulier prévu pour le week-end suivant, et vous pensez avec plaisir à ce que vous allez faire de votre temps libre. Cynthia, votre collègue, vous demande si cela vous ennuierait de la remplacer le week-end prochain pour qu'elle puisse sortir avec son nouveau petit ami. Par le passé, Cynthia a toujours accepté de vous rendre service lorsqu'il s'est agi de la remplacer.

A. Vous lui dites que vous allez y réfléchir, puis vous vous cachez chaque fois qu'elle est dans les parages [ÉVITEMENT].

B. Vous lui dites d'accord, même si vous n'en avez pas vraiment envie [ARRANGEMENT].

C. Vous lui dites : « Désolée, ce n'est pas possible, j'ai vraiment envie de prendre mon week-end » [COMPÉTITION].

D. Vous lui dites : « J'avais vraiment envie de prendre mon week-end, mais si tu veux je peux venir un des deux jours à ta place » [COMPROMIS].

E. Vous lui proposez d'organiser une réunion de service pour mettre au point un système qui permette aux employés que cela ne dérange pas d'être les premiers approchés lorsqu'il s'agit d'échanger des horaires. Pendant cette réunion, vous pouvez évoquer le dilemme de Cynthia et trouver quelqu'un pour la remplacer [COOPÉRATION].

Que choisir ?

(B) L'arrangement est un bon choix dans cet exemple. Cynthia s'est toujours montrée disposée à échanger des week-ends avec vous, et le moment est sans doute bien choisi pour lui donner votre soutien et échanger quelques points de pouvoir. Non seulement l'occasion de lui rendre la pareille est excellente, mais si vous n'avez pas de bonnes raisons de le faire vous perdrez une alliée qui vous a été utile dans le passé. *2 points.*

(E) La coopération est un bon choix alternatif. Cela permettrait de trouver une solution à long terme pour la question des week-ends et permettrait aussi de régler le problème immédiat de Cynthia. Mais il se peut que vous ne puissiez organiser cette réunion avant le week-end prochain, et cette solution ne sera peut-être pas optimale pour le problème de Cynthia. *1 point.*

2. Vous êtes candidate pour un poste qui semble vous convenir à la perfection. Le problème, c'est que vous venez de découvrir que l'une de vos amies les plus proches est aussi intéressée.

A. Vous n'en dites rien à votre amie, en espérant qu'elle n'évoquera pas la question [ÉVITEMENT].

B. Vous parlez avec elle de la situation et essayez de trouver un moyen pour que chacune puisse avoir un job génial comme celui-là [COOPÉRATION].

C. Vous dites à votre amie que si elle souhaite que vous vous retiriez, vous le ferez [ARRANGEMENT].

D. Vous dites à votre amie que vous vous retirerez si elle se retire aussi [COMPROMIS].

E. Vous pensez qu'elle essaiera de décrocher le boulot, tout comme vous [COMPÉTITION].

Que choisir ?

(E) Dans ce cas, la compétition est appropriée. Dans le monde du travail, il est important que les femmes puissent postuler pour des emplois qui leur permettront d'avancer dans leur carrière, sinon seuls les hommes obtiendront les positions de rêve. Parfois, la conséquence sera que de bonnes amies se trouveront en concurrence pour un même poste. Nous vous conseillons de candidater pour le poste, puis, à un moment ultérieur, d'en parler à votre amie. Le monde du travail est comme ça. Mais la gagnante devra se montrer magnanime et peut-être aider la perdante à obtenir un autre poste « idéal ». *2 points*.

(B) La coopération est une autre possibilité dans ce scénario. La compétition avec une amie peut souvent mettre à mal la relation. En abordant directement avec votre amie la question de vos carrières, vous pourrez vous aider mutuellement à atteindre vos objectifs. *1 point*.

3. Vous et votre collègue Aurore venez de terminer un travail difficile, et maintenant vous devez écrire un rapport pour votre patron commun. Le rapport est d'une importance secondaire parce que votre patron a suivi votre travail étape après étape. Vous n'êtes pas d'accord sur la manière de rédiger le rapport parce que vous, vous préférez que l'information soit présentée sous forme de graphiques, alors qu'Aurore préfère une forme narrative.

A. Vous dites ok à l'approche narrative. Le rapport n'est pas vraiment important [ARRANGEMENT].

B. Vous vous accrochez et insistez pour les graphiques [COMPÉTITION].

C. Vous ne lui en parlez même pas [ÉVITEMENT].

D. Vous vous vous réunissez avec Aurore pour trouver un compromis [COOPÉRATION].

E. Vous suggérez que vous utilisiez des graphiques pour

la partie dont vous vous occupez, et qu'Aurore utilise la forme narrative pour sa partie [COMPROMIS].

Que choisir ?

(E) Le compromis est la meilleure solution parce que la rédaction du rapport peut être partagée, ce qui permettra à chacune de faire ce qu'elle préfère. En outre, votre patron a suivi votre travail de près, et vous n'avez donc pas besoin de perdre de temps à rechercher d'autres solutions. *2 points.*

(A) L'arrangement est une bonne alternative. Puisque le rapport n'a pas vraiment d'importance, vous pourrez gagner quelques points en vous ralliant au point de vue d'Aurore. *1 point.*

4. Votre patron vient de mettre en place un nouveau programme de motivation. Le mois prochain, lorsque des clients appelleront ils vous noteront, vous et vos collègues. La personne avec la plus haute note gagnera un week-end dans un hôtel de luxe. Cela vous gêne d'être en concurrence avec des collègues que vous considérez comme de bonnes amies.

A. Vous n'en dites rien [ÉVITEMENT].

B. Vous acceptez de participer mais annoncez dès le départ que vous refuserez le prix si vous gagnez [COMPROMIS].

C. Vous foncez. Ce week-end, ce serait génial pour vous [COMPÉTITION].

D. Vous faites part à votre patron de l'effet négatif que cela risque d'avoir selon vous [COOPÉRATION].

E. Vous faites semblant de jouer le jeu, mais seulement semblant [ARRANGEMENT].

Que choisir ?

(C) Pour nous, il faut choisir la compétition dans ce cas. Les programmes de motivation donnent de bons résultats lorsque tous les employés sont des hommes, et les femmes sont plus performantes lorsque les relations sont préservées. Mais dans ce type de situation, si les femmes choisissent d'éviter ou de trouver un arrangement, ce sont les hommes qui gagneront toutes les bonnes choses, ainsi que la visibilité sans laquelle il n'y a pas d'avancement. Si vous gagnez, n'oubliez pas que vous aurez violé la Règle, et que vous devrez faire preuve d'élégance dans la victoire. *2 points.*

(D) L'autre choix pour ce scénario est de coopérer avec votre patron. Si votre patron à l'esprit ouvert et s'il comprend comment fonctionne la Règle, il vous écoutera peut-être. Mais il se peut aussi qu'il ne comprenne pas votre démarche et qu'il vous catalogue comme étant « faible » ou « ayant peur de perdre ». *1 point.*

5. Votre patronne veut vous voir pour discuter de ce qu'il faut ajouter au rapport que vous avez rédigé pour demander de nouvelles fournitures de bureau. Vous pensez qu'elle en fait trop.

A. Vous faites ce qu'elle vous dit de faire [ARRANGEMENT].
B. Vous rasez les murs en espérant qu'elle vous oubliera [ÉVITEMENT].
C. Vous la rencontrez pour essayer de comprendre pourquoi elle pense que ces informations supplémentaires sont nécessaires et lui expliquer votre point de vue [COOPÉRATION].
D. Vous lui faites savoir qu'elle vous fait perdre votre temps et lui demandez de revenir sur sa demande [COMPÉTITION].
E. Vous faites exactement ce qu'elle vous demande, mais pas plus [COMPROMIS].

Que choisir ?

(C) La coopération est le choix le plus productif tant pour vous que pour votre patronne. En partageant vos points de vue, vous comprendrez mieux sa manière de penser. En outre, le partage de vos idées vous permettra peut-être d'améliorer le rapport. Tout cela contribuera à améliorer vos relations avec elle. *2 points.*

(A) L'arrangement est un autre bon choix pour ce scénario si vous êtes pressée par le temps ou si le rapport n'est pas vraiment important pour vous. *1 point.*

6. Carole est chargée d'organiser les réunions mensuelles nécessaires pour préparer un changement de système informatique. Vous avez remarquez que vous êtes toujours la dernière à prendre la parole pour faire le point sur la situation dans votre domaine. À ce moment, beaucoup de gens sont déjà partis, et les autres s'ennuient tellement qu'ils pensent à autre chose. Et votre secteur passe toujours à la trappe. Vous avez entendu dire que Carole va quitter la société le mois prochain.

A. Vous n'évoquez pas la question avec elle [ÉVITEMENT].

B. Vous demandez un rendez-vous pour essayer de trouver une autre possibilité qui réponde aux besoins de vous et d'elle [COOPÉRATION].

C. Vous lui dites que vous en avez assez d'être la dernière à prendre la parole et que vous voulez que cela cesse [COMPÉTITION].

D. Vous essayez de faire en sorte qu'elle vous fasse parler pendant la première moitié de la réunion au moins une réunion sur deux [COMPROMIS].

E. Vous serrez les fesses pour le mois qui reste [ARRANGEMENT].

Que choisir ?

(A) Ici, le meilleur choix est sans doute celui de l'évitement. Carole ne sera plus là pour la prochaine réunion, il est donc inutile de créer un conflit et des réactions défensives. Lorsque vous la croiserez dans le couloir, souhaitez-lui bonne chance dans son nouveau poste. *2 points.*

(B) Pour ce scénario, l'arrangement est une bonne alternative. Mais lorsque Carole ne sera plus là, prenez immédiatement rendez-vous avec la nouvelle responsable pour discuter de la question. *1 point.*

7. Vous travaillez avec Félicie sur un projet. Elle est assez jeune et a beaucoup moins d'expérience que vous, mais elle est créative et connaît bien son sujet. Elle ne cesse de vous dire comment il faut procéder. Pour l'instant tout se passe bien, mais vous êtes de plus en plus gênée par le comportement autoritaire de Félicie.

A. Vous laissez prendre la direction des opérations [ARRANGEMENT].

B. Vous dissimulez le fait que sa manière de faire vous tape sur le système, vous rentrez la tête dans les épaules et priez pour que tout soit fini le plus vite possible [ÉVITEMENT].

C. Vous divisez le projet en deux parties, et laissez-la faire sa partie comme elle l'entend [COMPROMIS].

D. Vous lui signifiez clairement que vous avez plus d'ancienneté et d'expérience qu'elle, et que c'est donc vous qui déciderez de la manière de procéder [COMPÉTITION].

E. Vous lui dites que vous appréciez sa créativité et son savoir et que vous voudriez discuter avec elle de la meilleure manière pour que chacune d'entre vous ait un impact positif sur le projet [COOPÉRATION].

Que choisir ?

(A) L'arrangement est le bon choix pour ce scénario. Félicie apportant de bonnes idées au projet, vous contribuerez toutes les deux à sa réussite. En lui permettant d'adjoindre sa créativité et ses connaissances à votre expérience, vous serez toutes deux gagnantes. Si le projet déraille, vous pourrez toujours invoquer votre expertise pour remettre Félicie sur la bonne voie avant que les choses ne s'aggravent. *2 points.*

(E) La coopération est l'autre bon choix. Lorsque vous et Félicie vous retrouverez sur un autre projet, vous aurez déjà établi de bonnes habitudes de travail. Vous partagerez vos idées et saurez vous mettre d'accord sur la manière de les appliquer. *1 point.*

8. Vous savez bien que ce n'est pas grand-chose, mais cela vous irrite que Catherine, un membre essentiel de votre système de soutien, qui passe aussi les commandes de boissons et de café pour le service, achète toujours du Coca au lieu du Pepsi. Elle affirme de manière péremptoire que le Coca est meilleur, mais vous aimez le Pepsi. Lorsque vous lui avez suggéré d'acheter les deux, elle vous a sorti des mauvaises excuses comme : « Cela m'obligerait à m'approvisionner à deux sources différentes. »

A. Vous ne lui en parlez même pas. Ça n'en vaut pas la peine [ÉVITEMENT].

B. Vous achetez votre propre Pepsi [ARRANGEMENT].

C. Vous dites que vous allez en parler à votre supérieur commun si elle ne satisfait pas votre demande [COMPÉTITION].

D. Vous convoquez une réunion de votre service pour discuter de la manière dont sont commandées les différentes fournitures [COOPÉRATION].

E. Vous attendez de voir si elle achète du Coca la moitié du temps et du Pepsi l'autre moitié [COMPROMIS].

Que choisir ?

(A) Évitez le problème Coca/Pepsi. Cette question est triviale en comparaison d'autres problèmes, et elle semble être devenue un peu trop chargée affectivement pour Catherine. Prenez de la hauteur, surtout si vous avez besoin de Catherine dans votre travail. *2 points.*

(B) Le second choix est celui de l'arrangement. Achetez votre propre Pepsi et n'en faites pas une histoire. Vous devez continuer de cultiver et d'améliorer vos rapports avec Catherine. *1 point.*

9. Vous et une autre cheffe de service envoyez certains de vos subordonnés à une conférence. Hélène pense que vous devriez partager les coûts parce que votre service a un budget de formation plus important. Vous pensez qu'elle devrait payer plus parce qu'elle envoie plus de personnes.

A. Vous lui dites que vous ne paierez pas pour les personnes qu'elle envoie [COMPÉTITION].

B. Vous discutez avec elle de la meilleure manière de trouver d'autres financements [COOPÉRATION].

C. Vous acceptez de partager les coûts [ARRANGEMENT].

D. Vous suggérez que votre patron commun prenne la décision [COMPROMIS].

E. Vous ne dites rien, en espérant que le contrôleur de gestion affectera le coût des employées d'Hélène sur le budget de son service [ÉVITEMENT].

Que choisir ?

(B) La coopération est le bon choix pour ce scénario. Chacune y trouvera son compte, probablement. Dans tous les autres cas il y aura une perdante. Et les perdantes ont la mémoire longue. *2 points.*

(C) Le compromis est notre second choix. Cela dépend toutefois de votre patron. Si il ou elle aime être impliqué dans les décisions budgétaires, il serait bon de l'associer au débat puisque vous ne parvenez pas à vous mettre d'accord avec Hélène. Si votre patron préfère que ses collaborateurs se débrouillent tout seuls, nous vous conseillons de faire précisément cela. *1 point.*

10. Votre service et un autre travaillez ensemble sur un projet important. Vous êtes toutes totalement débordées et devez respecter une date limite serrée. Il y a beaucoup de tâches ingrates associées au projet, et malheureusement, l'autre service essaye de s'en défausser sur le vôtre.

A. Vous suggérez que votre service s'occupe de ces tâches ingrates une semaine sur deux [COMPROMIS].

B. Vous ne dites rien, cela créerait trop de problèmes [ÉVITEMENT].

C. Vous roulez des mécaniques et prenez en charge le boulot [ARRANGEMENT].

D. Vous dites clairement que vous ne ferez pas le « sale boulot » de l'autre service [COMPÉTITION].

E. Vous réunissez les personnes travaillant dans les deux services pour trouver la meilleure solution [COOPÉRATION].

Que choisir ?

(A) Le compromis nous paraît être la meilleure solution. Les tâches ingrates doivent être effectuées, mais la répartition doit être équitable. Le partage une semaine sur deux est la meilleure manière d'y parvenir, surtout si on n'a pas le temps d'organiser une réunion. *2 points.*

(E) Notre second choix serait la coopération. Si vous avez le temps de réunir tout le monde, il en sortira peut-être de meilleures solutions pour effectuer ces tâches ingrates mais importantes. Le problème est le temps que prendra cette réunion, surtout si vous êtes pressée par les délais. *1 point.*

NOTES

INTRODUCTION

1. K. Björkqvist, K. Osterman, K.M.J. Lagerspetz, « Sex differences in covert agression among adults », *Aggressive Behavior*, 20, 1994, p. 27.

2. R. Driscoll, « Will women be better managers ? Gender conflict at work », *Transitions. The Journal of Men's Perspectives*, 19, 1999.

3. J. Briles, *Women to Women 2000. Becoming Sabotage Savvy in the New Millennium*, New Horizon Press, 1999.

4. K. Collins, « New economy friendship », *Working Woman*, 16 septembre 2000.

5. C. Gallagher (avec S. K. Golant), *Going to the Top*, Viking, 2000, p. 5.

CHAPITRE PREMIER. Relations, pouvoir et estime de soi

1. J. B. Miller, « The development of women's sense of self », *in* J. V. Jordan, A. G. Kaplan, J. B. Miller (dir.), *Women's Growth in Connection*, Guilford Press, 1991, p. 15.

2. C. Gallagher (avec S. K. Golant), *Going to the Top*, Viking, 2000, p. 51.

3. S. Murphy, *A Study of Career Values by Generation and Gender*, PhD, The Fielding Institute, 2000.

4. J. French, B. Raven, « The basis of social power », *in* D. Cartright (dir.), *Studies in Social Power*, University of Michigan Press, 1959.

5. M. McKay, P Fanning, *Self-Esteem*, New Harbinger Publications, 2000, p. 1.

6. C. Gilligan, *In a Different Voice*, Harvard University Press, 1982, p. 17.

7. A. A. M. Crijnen, T. M. Achenbach, F. Verhulst, « Comparisons of problems reported by parents of children in 12 cultures. Total problems, externalizing and internalizing », *Journal of the American Academy of Child and Adolescent Psychiatry*, 36 (9), 1997, p. 1276.

8. D. Tannen, *You Just Don't Understand. Women and Men in Conversation*, Ballantine, 1990, p. 100.

9. S. Wick, L. Williams, « The impostor phenomenon », *Women in Cell Biology*, 20 (10) et P. R. Clance, S. A. Imes, « The impostor phenomenon in

high-achieving women. Dynamics and therapeutic interventions », *Psychotherapy. Theory, Research and Practice*, 15, 1978, p. 241-247.

CHAPITRE II. La Règle

1. Cité *in* K. Jacobs, « In praise of power », *Working Woman*, novembre 2000, p. 22.
2. *Ibid.*, p. 24.
3. S. Helmstetter, *What to Say When You Talk to Your Self*, Pocket Books, 1987, p. 192.

CHAPITRE III. Aux origines du conflit entre femmes

1. Cité *in* N. Angier, *Woman. An Intimate Geography*, Houghton Mifflin, 1999, p. 293.
2. S. Blaffer Hrdy, « Natural born mothers », *Natural History*, décembre 1995, p. 38.
3. S. E. Taylor, L. Cousino-Klein, B. P. Lewis *et al.*, « Bio-behavioral responses to stress in females. Tend-and-befriend, not fight-or-flight », *Psychological Review*, 107 (3), juillet 2000, p. 28.
4. N. Angier, *Woman*, *op. cit.*, p. 284.
5. F. de Waal, *Peacemaking Among the Primates*, Harvard University Press, 1989, p. 51.
6. *Ibid.*, p. 53.
7. D. Blum, *Sex on the Brain. The Biological Differences Between Males and Women*, Penguin, 1997, p. 71.
8. F. de Waal, *Peacemaking Among the Primates*, *op. cit.*, p. 48.
9. *Ibid.*, p. 52.
10. R. Savin-Williams, « Dominance systems among primate adolescents », *in* D. McGuinness (dir.), *Dominance, Aggression and War*, Paragon, 1987, p. 153.
11. Cité *in* D. Blum, *Sex on the Brain*, *op. cit.*, p. 72.
12. N. Angier, *Woman*, *op. cit.*, p. 296.
13. F. de Waal, *Peacemaking Among Primates*, *op. cit.*, p. 51-53. Voir aussi F. de Waal, *Good Natured. The Origins of Right and Wrong in Humans and Other Animals*, Harvard University Press, 1996, p. 124.
14. Cité *in* N. Angier, *Woman*, *op. cit.*, p. 297.
15. *Ibid.*
16. F. de Waal, *Good Natured*, *op. cit.*, p. 91-92.
17. N. Angier, *Woman*, *op. cit.*, p. 304.
18. F. de Waal, *Peacemaking Among Primates*, *op. cit.*, p. 53.
19. N. Angier, *Woman*, *op. cit.*, p. 299.
20. A. Moir, D. Jessel, *Brain Sex. The Real Difference Between Men and Women*, Dell, 1999, p. 48.
21. *Ibid.*, p. 55-57.
22. F. de Waal, *Good Natured*, *op. cit.*, p. 121.
23. A. Moir, D. Jessel, *Brain Sex*, *op. cit.*, p. 17 et p. 55-57.

24. Cité in *ibid.*, p. 46.

25. D. Blum, *Sex on the Brain*, *op. cit.*, p. 218.

26. S. Blaffer Hrdy, C. Sue Carter, « Hormonal cocktails for two », *Natural History*, décembre 1995, p. 34.

27. I. Bosse, « Oxytocin. A hormone for love », *Futureframe Science*, site web, 24 septembre 1999.

28. E. Goode, « Women are found to respond to stress by social contact, not by fight or flight », *New York Times*, 14 mai 2000.

29. M. M. McCarthy, « Estrogen modulation of oxytocin and its relation to behavior », *in* R. Ivelle, J. Russell (dir.), *Oxytocin. Cellular and Molecular Approaches in Medicine and Research*, Plenum Press, 1995, p. 235-242.

30. D. Jezova, E. Jurankova, A. Mosnarova, M. Kriska, I. Skultetyova, « Neuroendocrine response during stress with relation to gender differences », *Acta Neurobiologae Experimentalis*, 56, 1996, p. 779-785.

31. R. L. Repetti, « Effects of daily workload on subsequent behavior during marital interactions. The role of social withdrawal and spouse support », *Journal of Personality and Social Psychology*, 57, 1989, p. 651-659.

CHAPITRE IV. Les leçons de l'enfance

1. R. J. Stoller, « A contribution to the study of gender identity », *International Journal of Psychoanalysis*, 45, 1964, p. 220-226.

2. N. Angier, *Woman. An Intimate Geography*, Houghton Mifflin, 1999, p. 287.

3. S. L. Bem, « Gender schema theory and its implications for child development. Raising gender-aschematic children in a gender-schematic society », *Signs*, 8, 1983, p. 598-616.

4. L. A. Roggman, J. C. Peery, « Parent-infant social play in brief encounters. Early gender differences », *Child Study Journal*, 19, 1989, p. 65-79.

5. M. Lewis, « Parents and children. Sex role development », *School Review*, 80, 1972, p. 229-240.

6. A. L. Burns, G. Mitchell, S. Obradovich, « Of sex roles and strollers. Male attention to toddlers at the zoo », *Sex Roles*, 20, 1989, p. 309-315.

7. L. Glass, *He Says, She Says. Closing the Communication Gap Between the Sexes*, Perigee/Berkley, 1993, p. 68.

8. J. Berko Gleason, E. Blank Greif, « Men's speech to young children », *in* B. Thorne, C. Kramar, N. Henley (dir.), *Language Gender Society*, Newberry House, 1983, p. 140-150.

9. D. Tannen, *You Just Don't Understand. Women and Men in Conversation*, Ballantine, 1990, p. 154.

10. D. Crowley Jack, *Behind the Mask*, Harvard University Press, 1999, p. 23.

11. D. Clark-O'Neil, communication personnelle, 2 novembre 2000.

12. D. Crowley Jack, *Behind the Mask*, *op. cit.*, p. 57.

13. A. Campbell, *Men, Women and Aggression*, Basic Books, 1993, p. 21.

14. S. E. Taylor, L. Cousino-Klein, B. P. Lewis *et al.*, « Bio-behavioral

responses to stress in females. Tend-and-befriend, not fight-or-flight », *Psychological Review*, 107 (3), juillet 2000, p. 20

15. *Los Angeles Times Magazine*, 27 juin 1999.

16. J. Gottman, N. Silver, *Why Marriages Succeed or Fail*, Fireside, 1994, p. 142.

17. Wellesley College Center for Research on Women, *How Schools Shortchange Girls*, American Association of University Women, 1992, p. 10.

18. J. Lever, « Sex differences in the games children play », *Social Problems*, 32, 1976, p. 478-487.

19. *Ibid.*

20. Cité *in* M. Dowd, « Boys going batty », *New York Times*, 25 octobre 2000.

21. E. Maccoby, « Gender and relationships. A developmental account », *American Psychologist*, 45, 1990, p. 513-520.

22. R. S. Weiss, *Staying the Course. The Emotional and Social Lives of Men Who Do Well at Work*, The Free Press, 1990, p. 256.

23. J. Gottman, N. Silver, *Why Marriages Succeed or Fail*, *op. cit.*, p. 482.

24. J. Lever, « Sex differences in the games children play », art. cité, p. 484.

25. *Ibid.*, p. 485.

26. J. Gottman, N. Silver, *Why Marriages Succeed or Fail*, *op. cit.*, p. 142.

27. J. Lever, « Sex differences in the games children play », art. cité, p. 482-483.

28. J. Lever, « Sex differences in the complexity of children's play », *American Sociological Review*, 43, 1978, p. 481.

29. J. Gottman, N. Silver, *Why Marriages Succeed or Fail*, *op. cit.*, p. 143-144.

30. M. Harness Goodwin, C. Goodwin, « Children's arguing », *in* S. U. Philips, S. Steele, C. Tanz (dir.), *Language, Gender and Sex Comparative Perspectives*, Cambridge University Press, 1987, p. 200-248.

31. K. Deveny, « Chart of kindergarten awards », *Wall Street Journal*, 5 décembre 1994.

32. M. et D. Sadker, « Sexism in the schoolrooms of the '80s », *Psychology Today*, 19, 1985, p. 57.

33. E. B. Fiske, « Lessons. Even at a former women's college, male students are taken more seriously. A researcher finds », *New York Times*, 11 avril 1990.

34. D. Kuhn, S. Nash, L. Brucken, « Sex role concepts of two- and three-year-olds », *Child Development*, 49, 1978, p. 445-451, cité *in* D. Carlson Jones, « Power structures and perceptions of power holders in same-sex groups of young children », *Women and Politics*, 3 (2-3), été/automne 1983.

35. D. Best, J. Williams, J. Cloud *et al.*, « Development of sex trait stereotypes among young children in the United States, England and Ireland », *Child Development*, 48, 1977, p. 1383, cité in *ibid.*

36. D. Braginsky, « Machiavellianism and manipulative interpersonal behavior in children », *Journal of Experimental Social Psychology*, 6, 1970, p. 97.

37. D. Carlson Jones, « Power structures and perceptions of power holders in same-sex groups of young children », art. cité.

38. A. Campbell, « Staying alive. Evolution, culture and women's intrasexual aggression », *Behavioral and Brain Sciences*, 22 (2), avril 1999, p. 203-252.

39. D. Tannen, *Talking from 9 to 5*, Morrow, 1994, p. 36-37.

40. *Ibid.*, p. 36.

CHAPITRE V. Des « garces » : l'agression indirecte

1. K. M. J. Lagerspetz, K. Björkqvist, T. Peltonen, « Is indirect aggression typical of females ? Gender differences in aggressiveness in 11- to 12-year-olds children », *Aggressive Behavior*, 14, 1988, p. 403-414.

2. Voir E. E. Maccoby, C. Nagy Jacklin, *Yhe Psychology of Sex Differences*, Stanford University Press, 1974.

3. L. Tiger, J. Shepher, *Women in the Kibbutz*, Penguin, 1977.

4. S. E. Taylor, L. Cousino-Klein, B. P. Lewis *et al.*, « Bio-behavioral responses to stress in females. Tend-and-befriend, not fight-or-flight », *Psychological Review*, 107 (3), juillet 2000, p. 8.

5. Cité *in* N. Angier, *Woman. An Intimate Geography*, Houghton Mifflin, 1999, p. 288.

6. *Ibid.*, p. 261-263.

7. K. Björkqvist, K. M. J. Lagerspetz, A. Kaukiainen, « Do girls manipulate and boys fight ? Developmental trends in regard to direct and indirect aggression », *Aggressive Behavior*, 81, 1992, p. 117-127.

8. N. Angier, *Woman, op. cit.*, p. 289.

9. K. Björkqvist, K. Ekman, K. M. J. Lagerspetz, « Bullies and victims. Their ego picture, ideal ego picture and normative ego picture », *Scandinavian Journal of Psychology*, 23, 1982, p. 281-290.

10. A. Campbell, « Staying alive. Evolution, culture and women's intrasexual aggression », *Behavioral and Brain Sciences*, 22 (2), avril 1999, p. 203-252.

11. D. Crowley Jack, *Behind the Mask*, Harvard University Press, 1999, p. 190.

12. N. Angier, *Woman, op. cit.*, p. 290.

13. K. Björkqvist, K. M. J. Lagerspetz, A. Kaukiainen, « Do girls manipulate and boys fight ? Developmental trends in regard to direct and indirect aggression », art. cité, p. 118.

14. D. Crowley Jack, *Behind the Mask, op. cit.*, p. 190.

15. M. Wilson, M. Daly, « Competitiveness, risk-taking and violence. The young male syndrome », *Ethology and Sociobiology*, 6, 1985, p. 59-73, cité *in* A. Campbell, « Staying alive », art. cité.

16. *Ibid.*

17. S. E. Taylor, L. Cousino-Klein, B. P. Lewis *et al.*, « Bio-behavioral responses to stress in females », art. cité, p. 10.

18. A. Campbell, « Staying alive », art. cité.

19. F. de Waal, *Peacemaking Among the Primates*, Harvard University Press, 1989, p. 56.

20. B. Svetkey, « Legends of the casting call », *Entertainment Weekly*, 8 novembre 2000, p. 135.

21. D. Crowley Jack, *Behind the Mask, op. cit.*, p. 189.

22. L. Smith, « Why gossip is good for us », *Brill's Content*, mai 1999.

23. S. M. Trofimenkoff, *Gossip in history*, Canadian Historical Association, 1985.

24. J. Coates, « Gossip revisited. Language in all-female groups », *in* J. Coates (dir.), *Language and Gender. A reader*, Blackwell, 1998, p. 226.

25. D. Tannen, *You Just Don't Understand. Men and Women in Conversation*, Ballantine, 1990, p. 98.

26. *Ibid.*, p. 118.

27. G. C. Homans, *The Human Group*, Harcourt Brace Jovanovich, 1950.

28. J. Shreve, « Sugar and ice. Why women freeze out other women », < http ://underwire.msn.com/underwire >.

CHAPITRE VI. L'objectif, c'est la relation

1. H. Rubin, « Who or what is killing the great women of the corporate world ? », *Fast Times*, décembre 2000.

2. D. Lavagnino, « The joy work club », *Working Woman*, septembre 2000, p. 16.

3. D. A. Dinnocenzo, communication personnelle, 15 décembre 2000.

4. K. Collins, « New economy friendship », *Working Woman*, septembre 2000, p. 16.

5. Cité *in* S. Sheehy, *The Enduring Power of Female Friendship*, William Morrow, 2000, p. 82-83.

6. J. Coates, « Gossip revisited. Language in all-female groups », *in* J. Coates (dir.), *Language and Gender. A reader*, Blackwell, 1998, p. 229.

7. *Ibid.*, p. 245.

8. *Ibid.*, p. 230.

9. *Ibid.*, p. 244.

10. A. Halberstadt, C. W. Hayes, K. M. Pike, « Gender and gender role differences in smiling and communication consistency », *Sex Roles*, 19, 1988, p. 589-603.

11. I. Briggs, K. Myers, *Gifts Differing. Understanding Personality Type*, 9e éd., Association for Psychological Type, 1992.

CHAPITRE VII. Les contradictions de la Règle

1. L. A. Rudman, « To be or not to be (self-promoting). Motivational influences on gender stereotyping », American Psychological Society, 30 juin 1995.

2. C. Gallagher, S. K. Golant, *Going to the Top*, Viking, 2000, p. 108-109.

3. S. Sheehy, *Connecting. The Enduring Power of Female Friendship*, William Morrow, 2000, p. 33.

4. *Ibid.*, p. 85.
5. *Ibid.*
6. *Ibid.*, p. 86.

CHAPITRE VIII. Quand les conflits sont féconds

1. A. Mehrabian, *Nonverbal Communication*, Aldine, 1972.

CHAPITRE IX. Comment gérer les conflits avec élégance

1. Voir K. W. Thomas, R. H. Kilmann, *Thomas-Kilmann Conflict Mode Instrument*, Xicom, 1974. Les développements qui suivent sont inspirés de ce livre.

2. Les descriptions du sniper de l'huître sont inspirées de R. N. Bramson, *Coping with Difficult People*, Dell, 1988.

CHAPITRE X. Comment être une dirigeante efficace

1. C. Lee, « The feminization of management », *Training*, novembre 1999, p. 29.

2. M. R. Perrault, J. K. Irwin, « Gender differences at work. Are men and women really different ? », *Advanced Teamware*, juillet 1996. Voir aussi H. Collingwood, « Women as managers. Not just different : better », *Working woman*, novembre 1995, p. 14.

3. C. Lee, « The feminization of management », art. cité, p. 30.

4. W. Oncken, « Management time. Who's got the money ? », *Harvard Business Review*, novembre-décembre 1974.

5. Communication personnelle, 13 juillet 1999.

6. P. Hersey, K. H. Blanchard, *Management of Organizational Behavior. Utilizing Human Resources*, 8e éd., Prentice Hall College, 2000.

7. L. Atwater, D. A. Waldman, J. A. Carey, « Gender and discipline in the workplace. Wait until your father gets home », Academy of Management Annual Meeting, Toronto, 2000.

8. S. Case, L. Thompson « Gender differences in student development. Examining life stories, career histories and learning plans », *in* R. E. Boyatzis, S. Cowen, D. A. Kolb (dir.), *Innovations in Professional Education*, Jossey Bass, 1995, p. 135.

9. B. Tulgan, *The Manager's Pocket Guide to Generation X*, HRD Press, 1997, p. 42-43.

CHAPITRE XI. L'équipe de vos rêves

1. J. R. Katzenbach, D. K. Smith, *The Wisdom of Teams*, Harper Business, 1993, p. 45.

2. B. Plaschke, « Thrills... and chills », *Los Angeles Times*, 22 septembre 2000.

3. B. W. Tuckman, « Developental sequence in small groups », *Psychological Bulletin*, 63, 1965, p. 384-399.

4. C. Gersick, « Time and transition in work teams. Toward a new model of group development », *Academy of Management Journal*, 31, 1988, p. 9-41.

5. H. Rubin, « Girl-gang members are the new mistresses of Mirsule », *Fast Company*, mai 2000, p. 342 ; A. C. Logue, « Girl gangs. They got it goin' on », *Training and Development*, janvier 2001, p. 24.

6. « A study on the status of women faculty in science at MIT », *The MIT Faculty Newsletter*, édition spéciale, 11 mars 1999.

7. « Leaders of 9 universities and 25 women faculty meet at MIT, agree to equity reviews », *MIT News*, 30 janvier 2001.

8. B. Mikulski, K. Bayley Hutchison, D. Feinstein, B. Boxer *et al.*, *Nine and Counting. The Women of the Senate*, William Morrow, 2000, p. 3.

9. *Ibid.*, p. 182.

10. H. Rubin, « Girl-gang members... », art. cité, p. 344.

11. C. Simms, « Don't become a casualty in the war of words », *Springnet.com*.

12. Communication personnelle, 1er avril 2000.

TABLE

DEUXIÈME PARTIE

Collègues, alliées et amies

Cet ouvrage a été imprimé par

FIRMIN DIDOT

GROUPE CPI

Mesnil-sur-l'Estrée

pour le compte des Éditions Payot & Rivages
en décembre 2003

Imprimé en France
Dépôt légal : décembre 2003
N° d'impression : 66590